Das Buch

Die Geschichte von Bachs Leben und Werk ist durch den Verlust fast aller privaten Korrespondenzen schwieriger zu dokumentieren als etwa das Leben Mozarts oder Beethovens. Um so verdienstvoller ist die minutiöse Dokumentation aller Bach betreffenden relevanten handschriftlichen und gedruckten Aussagen aus dem Zeitraum zwischen 1685 und 1800, die Werner Neumann und Hans-Joachim Schulze in der dreibändigen Sammlung ›Bach-Dokumente‹ 1963–1972 (Supplement zur ›Neuen Bach-Ausgabe‹) zusammengetragen haben. Das vorliegende Taschenbuch gibt eine Auswahl der wichtigsten Materialien aus dieser Dokumentation. Es wurden vor allem solche Dokumente bevorzugt, die ohne ausführlichen Kommentar aussagekräftig und einem breiteren Leserkreis ohne größere sprachliche Schwierigkeiten zugänglich sind. Die Anordnung nach inhaltlichen Gesichtspunkten und die vielfältige Aufgliederung des umfangreichen Stoffes helfen, bestimmte Aspekte herauszuarbeiten und Akzente zu setzen. Eine vorangestellte Übersicht der wichtigsten biographischen Daten erleichtert es dem Leser, die Dokumente in den einzelnen Kapiteln den Lebensabschnitten Bachs zuzuordnen. Das Buch wendet sich gleichermaßen an den Kenner und Liebhaber Bachscher Musik.

Der Herausgeber

Hans-Joachim Schulze, geboren 1934 in Leipzig, studierte Musikwissenschaft in Leipzig an der Hochschule für Musik (1952–1954) und bei Rudolf Eller, Walter Serauky und Heinrich Besseler an der Universität Leipzig (1954–1957: Diplomabschluß). 1957 war er Assistent an der Universität, seit 1974 ist er stellvertretender Direktor des Bach-Archivs Leipzig. Er konzentriert sich in seinen wissenschaftlichen Arbeiten auf biographische Forschung und Quellenstudien. Er ist Mitherausgeber des ›Bach-Jahrbuchs‹ (seit 1975).

Johann Sebastian Bach

Leben und Werk
in Dokumenten

Deutscher
Taschenbuch
Verlag

Bärenreiter-
Verlag

Als Taschenbuch zusammengestellt von Hans Joachim Schulze aus: Bach-Dokumente, herausgegeben vom Bach-Archiv Leipzig unter Leitung von Werner Neumann, Supplement zu: Johann Sebastian Bach. Neue Ausgabe sämtlicher Werke (Bärenreiter und VEB Deutscher Verlag für Musik Leipzig)

Band I: Schriftstücke von der Hand Johann Sebastian Bachs, vorgelegt und erläutert von Werner Neumann und Hans-Joachim Schulze, Kassel etc. und Leipzig 1963

Band II: Fremdschriftliche und gedruckte Dokumente zur Lebensgeschichte Johann Sebastian Bachs 1685–1750, vorgelegt und erläutert von Werner Neumann und Hans-Joachim Schulze, Kassel etc. und Leipzig 1969

Band III: Dokumente zum Nachwirken Johann Sebastian Bachs 1750–1800, vorgelegt und erläutert von Hans-Joachim Schulze, Kassel etc. und Leipzig 1972

1. Auflage März 1975
2. Auflage November 1984: 11. bis 19. Tausend
Gemeinschaftliche Ausgabe:
Deutscher Taschenbuch Verlag GmbH & Co. KG, München, und
Bärenreiter-Verlag Karl Vötterle GmbH & Co. KG, Kassel · Basel · London
© 1975 by VEB Deutscher Verlag für Musik Leipzig
Umschlaggestaltung: Celestino Piatti, unter Verwendung eines Briefes von Bach an Johann Friedrich Klemm vom 24. Mai 1738, Autograph in der Deutschen Staatsbibliothek, Berlin
Gesamtherstellung: C. H. Beck'sche Buchdruckerei, Nördlingen
Printed in Germany , ISBN 3–423–02946–3 (dtv)
                       ISBN 3–7618–0498–9 (Bärenreiter)

Inhalt

Vorwort

Vorzüge und Nachteile, Möglichkeiten und Grenzen einer Dokumentarbiographie Johann Sebastian Bachs lassen sich an Hand der 1963 bis 1972 erschienenen kritischen Ausgabe aller Bach betreffenden handschriftlichen und gedruckten Aussagen aus dem Zeitraum zwischen 1685 und 1800 erstmals sicher überschauen. Trotz der Reichhaltigkeit des jetzt leicht zugänglichen Materials bestätigt sich im Prinzip die bedauernde Feststellung des Bach-Sohnes Carl Philipp Emanuel aus dem Jahre 1775, sein Vater habe nie etwas Autobiographisches niedergeschrieben, schon darum seien die Lücken in seiner Lebensbeschreibung unvermeidlich.

Besonders zu beklagen ist der Verlust nahezu jeglichen privaten Briefwechsels mit Freunden und auswärtigen Familienangehörigen. Zwar soll der vielbeschäftigte Kapellmeister und Thomaskantor kaum die notwendigste Korrespondenz haben erledigen können und keine weitläufigen schriftlichen Unterhaltungen hinterlassen haben, doch heißt dies nur, daß Bach, im Gegensatz etwa zu Telemann und Graun, keinen jahrelangen Briefwechsel über musikästhetische und -theoretische Fragen geführt hat, nicht jedoch, daß anderweitige schriftliche Mitteilungen nur sporadisch vorgekommen wären. Von dem ehemals zweifellos sehr umfangreichen Schriftgut sind hauptsächlich Niederschriften erhaltengeblieben, die innerhalb geschlossener Aktenvorgänge in kommunalen und regionalen Archiven aufbewahrt worden sind. Doch auch dieser Bereich wird durch frühzeitige Kassationen sowie durch Brandkatastrophen und ähnliche Ereignisse noch erhebliche Verluste erlitten haben.

Wenn hinsichtlich der gedruckten zeitgenössischen Quellen zur Lebensgeschichte auch ein weitaus günstigeres Verhältnis zwischen Erhaltenem und Verlorenem anzunehmen ist, so bleiben insgesamt doch beträchtliche Disproportionen in der biographischen Überlieferung bestehen – vergleichbar manchen mangelhaft und fragmentarisch auf uns gekommenen Bereichen des musikalischen Werkes.

Eine Auswahl von Dokumenten zur Geschichte von Leben und Werk Johann Sebastian Bachs aus der drei Textbände umfassenden Ausgabe der »Bach-Dokumente« muß also von anderen Gegebenheiten ausgehen als ähnliche Arbeiten etwa zum Thema Mozart oder Beethoven. Von den sich bietenden Möglichkeiten wurde die nächstliegende, eine streng chronologische Reihung, schon deshalb ausgeschlossen, weil gewisse Lebensstationen zwangsläufig zu stiefmütterlich bedacht worden wären, viele für eine gekürzte Ausgabe nur bedingt geeignete Texte hätten aufgenommen und zudem das für die kritische Ausgabe aus methodischen Gründen verwendete unverbindliche Anordnungsprinzip hätte wiederholt werden müssen.

So wurde stattdessen versucht, aus Bachs autobiographischem Brief von 1730 sowie dem 1750/51 verfaßten Nekrolog nebst einigen Ergänzungen einen biographischen Rahmen zu formen und die wichtigsten lebensgeschichtlichen Vorkommnisse in einer zusätzlichen chronologischen Übersicht zusammenzufassen, im übrigen aber dem heutigen Leser sprachlich leicht zugängliche und ohne umfangreiche sachliche Erläuterungen verständliche Texte nach inhaltlichen Gesichtspunkten zu ordnen, um auf diese Weise bestimmte Aspekte herauszuarbeiten und Akzente zu setzen. Weiterer Verdeutlichung soll die Untergliederung der so entstandenen Kapitel sowie eine – aus sachlichen Gründen allerdings des öfteren durchbrochene – chronologische Reihung der Dokumente innerhalb der einzelnen Abschnitte dienen. Daß eine derartige Systematik gewisse Querverbindungen häufig zugunsten anderer vernachlässigt, mußte von vornherein einkalkuliert werden, allerdings in der Hoffnung, daß der andernorts erzielte Gewinn diesen Mangel aufwiegt.

Die Textgestalt lehnt sich möglichst eng an die der kritischen Ausgabe an, jedoch wurden die Scheidung in Antiqua und Kursive zwecks Vereinfachung aufgegeben, die wechselnde Schreibung von u und v heutigem Gebrauch angeglichen und schwer verständliche oder heute unübliche Abkürzungen stillschweigend aufgelöst.

Auf Auszüge aus Quellenbeschreibungen, Kommentaren und Literaturverweisen mußte aus Raumgründen grundsätzlich verzichtet werden, wie auch umfangreiche Dokumente oftmals nur in stark gekürzter Form Aufnahme finden konnten. Unumgängliche Erläuterungen erscheinen als numerierte Fußnoten (die mit Stern gekennzeichneten Fußnoten gehören zum Dokumententext), zahlreiche Namen und Sachbegriffe sind direkt in den Text eingegliedert und durch eckige Klammern als Zusätze gekennzeichnet worden. Die eingeklammerten Quellenangaben am Schluß jedes Dokumententextes charakterisieren kurz dessen Herkunft und Beschaffenheit und nennen dann Band und Dokumentennummer der kritischen Ausgabe (einige der Verweise auf die Bände I und II beziehen sich auf nachträglich aufgefundene Texte, die im Anhang zu Band III wiedergegeben sind). Für fremdsprachige Dokumente treten in jedem Falle deutsche Übersetzungen ein.

Es bleibt zu hoffen, daß die hier vorgelegte Auswahl dem Kenner und Liebhaber Bachscher Musik neben verläßlicher Information auch vielfältige Anregung zu eigenem kritischen Nachdenken vermittelt, sei es in der Beschäftigung mit dem Werk als Hörer und Interpret oder in der Vertiefung in die Biographie, für die in den drei Bänden der Dokumenten-Ausgabe weiteres reiches Material zur Verfügung steht.

Hans-Joachim Schulze

Biographische Daten

1685	21. 3.	Geburt Johann Sebastian Bachs in Eisenach
	23. 3.	Taufe Johann Sebastian Bachs
1693–1695		Besuch der Lateinschule in Eisenach
1694	3. 5.	Begräbnis der Mutter Elisabeth Bach geb. Lämmerhirt
1695	20. 2.	Tod des Vaters Johann Ambrosius Bach
1696–1700		Besuch des Lyceums in Ohrdruf
1700–1702		Mettenschüler am Michaeliskloster in Lüneburg
1702	2. Halbjahr	Bewerbung um die Organistenstelle an St. Jakobi in Sangerhausen
1703	März-September	Hofmusiker des Herzogs Johann Ernst von Sachsen-Weimar in Weimar
	Juli	Orgelprüfung in der Neuen Kirche zu Arnstadt
	9. 8.	Bestallung als Organist der Neuen Kirche in Arnstadt
1705/06		Um die Jahreswende drei- bis viermonatige Reise nach Lübeck
1707	15. 6.	Bestallung als Organist an Divi Blasii in Mühlhausen
	17. 10.	Trauung mit Maria Barbara Bach in Dornheim
1708	Juni	Berufung zum Organisten und Kammermusiker der Herzöge Wilhelm Ernst und Ernst August nach Weimar
	29. 12.	Taufe der Tochter Catharina Dorothea
1710	22. 11.	Geburt des Sohnes Wilhelm Friedemann
1713	Dezember	Organistenprobe in Halle
1714	Februar	Rücktritt von der Bewerbung um die Organistenstelle an U. L. Frauen in Halle
	2. 3.	Ernennung zum Konzertmeister in Weimar
	8. 3.	Geburt des Sohnes Carl Philipp Emanuel
1715	11. 5.	Geburt des Sohnes Johann Gottfried Bernhard
1716	28. 4.–2. 5.	Orgelprüfung in U. L. Frauen zu Halle
1717	5. 8.	Berufung zum Hofkapellmeister des Fürsten Leopold von Anhalt-Köthen nach Köthen
	Herbst	Reise nach Dresden, Begegnung mit Louis Marchand
	6. 11.–2. 12.	Inhaftierung und Dienstentlassung in Weimar
	16. 12.	Orgelprüfung in der Paulinerkirche zu Leipzig
1718	Mai/Juni	Reise nach Karlsbad

1720	Mai/Juli	Reise nach Karlsbad
	7. 7.	Begräbnis von Maria Barbara Bach
	November	Reise nach Hamburg und Bewerbung um die Organistenstelle an der Jakobikirche
1721	3. 12.	Trauung mit Anna Magdalena Wilcke
1722	16. 4.	Tod des Bruders Johann Jacob Bach in Stockholm
	Dezember	Bewerbung um das Thomaskantorat in Leipzig
1723	7. 2.	Aufführung der Probekantate BWV 22
	5. 5.	Unterzeichnung des Anstellungsreverses
	22. 5.	Übersiedlung nach Leipzig
	30. 5.	Erste Kantatenaufführung in der Nikolaikirche
	November	Orgelprüfung und -einweihung in Störmthal
1724	26. 2.	Geburt des Sohnes Gottfried Heinrich
	7. 4.	Erste Aufführung der Johannespassion
	25. 6.	Orgelprüfung und -einweihung in Gera
1725	19.–20. 9.	Orgelkonzerte in Dresden
1726	5. 4.	Taufe der Tochter Elisabeth Juliana Friederica
	November	Beginn der Druckveröffentlichung eigener Werke
1727	17. 10.	Aufführung der Trauer-Ode BWV 198
1728	10. 10.	Taufe der Tochter Regina Johanna
1729	Februar	Mehrtägiger Aufenthalt am Hofe in Weißenfels
	23.–24. 3.	Trauerfeiern für Fürst Leopold von Anhalt-Köthen in Köthen
	15. 4.	Erste (?) Aufführung der Matthäuspassion
	Frühjahr	Übernahme der Leitung eines Collegium Musicum
	Juni	Aufenthalt Händels in Halle und erfolglose Einladung nach Leipzig
1730	23. 8.	Eingabe an den Rat der Stadt Leipzig wegen des Niederganges der Kirchenmusik
1731		Abschluß der Klavier-Übung I
	September	Orgelkonzerte in Dresden
1732	April	Umzug in die umgebaute Thomasschule
	21. 6.	Geburt des Sohnes Johann Christoph Friedrich
	September	Orgelprüfung in der Martinskirche zu Kassel
1733	25. 4.	Tod der Tochter Regina Johanna
	23. 6.	Anstellung Wilhelm Friedemann Bachs als Sophienorganist in Dresden
	Juli	Reise nach Dresden

	27. 7.	Überreichung der Missa h-Moll, BWV 232, in Dresden
1734/35	Dezember/Januar	Erste Aufführung des Weihnachtsoratoriums
1735	Frühjahr	Druckveröffentlichung der Klavier-Übung II
	Juni	Reise nach Mühlhausen
	5. 9.	Geburt des Sohnes Johann Christian
1736	Juli	Beginn des »Präfektenstreites«
	19. 11.	Ernennung zum kurfürstlich-sächsischen Hofkomponisten
	1. 12.	Orgelkonzert in der Frauenkirche zu Dresden
1737	Frühjahr	Rücktritt von der Leitung des Collegium Musicum
	Herbst	Einstellung Johann Elias Bachs als Hauslehrer und Privatsekretär
1738		Carl Philipp Emanuel Bach Cembalist des Kronprinzen, nachmaligen Königs Friedrich II. von Preußen
	28. 4.	Huldigungskantate (BWV Anh. 13) für Kurfürst Friedrich August II. von Sachsen und seine Familie
1739	27. 5.	Tod des Sohnes Johann Gottfried Bernhard
	September	Druckveröffentlichung der Klavier-Übung III
	Oktober	Wiederbeginn des Collegium Musicum
1741	August	Reise nach Berlin
1742	22. 2.	Taufe der Tochter Regina Susanna
	31. 10.	Abreise Johann Elias Bachs
1743	Dezember	Orgelprüfung in der Johanniskirche zu Leipzig
1746	16. 4.	Anstellung Wilhelm Friedemann Bachs als Organist an U. L. Frauen in Halle
	24.–28. 9.	Gemeinsam mit Gottfried Silbermann Orgelprüfung in der Wenzelskirche zu Naumburg
1747	7.–8. 5.	Besuch am Hofe König Friedrichs II. in Potsdam
	Juni	Eintritt in die »Societät der musikalischen Wissenschaften«
	September	Druckveröffentlichung des Musikalischen Opfers
1749	20. 1.	Trauung von Elisabeth Juliana Friederica Bach und Johann Christoph Altnickol
	8. 6.	Kantoratsprobe Gottlob Harrers
1750	Januar	Anstellung Johann Christoph Friedrich Bachs als Hofmusiker in Bückeburg
	Ende März/Anfang April	Zwei Augenoperationen
	28. 7.	Tod Johann Sebastian Bachs

HochWohlgebohrner Herr.

Ew: Hochwohlgebohren werden einem alten treüen Diener bestens excusiren, daß er sich die Freyheit nimmet Ihnen mit diesen zu incommodiren. Es werden nunmehr fast 4 Jahre verfloßen seyn, da E: Hochwohlgebohren auf mein an Ihnen abgelaßenes mit einer gütigen Antwort mich beglückten; Wenn mich dann entsinne, daß Ihnen wegen meiner Fatalitäten einige Nachricht zu geben, hochgeneigt verlanget wurde, als soll solches hiermit gehorsamst erstattet werden. Von Jugend auf sind Ihnen meine Fata bestens bewust, biß auf die mutation, so mich als Capellmeister nach Cöthen zohe, Daselbst hatte ein gnädigen und Music so wohl liebenden als kennenden Fürsten [Leopold]; bey welchem auch vermeinete meine Lebenszeit zu beschließen. Es muste sich aber fügen, daß erwehnter Serenißimus sich mit einer Berenburgischen Princeßin [Friederica Henrietta] vermählte, da es denn das Ansehen gewinnen wolte, als ob die musicalische Inclination bey besagtem Fürsten in etwas laulicht werden wolte, zumahln da die neüe Fürstin schiene eine amusa zu seyn: so fügte es Gott, daß zu hiesigem Directore Musices u. Cantore an der Thomas Schule vociret wurde. Ob es mir nun zwar anfänglich gar nicht anständig seyn wolte, aus einem Capellmeister ein Cantor zu werden, weßwegen auch meine resolution auf ein vierthel Jahr trainirete, jedoch wurde mir diese station dermaßen favorable beschrieben, daß endlich (zumahln da meine Söhne denen studiis zu incliniren schienen) es in des Höchsten Nahmen wagete, u. mich nacher Leipzig begabe, meine Probe ablegete, u. so dann die mutation vornahme. Hieselbst bin nun nach Gottes Willen annoch beständig. Da aber nun (1) finde, daß dieser Dienst bey weitem nicht so erklecklich als mann mir Ihn beschrieben, (2) viele accidentia[1] dieser station entgangen, (3) ein sehr theürer Orth u. (4) eine wunderliche und der Music wenig ergebene Obrigkeit ist, mithin fast in stetem Verdruß, Neid und Verfolgung leben muß, also werde genöthiget werden mit des Höchsten Beystand meine Fortun anderweitig zu suchen. Solten Eu: Hochwohlgebohren vor einen alten treüen Diener dasiges Ohrtes eine convenable station wißen oder finden, so ersuche gantz gehorsamst vor mich eine hochgeneigte recommendation einzulegen; an mir soll es nicht manquiren, daß dem hochgeneigten Vorspruch und interceßion einige satisfaction zu geben, mich bestens beflißen seyn werde. Meine itzige station belaufet sich etwa auf 700 rthl., und wenn es etwas

---

[1] Die »accidentia« (Nebeneinkünfte) bildeten die Haupteinnahmequelle für den Thomaskantor; das Gehaltsfixum lag verhältnismäßig niedrig. Zu entgangenen Nebeneinkünften vgl. etwa S. 60, Anmerkung 1.

mehrere, als ordinairement, Leichen gibt, so steigen auch nach proportion die accidentia; ist aber eine gesunde Lufft, so fallen hingegen auch solche, wie denn voriges Jahr an ordinairen Leichen accidentien über 100 rthl. Einbuße gehabt. In Thüringen kan ich mit 400 rthl. weiter kommen als hiesiges Ohrtes mit noch einmahl so vielen hunderten, wegen der exceßiven kostbahren Lebensarth. Nunmehro muß doch auch mit noch wenigen von meinem häußlichen Zustande etwas erwehnen. Ich bin zum 2ten Mahl verheurathet und ist meine erstere Frau [Maria Barbara] seelig in Cöthen gestorben. Aus ersterer Ehe sind am Leben 3 Söhne [Wilhelm Friedemann, Carl Philipp Emanuel, Johann Gottfried Bernhard] u. eine Tochter [Catharina Dorothea], wie solche Eu. Hochwohlgebohren annoch in Weimar gesehen zu haben, sich hochgeneigt erinnern werden. Aus 2ter Ehe sind am Leben 1 Sohn [Gottfried Heinrich] u. 2 Töchter [Elisabeth Juliana Friederica, Regina Johanna]. Mein ältester Sohn ist ein Studiosus Juris, die andern beyden frequentiren noch, einer primam der andere 2dam Classem, u. die älteste Tochter ist auch noch unverheurathet. Die Kinder anderer Ehe sind noch klein, u. der Knabe als erstgebohrener 6 Jahr alt. Insgesamt aber sind sie gebohrne Musici, u. kan versichern, daß schon ein Concert Vocaliter u. Instrumentaliter mit meiner Familie formiren kan, zumahln da meine itzige Frau [Anna Magdalena] gar einen sauberen Soprano singet, auch meine älteste Tochter nicht schlimm einschläget. Ich überschreite fast das Maaß der Höflichkeit wenn Eu: Hochwohlgebohren mit mehreren incommodire, derowegen eile zum Schluß mit allem ergebensten respect zeit Lebens verharrend Eu: Hochwohlgebohren gantz gehorsamst-ergebenster Diener Joh: Seb: Bach.
[An Georg Erdmann in Danzig – Leipzig, 28. 10. 1730 I/23]

Die »musicalisch-Bachische Familie«

Ursprung der musicalisch-Bachischen Familie
No. 1. Vitus Bach, ein Weißbecker in Ungern, hat im 16ten Seculo der lutherischen Religion halben aus Ungern entweichen müßen. Ist dannenhero, nachdem er seine Güter, so viel es sich hat wollen thun laßen, zu Gelde gemacht, in Teütschland gezogen; und da er in Thüringen genugsame Sicherheit vor die lutherische Religion gefunden, hat er sich in Wechmar, nahe bei Gotha niedergelaßen, und seine Beckers Profession fortgetrieben. Er hat sein meistes Vergnügen an einem Cythringen gehabt, welches er auch mit in die Mühle genommen, und unter währendem Mahlen darauf gespielet. (Es muß doch hübsch zusammen geklungen haben! Wiewol er doch dabey den Tact sich hat imprimiren lernen.) Und dieses ist

gleichsam der Anfang zur Music bey seinen Nachkommen gewesen.

No. 2. Johannes Bach, des vorigen Sohn, hat anfänglich die Becker Profession ergriffen. Weilen er aber eine sonderliche Zuneigung zur Music gehabt, so hat ihn der StadtPfeiffer in Gotha zu sich in die Lehre genommen. Zu der Zeit hat das alte Schloß Grimmenstein noch gestanden, und hat sein Lehrherr, damaligem Gebrauch nach, auf dem Schloß Thurme gewohnet. Bey welchem er auch nach ausgestandenen Lehrjahren noch einige Zeit in condition gewesen; nach Zerstöhrung des Schloßes aber, (so Anno 15 geschehen) und da auch mittelst der Zeit sein Vater Veit gestorben, hat er sich nach Wechmar gesetzt, allda Jungfer Anna Schmiedin, eines Gastwirths Tochter aus Wechmar, geheirathet, und des Vaters Güter in Besitz genommen. Seit seinem Hierseyn ist er öffters nach Gotha, Arnstadt, Erffurth, Eisenach, Schmalkalden und Suhl, um denen dasigen Stadt-Musicis zu helffen, verschrieben worden. Starb 1626 in damahlig grassirender contagion Zeit. Sein Weib aber lebte noch nach deßen Tode 9 Jahr als Wittib, und starb 1635.

No. 5. Christoph Bach, mittlerer Sohn des Sub No. 2 berührten Hans Bachens, ist gleichfalls gebohren zu Wechmar Anno 1613, den 19ten April. Erlernete gleichfalls musicam instrumentalem. War anfänglich fürstlicher Bedienter am Weimarischen Hofe; bekam hernach unter der Erffurthischen und dann zuletzt unter der Arnstädtischen musicalischen Compagnie Bestallung, allwo er auch Anno 1661, den 12 September verstorben. War verehliget mit Jungfer Maria Magdalena Grablerin, gebürtig aus Prettin in Sachsen, mit welcher er die Sub No. 10, 11 u 12 folgenden 3 Söhne zeugte. Sie verstarb 24 Tage nach ihres seel. Mannes Christophori Tode, nehmlich den 6ten Octobr: 1661 in Arnstadt.

No. 11. Johann Ambrosius Bach, zweyter Sohn Christoph Bachens Sub No. 5. War Hoff- u StadtMusicus in Eisenach. Ist gebohren zu Erffurth Anno 1645 d. 22 Febr. Starb in Eisenach Anno 1695. War verehlichet mit Jungfer Elisabetha Lemmerhirtin, Herrn Valentin Lemmerhirtens, E. E. Raths Verwandten in Erffurth, Jungfer Tochter; zeügete mit selbiger 8. Kinder, als 6. Söhne und 2. Töchter. Davon 3 Söhne unverheirathet gestorben, wie auch die jüngste Tochter, 3 Söhne aber und die älteste Tochter haben die Eltern überlebet, u sich verehliget, wie folget Sub No. 22, 23 u 24.

No. 23. Joh: Jacob Bach, zweyter Sohn von Joh. Ambrosio Bachen Sub No. 11. Ward gebohren in Eisenach Anno 1682. Lernete die StadtPfeiffer Kunst bey seines seligen Vaters Successore, Herrn Heinrich Hallen; kam nach einigen Jahren, als Anno 1704, in Königlich Schwedische Kriegs-Dienste, als Hautboiste. Hatte die Fatalitaet mit seinem gnädigsten Könige Carolo d. 12ten nach der unglücklichen Pultavaischen Bataille das türckische

Bender zu erreichen. Allwo er in die 8 bis 9 Jahr bey seinem Könige ausgehalten; u sodann ein Jahr vor des Königes retour die Gnade genoßen als Königlicher Cammer u. Hoff Musicus nach Stockholm in Ruhe zu gehen. Allwo er auch Anno 17 gestorben, keine LeibesErben hinterlassend.

No. 24. Joh. Sebastian Bach, Joh. Ambrosii Bachens jüngster Sohn, ist gebohren in Eisenach Anno 1685, den 21ten Martij. Ward (1) Hoff Musicus in Weimar bey Herzog Johann Ernsten, Anno 1703. (2) Organist in der neüen Kirche zu Arnstadt 1704. (3) Organist zu St. Blasii Kirche in Mühlhausen Anno 1707. (4) Cammer und Hoff Organist in Weimar, Anno 1708. (5) an eben diesem Hoffe Anno 1714 Concert-Meister zugleich. (6) Capellmeister u Director derer Cammer Musiquen am Hochfürstlich Anhalt Köthischen Hoffe. Anno 1717. (7) Wurde von dar Anno 1723. als Director Chori Musici u Cantor an der Thomas Schule nacher Leipzig vocirt; allwo er noch bis jetzo nach Gottes H. Willen lebet, u zugleich von Haus aus als Capellmeister von Weißenfels u Cöthen in function ist.
[Aufzeichnungen J. S. Bachs – Leipzig, 1735 I/184]

Taufe

Lunae, den 23. Martij
Herrn Johann Ambrosio Baachen, Haußman[1] ein Sohn, Gevattern Sebastian Nagel, Haußman zu Gotha, und Johann Georg Kochen, Fürstlicher Forstbediener alhier. Nomina Filii Joh. Sebastian
[Kirchenbucheintragung – Eisenach, 23. 3. 1685 II/1]

Erste Eheschließung

Den 17. 8br 1707. ist der Ehrenveste Herr Johann Sebastian Bach, ein lediger gesell und Organist zu S. Blasii in Mühlhausen, des weyland wohl Ehren vesten Herrn Ambrosii Bachen berühmten Stad organisten und Musici in Eisennach Seelig nachgelaßener Eheleiblicher Sohn, mit der tugend samen Jungfer Marien Barberen Bachin, des weyland wohl Ehrenvesten und Kunst berühmten Herrn Johann Michael Bachens, Organisten in Amt Gehren Seelig nachgelaßenen jüngsten Jungfer Tochter, alhier in unserm Gottes Hause, auff Gnädiger Herschafft Vergünstigung, nachdem sie zu Arnstad auff gebothen worden, copuliret worden.
[Kirchenbucheintragung – Dornheim, 17. 10. 1707 II/29]

---

[1] »Haußmann« bedeutet Stadtpfeifer.

Die ältesten Söhne: Wilhelm Friedemann und Carl Philipp
Emanuel

Herrn Hofforganisten Joh: Sebastian Bachens Weib Maria Barbara, ist auch eine gebohrene Bach, Einen Sohn gebohren den 22.
9br: getauft den 24ten. Nahmens Wilhelm Friedemann; die Pathen
    1. Herr Wilhelm Ferdinand Baron von Lyncker Fürstlich Säch-
ßischer Cammer-Juncker alhier.
    2. Frau Anna Dorothea Hagedornin, Herrn Gottfried Hage-
dorns Juris Utriusque Candidati in Mühlhaußen Frau Eheliebste.
    3. Herr Friedemann Meckbach, Juris Utriusque Doctor in
Mühlhaußen.
[Kirchenbucheintragung – Weimar, 24. 11. 1710 II/51]

Herr Wilhelm Friedemann Bach, Musikdirector und Organist bey
der Hauptkirche zu St. Marien in Halle, und der älteste Sohn des
berühmten Johann Sebastian Bach, ist im Jahre 1710. zu Weimar
gebohren worden. Im funfzehnten Jahre seines Alters bediente er
sich des Unterrichts des itzo Königlich Preußischen und damahls
Hochfürstlich Merseburgischen Concertmeisters Herrn Graun auf
der Violine, um nach der Natur dieses Instruments setzen zu können. Der Composition und dem Orgel- und Clavierspielen lag er,
wie leicht zu erachten, unter der Anführung seines eignen Herrn
Vaters ob, und die Studia Humanitatis trieb er auf der Thomas-
schule zu Leipzig.
[F. W. Marpurg, Historisch-Kritische Beyträge – Berlin, 1755
III/673]

Herrn Joh: Sebast: Bach, Fürstlich Sächsischen Hoff Musicus u.
Organisten Weib Maria Barbara gebohrene Bachin, ein Söhnlein
gebohren den 8. Mart. getauft den 10.ten Martij: Nahmen Carolus
Philippus Immanuel. Pathen. Herr Secretarius Adam Immanuel
Weltig, itzo Fürstlich Sachsen-Weißenfelßischer Pagen Hoffmeister
u Cammer Musicus. 2. Herr Georg Philipp Telemann, bey der Key-
serlich Freyen Reichs-Stadt Frankfurth am Mayn Capellmeister.
3. Frau Catharina Dorothea Herrn Christian Friedrich Altmanns,
Fürstlich Schwartzburgischen Cämmerers in Arnstadt Eheliebste.
[Kirchenbucheintragung – Weimar, 10. 3. 1714 II/67]

Zweite Eheschließung

Den 3. Decembr Ist Herr Johann Sebastian Bach, HochFürstlicher Capell-Meister alhier Wittber, Und mit ihm Jungfer Anna
Magdalena, Herrn Johann Caspar Wülckelns, HochFürstlich

Sachßen Weißenfelßischen Musicalischen Hoff- und Feld Trompeters eheliche jüngste Tochter auf Fürstlichen Befehl in Hause copuliret worden.
[Kirchenbucheintragung – Köthen, 3. 12. 1721 II/110]

Der ältere Bruder Johann Jacob Bach

Nachdem der Fürstlich Anhalt Cöthische Capell-Director Herr Sebastian Bach sowohl als Johann Andreas Wiegand nomine seines Weibes, Marien Salome, gebohrner Bachin durch einige aus Stockholm anhero geschriebene Brieffe noth dürfftig bescheiniget, daß deßen leiblicher Bruder, der Königlich Schwedische Capellist Jacob Bach daselbst in April. anni currentis ohne leibliche Kinder verstorben, und sie beyderseits zu rechtmäsigen nechsten Erben ab Intestato hinterlaßen, herentgegen die Disposition, so Er zu Faveur seines nachgelaßenen Weibes zubesagten Stockholm hinterlaßen haben soll, und von Ihr abschrifftlich herein geschickt worden, ob defectum solennitatum et vitia visibilia in Rechten zu bestehen nicht vermag; Als ist ihm nach vorher ad Acta besteler Caution die beym Herrn D. Hergden deponirte aus der Lemmerhirdtischen Erbschafft[1] herrührende 224 thlr ex Deposito zuerheben und zu sich zu nehmen Rathswegen verstattet.
[Ratsprotokoll – Erfurt, 15. 12. 1722 II/118]

Von Bendern ist er nach Constantinopel gereiset u. hat da von dem berühmten Flötenisten Buffardin, welcher mit einem Französischen Gesannten nach Constantinopel gereist war, Lecktion auf der Flöte genommen. Diese Nachricht gab Buffardin selbst, wie er einstens bey J. S. Bach in Leipzig war.
[C. Ph. E. Bach an J. N. Forkel in Göttingen – Hamburg, Ende 1774 III/802]

Hoffnung und Enttäuschung um den dritten Sohn Johann Gottfried Bernhard

Habe auch zu dem Ende u. in dieser confidence mir die Freyheit nehmen wollen, (da vernommen, daß der Herr Organist in der unter Kirche verstorben und solche vacançe baldigst ersetzet werden dörffte) von Eu: HochwohlEdlen dero geneigtes Patrocinium vor ein mir sehr nahe angehendes subject, nicht allein dienstlich aus-

---

[1] Die »Lämmerhirtsche Erbschaft« geht auf Tobias Lämmerhirt, einen Bruder von Bachs Mutter, bzw. dessen 1721 verstorbene Witwe zurück. Der Anteil Johann Jacob Bachs fiel nach dessen Tode mit an die Geschwister Marie Salome und Johann Sebastian Bach.

zubitten, sondern auch die besondere Faveur mir hierunter zu erweisen, u. einige geneigte Nachricht von dem Gehalt der vacanten Stelle hochgeneigt mitzutheilen.
[J. S. Bach an J. F. Klemm in Sangerhausen – Leipzig, 30. 10. 1736 I/37]

Und da vernehme, daß Eu: HochEdlen mit Dero vielgültigen recommendation u. interceßion vor das in mente habende subject, bereits so viel hochgeneigte Vorsorge gehabt, daß eine zu gehöriger Zeit bestimmte Probe Ihme nebst andern competenten hochgeneigt verstattet werden soll, als trage ferner kein Bedencken Eu: HochEdlen zu hinterbringen, daß das von mir vorgeschlagene Subject einer von meinen Söhnen sey. Ob nun zwar Eu: HochEdlen den eigentlichen Gehalt noch nicht völlig benachrichtigen können, so habe doch die confidence zu Dero HochEdlen u. Hochweisen Raths-Collegio, daß Dieselben ein von Ihnen vocirtes subject nicht werden Noth leiden laßen. Und wer weiß?, ob nicht hierunter Göttliche Schickung mit im Spiel, daß Eu: HochEdler Rath voritzo ehe im Stande sind, das meiner Wenigkeit vor bey nahe 30 Jahren, gethane Versprechen, in conferirung des damahlen vacanten FiguralOrganisten Dienstes, in vocirung eines meiner Kinder, halten zu können, da Ihnen damahlen durch hohe LandesObrigkeit ein Subject zugeschicket wurde, welches causirete, daß, obwohln damahln die sämtlichen vota unter dem Regimente des seeligen Herrn Burgermeister Vollraths, meine Wenigkeit betraffen, ich doch wegen obiger raison, nicht so glücklich seyn könte, zu emergiren. Eu: HochEdlen nehmen ja nicht ungütig, daß meine damahligen Fata bey dieser occasion eröffne; Nur, da die erstere entree meiner schrifftlichen correspondence so geneigten ingreß gefunden, solches bringt mich auf die Gedancken, daß darunter vielleicht Göttliche Fügung mit versire. Eu. HochEdlen bleiben ferner ein geneigter Gönner von mir u. meiner Familie, und glauben, daß theils der Höchste ein Vergelter, ich aber nebst meiner Familie lebenslang seyen werde Eu: HochEdlen gantz gehorsamer Diener Joh: Seb: Bach.
[An J. F. Klemm in Sangerhausen – Leipzig, 18. 11. 1736 I/38]

Eu: HochEdlen werden nicht ungütig nehmen, daß Dero geehrteste Zuschrifft wegen Abwesenheit nicht ehe weder itzo beantworten können, weiln erstlich vor zwey Tagen von Dreßden retourniret. Mit was Schmerzen und Wehmuth aber diese Antwort abfaße, können Eu: HochEdlen von selbsten als ein Liebreich- und wohlmeynender Vater Dero Liebsten EhePfänder beurtheilen. Meinen (leider mißrathenen) Sohn habe seit vorm Jahre, da die Ehre hatte von Eu: HochEdlen viele Höfligkeiten zu genießen, nicht mit einem

Auge wieder gesehen. Eu: HochEdlen ist auch nicht unwißend, daß damahln vor selbigen nicht alleine den Tisch, sondern auch den Mühlhäuser Wechsel (so seinen Auszug vermuthlich damahlen causirete) richtig bezahlet, sondern auch noch einige Ducaten zu Tilgung einiger Schulden zurück ließ, in Meynung nunmehro ein ander genus vitae zu ergreiffen. Ich muß aber mit äußerster Bestürtzung abermahligst vernehmen, daß er wieder hie und da aufgeborget, seine LebensArth nicht im geringsten geändert, sondern sich gar absentiret und mir nicht den geringsten part seines Aufenthalts biß dato wißend gemacht. Waß soll ich mehr sagen oder thun? Da keine Vermahnung, ja gar keine liebreiche Vorsorge und assistence mehr zureichen will, so muß mein Creütz in Gedult tragen, meinen ungerathenen Sohn aber lediglich Göttlicher Barmhertzigkeit überlaßen, nicht zweiflend, Dieselbe werde mein wehmüthiges Flehen erhören, und endlich nach seinem heiligen Willen an selbigem arbeiten, daß er lerne erkennen, wie die Bekehrung einig und allein Göttlicher Güte zuzuschreiben. Da nun Eu: HochEdlen mich expectoriret, als habe das zuversichtliche Vertrauen, Dieselben werden die üble Aufführung meines Kindes nicht mir imputiren, sondern überzeüget seyn, daß ein getreüer Vater, dem seine Kinder ans Hertze gehen, alles suche zu bewerckstelligen, um Deroselben Wohl beförderm zu helffen: Welches mich auch veranlaßet, bey damahliger Dero vacance Ihnen selbigen bestens zu empfehlen, in Hoffnung, die Sangerhäuser civilisirte LebensArth u. die vornehmen Gönner würden Ihn gleichmäßig zu anderer Aufführung bewegen, Derowegen auch nochmahlen gegen Eu: HochEdlen als dem Urheber seiner Beförderung hiemit meinen schuldigsten Danck abstatte, auch nicht zweifle, Eu: HochEdlen werden nur in so lange Eu: HochEdlen Rath suchen zu disponiren mit der gedroheten mutation zu verzögern, biß ausfündig zu machen ist, wo er sich aufhalte: (Gott ist mein allwißender Zeüge, daß ihn seit vorm Jahre nicht wieder zu sehen bekommen:) Um zu vernehmen, was er gesonnen fernerhin zu thun? Zu bleiben, u. seine LebensArth zu ändern? oder sein fortun anderwerts zu suchen? Ich will nicht gerne, daß Eu: HochEdler Rath mit selbigem soll belastiget seyn, sondern nur noch so viel patience mir ausbitten, biß er wieder zum Vorscheine komme, oder man sonsten erfahren könne, wohin er sich gewendet.[1] Da auch verschiedene creditores sich bey mir gemeldet, ich aber ohne meines Sohnes mündliche oder schrifftliche Geständniß zu derenselben Zahlung nicht wohl verstehen kan (wie in allen Rechten gegründet) als ersuche Eu: HochEdlen gantz dienstlich, daß Dieselben die Gütigkeit haben u. genaue Erkundigung seines Aufenthalts einziehen u. mir so dann sichere Nachricht zu ertheilen belieben mögen, um so dann die letzte Hand anzu-

---

[1] J. G. B. Bach ließ sich am 28. 1. 1739 an der Universität Jena inskribieren, starb aber schon am 27. 5. 1739.

legen, u. zu versuchen ob unter Göttlichem Beystand das verstockte Hertz gewonnen u. zur Erkändniß gebracht werden könne. Da Er auch bißhero das Glück gehabt bey Eu: HochEdlen zu logieren, als will mir zugleich ausbitten mich zu benachrichtigen, ob er seine wenige meublen mit genommen, oder was noch von denenselben vorhanden. In Erwartung baldigster Antwort, auch anwünschung vergnügterer Ferien weder ich haben werde, beharre nebst gehorsamsten Empfehl an Dero Frau Gemahlin Eu: HochEdlen gantz ergebenster Diener Joh. Seb. Bach.

[An J. F. Klemm in Sangerhausen – Leipzig, 24. 5. 1738 I/42]

Hausmusik und öffentliche Konzerte

Auf eben dieser Seite 204. lobete der Herr Verfasser den seel. Herr Capellmeister Bach, und setzet zu Ende dieser Note noch hinzu: »Genug! wer ihn nicht gehöret hat, der hat sehr vieles nicht gehöret.«

Was der Herr Daube in dieser Note gesaget hat, ist alles die Wahrheit. Ich für meine Person habe denselben in Leipzig sehr oft und vielmals spielen hören, und ich kann mich mit Grunde der Wahrheit rühmen, daß ich das Glück habe, diese ganze Familie persönlich zu kennen; denn ich habe fast sechs Jahre auf dieser berühmten Schule unter seiner Direction gestanden. Wo hat denn aber der Herr Daube denselben gehöret? Wer weiß, ob er ihn gar gehöret hat, ob er sich gleich hier so groß mit ihm macht. Ich zweifle fast daran; denn es war dieser große Künstler mit dem Hörenlassen ausser seinem Hause nicht gar zu gemein: in demselben aber wurde öfters Concert gehalten, wo ich denn auch den Herrn [Carl Philipp Emanuel] Bach in Berlin, und den andern Herrn Bruder [Wilhelm Friedemann] in Halle, welche in Leipzig zum Besuch waren, wie auch dessen Herrn Schwager, den Hrn. Altnickel, und die beyden jüngsten Herrn Brüder [Johann Christoph Friedrich und Johann Christian] mehr als einmal habe spielen hören. Ja, ich erinnere mich auch immer noch mit Vergnügen des prächtigen und vortreflichen Magnificats, welches der Herr Bach in Berlin zu meiner Zeit in der sogenannten Thomaskirche an einem Marienfeste aufführte, ob solches gleich noch zu den Lebzeiten des nunmehro seeligen Herrn Vaters war, und schon ziemlich lange her ist. Den Hrn. [Wilhelm Friedemann] Bach in Halle aber, habe ich nicht allein privatim, sondern auch einigemahl publice in dem großen Concert, in den sogenannten drey Schwanen in Leipzig mit gar ungemeinem Beyfall aller vernünftigen Musicorum spielen hören. Der geneigte Leser verzeihe mir diese Ausschweifung; der Herr Daube hat mich darzu verleitet, dem ich darthun mußte, daß ich die Herren Bache gehöret habe, und die ganze berühmte Familie dieses Nahmens sehr wohl kenne.

[J. F. W. Sonnenkalb in F. W. Marpurgs Historisch-Kritischen Beyträgen – Berlin, 1759 III/703]

Ich bin entzückt von der Erinnerung des berühmten Emanuel Bach an unseren beinahe täglichen freundschaftlichen Umgang in Leipzig, wo ich bisweilen ein Solo oder ein Concert im Collegium Musicum seines seligen Vaters spielte. Von den drei Bach-Brüdern meiner Bekanntschaft kehrte der in Dresden verstorbene älteste [Wilhelm Friedemann] den etwas affektierten Elegant heraus, der 2. (der Ihrige in Hamburg), natürlich, tief, nachdenklich und in Gesellschaft nichtsdestoweniger lustig, hieß Carl [Philipp Emanuel] und zum Unterschied von seinen Brüdern ›der Schwarze‹ und der 3. ›der Windige‹ [Johann Gottfried Bernhard] (vor kurzem in London gestorben) spielte häufig mit mir Querflötenduette.
[J. v. Stählin an seinen Sohn Peter – Petersburg, 20. 7. 1784 III/902 Original französisch[1]]

Der Schweinfurter Vetter Johann Elias Bach

Wenns angeht, so hätte auch gerne eine Flasche von rechten guten Hefen Brandewein vor meinen Herrn Vetter [Johann Sebastian Bach] u. etliche Stücke Notabene gelbe Nelcken vor unsere Frau Muhme [Anna Magdalena], welche eine große Liebhaberin von der Gärtnerey ist, ich weiß gewiß, ich würde eine große Freude damit machen, und mich desto mehr bey beyden insinuiren, weswegen ich nochmahls gar sehr darum bitte und verbleibe ut supra.
[An seine Mutter in Schweinfurt – Leipzig, April 1738 II/423]

Nächstdem aber will meine ehemahlige Bitte wegen des süßen Mostes jezo wiederhohlen, der liebe Gott wird euch heuer vermuthlich eine gute Weinlese geben, daher bitte ich dich, meine liebe Schwester, recht inständig, koche mir doch nur etwa 10 bis 12 Maas süßen Most ab u. schicke mir ihn durch den Fuhrmann herein, indem unsern Herrn Vetter doch gar zu gerne einmal eine Freude machen mögte, da ich nun schon in die 2 Jahre in seinem Hause recht viel Gutthaten genoßen habe, nun ich will sehen, ob du nur noch einige Liebe zu mir, als deinem getreuen u. aufrichtigen Bruder hast oder nicht.
[An seine Schwester in Schweinfurt – Leipzig, 5. 10. 1739 II/458]

---

[1] Übersetzung nach der 1972 wiederaufgefundenen und im Bach-Jahrbuch 1973 abgedruckten Vorlage. W. F. Bach starb in Berlin, nicht in Dresden; der ›Windige‹ Bach ist nicht identisch mit dem ›Londoner Bach‹ Johann Christian (1735–1782), gemeint ist Johann Gottfried Bernhard Bach.

Von meinem Herrn Vetter u. deßen ganzem Hause soll ein gehorsamsten Empfehl u. in schuldigster Nachricht vermelden, daß man
sich zwar gänzlich vorgenommen gehabt, Ew. HochEdlen seine
Schuldigkeit zubezeugen, weil aber der Herr Medicus solches bey
ieziger Witterung durchaus widerrathen, wovon auch die Frau
[Johanna Christina] Krebsin Nachricht in Händen haben soll, als
soll nomine meines Herrn Vetters nochmals gehorsamsten Danck
vor die gütigste invitation abstatten, der solche vielleicht bey
vollkommener restitution zu erfüllen sich die Ehre nehmen
wird.
[An J. L. Schneider in Weißenfels – Leipzig, 7. 11. 1739 II/462]

Ich habe vor ein par Jahren die besondre Ehre gehabt, Ew. Wohl-
Edlen in dem Hause meines Herrn Vetters, des Herrn Capell
Meisters Bachen persönlich kennen zu lernen, u. nunmehro wird
mir auch die erwünschte Gelegenheit gegeben, Ew. WohlEdlen
schrifftlich aufzuwarten. Es hat nemlich nur gedachter Herr Capell-
Meister, als er in vergangener Faste von Halle zurücke kam, unter
dem vielen Guten seiner Frau Liebste auch dieses referirt, daß Ew.
WohlEdlen einen Hänfling besäßen, welcher durch die geschickte
Anweisung seines LehrMeisters sich besonders im Singen hören
ließe; Weil nun meine Frau Muhme eine große Freundin von dergleichen Vögeln sind, als habe mich hierdurch erkundigen sollen,
ob Ew. WohlEdlen diesen Sänger gegen billige Bezahlung an Sie
zu überlaßen u. durch sichere Gelegenheit zuübersenden etwa
möchten gesonnen seyn.
[An J. G. Hille in Glaucha – Leipzig, Juni 1740 II/477]

Über die gute Nachricht, welche Ew. HochEdelgebohren von
Dero dermahligen Aufbefinden Ihrem geliebten Hause vor einigen
Tagen haben ertheilen wollen, freuen wir uns insgesamt von Herzen, und wünschen, daß wir Dieselben eben so vergnügt u. gesund
wieder küßen mögen, als Sie sich dermahlen abwesend befinden:
Das leztere wünschen wir deswegen balde erfüllet zu sehen, weil
sich unsere liebwertheste Frau Mamma [Anna Magdalena] schon
seither acht Tagen sehr unbaß befindet, u. man nicht weiß, ob etwa
aus der hefftigen Wallung des Geblütes gar ein schleichendes Fieber, oder sonsten üble Folgerungen entstehen möchte, worzu noch
dieses kömmt, daß Bartholomäi u. sodann die hiesige Rathswahl
in wenig Wochen gefällig ist, da wir denn nicht wüßten, wie wir
uns in Abwesenheit Ew. HochEdelgebohren deßfalls verhalten
solten. Es schmerzet uns zwar allerdings, daß wir Dieselben durch
sothane Nachricht in der ieziger Ruhe u. Zufriedenheit einiger
maßen stöhren müßen, weil aber dieses die unumgängliche Noth-
durfft erfordert hat, haben wir das gute Vertrauen zu unsern re-

spective Hochwerthesten Herrn Papa u. Herrn Vetter, daß Sie solches nicht in üblen vermerken werden. Es folget hierbey ein herzlicher Gruß von dem ganzen Hause an Ew. HochEdelgebohren u. an den iüngern Herrn Vetter [Carl Philipp Emanuel], in specie aber von mir ein gehorsamster Empfehl, der ich mit aller ersinnlichen Hochachtung Zeit Lebens verharre HochEdelgebohrner Herr, Ew. HochEdelgebohren gehorsamster Diener u. Vetter.
[An J. S. Bach in Berlin – Leipzig, 5. 8. 1741 II/489]

Der Herr Vetter haben zu unser aller Beruhigung Dero Frau Liebste eine abermahlige gute Nachricht u. zugleich den Tag Ihrer Abreise bestimmen wollen; allein so viel Vergnügen uns hieraus erwachsen, so viel Schmerzen empfinden wir gleichwohl über die zunehmende Schwachheit unserer Hochwerthesten Frau Mamma, indem dieselbe schon seither 14 Tagen nicht eine einzige Nacht nur eine Stunde Ruhe gehabt, u. weder sizen noch liegen kan, so gar, daß man mich in vergangener Nacht geruffen u. wir nicht anders meynten, wir würden sie zu unserm größten Leidwesen gar verliehren. Es dringet uns daher die äußerste Noth, solches in schuldigster Nachricht zu melden, damit dieselben Dero Reise eventualiter ohne Maaßgebung beschleunigen u. uns insgesamt durch Dero erwünschte Gegenwart erfreuen möchten, unter welchen Wunsch u. Herzlichen Gruß von dem ganzen Hause ich en particulierement mit geziemender Hochachtung u. Dienstgeflißenheit Zeit Lebens verharre etc. etc.
[An J. S. Bach in Berlin – Leipzig, 9. 8. 1741 II/490]

Ew. HochEdelgebohren soll hierdurch in schuldigster Nachr. vermelden, daß die Güte meines Gottes mich am 2ten hujus glücklich nach Zöschau gebracht u. mir hieselbst eine so gnädige Herrschafft gegeben hat, daß ich schon manche Gnade geziemend depreciren müßen, indeßen kann meinem Hochgeehrtesten Herrn Vetter doch vor gewiß versichern, daß des vielen Guten, welches in Dero Hause etliche Jahre genoßen, hierüber nicht vergeßen, sondern mich deßen vielmehr mit dankbarem Gemüthe allezeit erinnern u. wo möglich in der That dankbar dafür erweisen werde: u. zu dem Ende will ich auch nicht ablaßen, den Allerhöchsten täglich vor die Wohlfahrt Dero sämtlichen Hochgeschäzten Hauses in warmer Fürbitte anzuflehen, u. besonders um eine dauerhaffte Gesundheit vor Ew. HochEdelgebohren inbrünstig zu bitten; dermalen aber sende den gütigst communicirten Roquelaur u. Belz Stiefeln mit vielem Dank zurücke, durch welche mir auf meiner Reise viele Güte geschehen, ob sie gleich weder Regen noch sonsten einiger Schade betroffen hat.
[An J. S. Bach in Leipzig – Zöschau, 7. 11. 1742 II/511]

Hoch Edler etc. Hochgeehrter Herr Vetter.

Daß Sie nebst Frauen Liebsten sich noch wohl befinden, versichert mich Dero gestriges Tages erhaltene angenehme Zuschrifft, nebst mit geschickten kostbaren Fäßlein Mostes, wofür hiermit meinen schuldigen Danck abstatte. Es ist aber höchlich zu bedauren, daß das Fäßlein entweder durch die Erschütterung im Fuhrwerck, oder sonst Noth gelitten; weiln nach deßen Eröffnung und hiesiges Ohrtes gewöhnlicher visirung, es fast auf den 3ten Theil leer u. nach des visitatoris Angebung nicht mehr als 6 Kannen in sich gehalten hat; und also schade, daß von dieser edlen Gabe Gottes das geringste Tröpfflein hat sollen verschüttet werden. Wie nun zu erhaltenen reichen Seegen dem Herrn Vetter herzlichen gratulire; als muß hingegen pro nunc mein Unvermögen bekennen, üm nicht im Stande zu seyn, mich reellement revengiren zu können. Jedoch quod differtur non auffertur, und hoffe occasion zu bekommen in etwas meine Schuld abtragen zu können. Es ist freylich zu bedauren, daß die Entfernung unserer beyden Städte nicht erlaubet persöhnlichen Besuch einander abzustatten; Ich würde mir sonsten die Freyheit nehmen, den Herrn Vetter zu meiner Tochter Ließgen Ehren Tage, so künfftigen Monat Januar. 1749. mit dem neuen Organisten in Naumburg, Herrn Altnickol, vor sich gehen wird, dienstlich zu invitiren. Da aber schon gemeldete Entlegenheit, auch unbequeme JahresZeit es wohl nicht erlauben dörffte den Herrn Vetter persöhnlich bey uns zu sehen; So will mir doch ausbitten, in Abwesenheit mit einem christlichen Wunsche ihnen zu assistiren, wormit ich mich denn dem Herrn Vetter bestens empfehle, und nebst schönster Begrüßung an Ihnen von uns allen beharre Eu: HochEdlen gantz ergebener treüer Vetter u. williigster Diener Joh. Seb: Bach.

P. S. Magister Birnbaum ist bereits vor 6 Wochen beerdiget worden.

Pro Memoria. Ohnerachtet der Herr Vetter sich geneigt offeriren, fernerhin mit dergleichen liqueur zu assistiren; So muß doch wegen übermäßiger hiesigen Abgaben es depreciren; denn da die Fracht 16 gr. der Überbringer 2 gr. der Visitator 2 gr. die Landaccise 5 gr. 3 pf. u. generalaccise 3 gr. gekostet hat, als können der Herr Vetter selbsten ermeßen, daß mir jedes Maaß fast 5 gr. zu stehen kömt, welches denn vor ein Geschencke alzu kostbar ist. etc.

[An Johann Elias Bach in Schweinfurt – Leipzig, 2. 11. 1748 I/50]

Anna Magdalena Bach als Witwe

Nachdem es dem unerforschlichen Rath und Willen des sonst so liebreichen Vaters in Himmel gefallen meinen lieben EheMann den hiesigen Directorem der Music und Cantorem der Schule zu

St: Thomae vor einigen Tagen durch einen seeligen Tod aus dieser
Zeitlichkeit zu nehmen und mich daher in den betrübtesten Wittben Stand zu setzen; und denn von langen Zeiten her bey der
Schule zu St: Thomae eingeführet, daß die Wittben derer verstorbenen Cantorum annoch das Gnaden halbe Jahr nach dem Tode
ihrer EheMänner erhalten, solches auch meine antecessorin die
Cunauin, und vor solcher die Schellin, und deren Vorfahren genoßen: Als unterstehe mich Ew. Magnificenz HochEdelgebohrnen
HochEdlen und Hochweisen Herren unterthänig gehorsamst bit-
tend hierdurch anzugehen: Dieselben geruhen, vermöge Dero an-
gebohrnen Leutseeligkeit und weltberühmten Gütigkeit solche
hohe Gnade mir ebenfalls hochgeneigt angedeyen zu laßen: Als
wofür Zeit Lebens mit aller ersinnlichen Hochachtung zu seyn mich
bemühen werde...
[Eingabe an den Rat der Stadt – Leipzig, 15. 8. 1750 II/617]

Habe, auf E. E. Hochweisen Raths Verordnung, dem Herrn Prof.
und Rectori auf der Thomas-Schule, Ernesti, nebst dienstlichem
Compliment gemeldet, wasmaasen wohlgedachter Rath an des verstorbenen Cantoris an besagter Schule, Herrn Bachens, Stelle, Herr
Harrern aus Dreßden angenommen, auch überdies resolviret habe,
daß die verwitbete Frau Bachin ein halbes Gnaden-Jahr genieße,
dargegen Derselbe mit ihr den Umstand, wegen derer Kirchen-
Lieder, wovon ermelder Frau Bachin ebenfals Nachricht gegeben
werden würde, ausmachen möchte. Der Herr Prof. Ernesti danckte
hierauf nebst Auftrag eines gehorsamsten Gegen-Compliments vor
die gegebene Nachrichten und versicherte, daß Er alles, so wohl
was den neuen Herrn Cantorem, als die verwitbete Frau Bachin
anbeträffe, bestens besorgen wolte.
Eodem. Als auch, nomine E. E. Hochw. Raths, der verwitbeten
Frau, daß wohlgedachter Rath ihr, auf ihr Ansuchen und in An-
schung ihrer Umstände, ein halbes Gnaden-Jahr zukommen laßen
wolte, jedoch in Hofnung, daß sie sich den Umstand wegen derer
Kirchen-Lieder,[1] wovon der Herr Prof. Ernesti mit ihr sprechen
würde, gefallen laßen dürffte, überdies daß sie, wenn ihres verstorbenen Mannes Successor hieher kommen wolte, vor selbigen
bey Zeiten eine oder ein paar Stuben räumen möchte, damit solche
renoviret werden könnten, gemeldet worden; Gab gedachte Fr
Bachin: daß E. E. Hochw. Rathe sie sich bestens empfehlen und
vor die Gnade, so man ihr erzeigen wolte, vielmahls bedancken,
auch übrigens versprechen ließe, alles zu thun, was ihr möglich
wäre, zur Antwort; Actum ut supra Christian Ernst Haubold,
Registr. jur.
[Aktennotiz – Leipzig, 29. 8. 1750 II/621]

[1] Mit den ›Kirchen-Liedern‹ werden Kantaten über Kirchenlieder gemeint sein, also
die bis heute im Besitz der Thomasschule befindlichen Choralkantaten Bachs.

Ew. Magnificenz, Hochwürdige und HochEdelgebohrne Herren werden Sich zu erinnern wißen, daß am 17ten hujus um Verordnung und Bestätigung eines Tutoris meiner Kinder unterthänigst angehalten. Weil mich aber entschloßen, mit Verwilligung E. Hochlöblichen Universitaet, mit der Verzicht, nicht wieder zu heyrathen, die Vormundschaft meiner Kinder namentlich Johann Christoph Friedrich Bach, alt 18. Jahr, Johann Christian Bach alt 15. Jahr, Johanna Carolina Bachin alt 12. Jahr, Regina Susanna Bachin alt 9. Jahr auf mich zu nehmen; Als ergehet an Dieselben mein Dienst-ergebenstes Bitten, mich nicht nur zur Vormünderin besagter meiner Kinder gebührend zu constituiren, sondern auch wegen vorzunehmender Theilung der Verlaßenschaft meines seeligen Mannes Herrn Görnern, Director Musices E. Hochlöblichen Universitaet und Organist an der Kirche zu St. Thomae allhier mir als Con-Tutorem, iedoch nur allein zur Theilung, zu adjungiren.
[Eingabe an die Universität – Leipzig, 21. 10. 1750 II/626]

Anekdoten um Vater und Söhne

Hier fällt mir eine Anekdote bey, die der Londner [Johann Christian] Bach in Schwezingen erzählte. Man sprach von seinem großen Vater, und er selbsten gestand, daß er nicht fähig sey, das zu spielen, was sein Vater gesetzt hatte. Einsmal, sagte er zu Cannabich und Wendling, phantasirte ich auf'm Klavier, bloß mechanisch, und hörte in der Sextquart auf. Mein Vater lag im Bett', und ich glaubt', er schlief. Aber, er fuhr vom Bett auf, gab mir eine Ohrfeige, und resolvirte die Sextquart.
[C. F. D. Schubart, Deutsche Chronik – Ulm, 16. 1. 1775 III/804]

Der alte Sebastian hatte drey Söhne. Er war nur mit dem Friedemann, dem großen Orgelspieler, zufrieden. Selbst von Carl Philipp Emanuel sagte er (ungerecht!): 's is Berliner Blau! 's verschießt! – Auf den Londner Chrétien Bach wandte er den Gellertschen Vers immer an:
Der Jürge kömmt gewiß durch seine Dummheit fort!
Auch hat dieser wirklich unter den drey Bachen die größte Fortüne gemacht. –
Ich habe diese Urtheile aus Friedemanns Mund selbst.
[C. F. Cramer, Menschliches Leben – Kiel, 18. 4. 1792 III/973]

Johann Sebastian Bach, der Herkules in der Musik; Er, dem an Kenntniß und Reichthum in der Harmonie kein Sterblicher vor ihm oder nach ihm gleich kam – wenigstens nicht . . . ihn übertraf! Er! der, ein Ocean! alle Fülle der Theorie des Contrapunktes in sich begriff, enthielt; und dabey der practisch größte Organöde seiner Zeit, hatte außerdem noch das Glück, ein sehr originaler, unbestechbarer, und selbstständiger Beurtheiler der Dinge und Menschen um sich her; recht alt Brutussisch im Urtheile sogar über seine . . . Söhne, zu seyn.

Er hatte deren drey: [Johann] Christian Bach, Carl Philipp Emanuel Bach, und [Wilhelm] Friedemann Bach; (den vierten [Johann Christoph Friedrich] in Bückeburg rechne ich nicht mit dazu; weil der nicht eigentlich zu den . . . Bachen! gehört.)

Von dem ersten, welcher, mehr für Dilettanten als Professoren, Opern, und Concerte mit Harpeggiaturen und Harfenbässen schrieb, pflegte er zu sagen in seinem hochdeutschen Mundart-dialect: »Mei Christian is e dummer Junge; darum macht e ooch noch gewiß emal sei Glück in der Welt.«*

Carl Philipp, Immanuel! Ein . . . Gott! dem man freylich eine gewisse Gründlichkeit nicht absprechen kann, gefiel ihm doch nicht. So sehr strenge war Er! – Er sah früh von ihm vorher, er würde in seinem Alter sich hinneigen, vor Verdruß vom Publico nicht verstanden zu seyn, zu einer gewissen leicht begreiflichen Popularität und Galanterie. Selbst, als dieser sein Sohn bereits Accompagnist beym großen Friedrich mit der Erlaubniß, ihm bravo zuzurufen, war, schüttelte Sebastian den Kopf; und – wenn ihn jemand fragte: was er von Immanuel hielte? antwortete er: »'s is Berlinerblau! 's verschießt!«

Aber – – mit seinem Sohne Friedemann! mit dem die Orgel ge-wissermaßen ausgestorben ist, war er vergnügt. »Das ist mein lieber Sohn,« pflegte er zu sagen, »an dem ich Wohlgefallen habe«.

Er saß noch sonst voll seltsamer Marotten, dieser Bach. Eine davon war: daß er Nichts leiden konnte, was halb, schielend, un-rein, unvollständig, unvollendet, war. Kurz: er haßte . . . über Alles! eine . . . unaufgelöste Dissonanz!

Er hätte, das bin ich gewiß! beym Anblick des Uebels in der Welt, unsern Herrn Gott selber constituirt, und nicht eher geruht, bis Dieser ihm die Trias Harmonica des ganzen Charivari's der Septimenaccorde hienieden gezeigt; sie! die zwar zu unsern Ohren nicht gelangt, aber, sicherlich! auf der großen Orgel das Dreymal-heilig, wo das: Le tout est bien! im Allerheiligsten des Himmels ertönt, hörbar seyn muß.

---

*) Er sah auch sehr richtig in die Zukunft damit. Denn das Schicksal dieser drey Bache ist wirklich folgendes gewesen: Der Christian, den man auch den englischen Bach zu nennen pflegt, ging nach London, und schrieb sich mit seinen gar nicht schlechten, aber leichten Arbeiten, reich. Carl Philipp hatte so eben sein nothdürftiges Auskommen, erst in Berlin, und zuletzt in Hamburg. Friedemann hingegen ist, (freylich auch mit durch Schuld seines Eigensinns etc., der solch Genie bisweilen begleitet,) im eigentlich-sten Verstande, was man nennt: auf dem Misthaufen gestorben.

Wenn er Abends sich zu Bette legt, spielten – das hatte er so eingeführt – wechselsweise seine drey früh musicalischen Jungens ihn in'n Schlaf. Am leichtesten schlief er beym Christian ein, wenn sichs nicht so traf, daß er vor Aerger wach dabey blieb.

Diese Servitut im väterlichen Hause langweilte – wie die Jugend denn flüchtig ist! – die Knaben sehr oft. Philipp Emanuel, (er hat mir die Geschichte selber erzählt;) eines Abends, paßte daher auf; und – so wie er nur eben merkte, daß der Vater zu schnarchen begann, ... wips! wips! auf vom Clavier, mitten in einem unaufgelösten Accord; und – lief fort.

Vater Sebastian wacht von dem Mislaute sogleich auf. Die Dissonanz quält, martert, ängstigt sein Ohr. Erst, glaubt er, daß Emanuel, nur ... etwa Wasser zu lassen, hinausgegangen sey, und wieder hereinkommen wird. Da nichts davon geschieht; quält er sich immer mehr; steht, so schön warm er auch schon liegt, auf; im Hemde; heraus aus dem Bett; grabbelt und tappt sich in der Dunkelheit hin ans Instrument; ergreift den dissonirenden Accord, und ... schließt ab.

Sie können daher Alles drauf wetten, er hätte, falls er, als Politiker, mit uns der großen Kirchen- und Opern-musik zugehört, die itzt in Frankreichs Polydram aufgeführt wird, und, in diesem Augenblick, in lauter chromatischen Scalen herumwählt, er hätte sicherlich Ihre Herren Christiane vom Berg, – denen man freylich nicht absprechen kann, daß sie ihr Glück dabey gemacht; – per antithesin kluge Männer – genannt; sintemalen ihre Arbeit etwas lapidarisch und unharmonisch leichtfüßig ist.

Von Ihren Philippen, Immanuelen, Lafayetten, Vaublancs, Reviseurs, Moderé's, deren Contrapunct Ihre Seele so sehr liebt, hätte er, fürchte ich, das Verschießen ihres Berliner, Königsberger, und Pariser blauen Dunstes besorgt.

Allein den Friede-manns! meinen Girondisten, und Philosophen verständlicher Art. ... Die hätte er, hoffe ich, seine Söhne genannt, an denen er Wohlgefallen hat.[1]

Ich – verstehe nun zwar vom Contrapunkt nicht so viel, als sogar Christian davon verstand; bin auch kein sonderlicher Orgelspieler nicht; aber die Liebe zu aufgelösten Accorden theile ich gleichwohl mit Vater Sebastian. ...
[C. F. Cramer, Menschliches Leben – Kiel, 26. 10. 1793 III/973]

Niedergang am Ende des 18. Jahrhunderts

Seit zwey Jahrhunderten entsprangen aus der Bachschen Familie viele der größten Componisten, Organisten und Clavierspieler. Joh. Seb. Bach, der größte Künstler von allen, zeugte noch in der

---

[1] Die Anspielungen stehen im Zusammenhang mit Cramers leidenschaftlicher Parteinahme für die Ziele der Französischen Revolution.

ersten Hälfte dieses Jahrhunderts vier Söhne, die alle große Meister wurden. Wer kennt nicht den hallischen [Wilhelm Friedemann], den berlinischen [Carl Philipp Emanuel], den englischen (oder den mailändischen) [Johann Christian] und den bückeburger [Johann Christoph Friedrich] Bach? Alle diese hinterlassen keine Nachfolger – wenn man den Concertmeister Bach in Bückeburg ausnimmt, dessen Sohn [Wilhelm Friedrich Ernst] Claviermeister bey der regierenden Königinn von Preussen ist – Keine Nachfolger, die den grossen Nahmen auf die Nachwelt bringen. Der majestätische Strom theilt seine höchste Fülle in vier Arme, schickt diese allen Weltgegenden zu und sie alle treffen auf Sümpfe in denen sich die schöne Flut unwiederbringlich verliert.
[J. F. Reichardt, Musikalisches Kunstmagazin – Berlin, 1791 III/961]

Bitte. Fast noch nie habe ich die Feder mit so viel Freudigkeit ergriffen, als jezt; denn fast noch nie durfte ich, im Vertrauen auf gute Menschen, so fest überzeugt seyn, etwas Nützliches damit zu schaffen, als jezt. Die Familie der Bache, die, seit zwey Jahrhunderten Deutschland (doch diesem nicht allein) Meister und Meisterwerke der Tonkunst aufstellte; aus welcher abstammete Sebastian Bach, der größte Harmoniker neuerer Zeit, der das Vaterland durch Lehren, Muster, und eine Menge Schüler für die höhere Kunst zu bilden anfing; in welcher geborhen ward Philipp Eman. Bach, dem Vater folgend in Lehren und Arbeiten, dessen Schüler in gar mancher bedeutenden Rücksicht zu seyn, jeder wahrhaft gute Klavierspieler gestehet, wie selbst Mozart es gestand; aus welcher ein Friedemann Bach umherzog, allem entsagend, mit nichts ausgerüstet und beglückt, als mit himmelhoher Phantasie, sein Ein und Alles findend in den Tiefen seiner Kunst; aus welcher ein Iohann Christian Bach auch die Blume der Anmuth und Galanterie auf klassischem Boden zu hegen und anzubauen pflegte – diese Familie ist nun ausgestorben, bis auf eine einzige Tochter des grossen Sebastian Bach. Und diese Tochter [Regina Susanna], jezt im hohen Alter – diese Tochter darbt. Sehr wenige wissen es; denn sie kann – nein, sie soll, sie wird auch nicht betteln! Sie wird es nicht: denn gewiß hört man auf dies bittende Wort um ihre Unterstützung; gewiß giebt es noch gute Menschen, welche, nicht auf mich – wie könnte ich das verlangen: – aber auf eine anständige Veranlassung achten, den lezten Zweig eines so fruchtreichen Stammes nicht ohne Pflege eingehen zu lassen. Gäbe nur jeder, der von den Bachen gelernet hat, die geringste Kleinigkeit: wie sorglos und bequem würde das gute Weib ihre lezten Jahre hinbringen können! Die Verlagshandlung der musik. Zeitung und ich – wir erbieten uns, das, was man uns vielleicht anvertrauen möchte, auf das pünktlichste an seine Bestimmung zu befördern, und Rechenschaft darüber in diesen Intelligenzblättern abzulegen.

Friedrich Rochlitz.

[Allgemeine Musikalische Zeitung – Leipzig, Mai 1800 III/1034]

Organist – Kantor – Hofcompositeur

Von Arnstadt nach Weimar

Erscheinet Herr Johann Sebastian Baach, bißheriger Organist zur Neuen Kirchen, Berichtet, daß er nach Mühlhausen zum Organisten beruffen worden, auch solche Vocation angenommen habe. Bedankte sich demnach gegen dem Rathe gehorsambst, vor bißherige Bestallung, und bittet umb Dimission, wolte hiermit die Schlüßel zur Orgel dem Rathe, von deme er sie empfangen, wieder überliefert haben.
[Aktennotiz – Arnstadt, 29. 6. 1707 II/25]

in Conventu Parochianô Proponebat D. Consul Dr. Meckbach es hette der Organist Pach anderweite Vocation nach Weimar und solche angenommen, dahero umb seine dimißion schrifftlich angesuchet.
   quaerebat. Weil er nicht auffzuhalten, müste mann wohl in seine dimißion consentiren, iedoch Ihme bey deren apertur anzudeüten das angefangene [Orgel-]werck helffen zum stande zubringen.
[Aktennotiz – Mühlhausen, 26. 6. 1708 II/36]

Gescheiterte Verhandlungen mit Halle

Praevia gratiarum actione hat Herr Rathsmeister Matthesius des organisten Herrn Bachs auß Weymar Antwort Schreiben nicht weniger auch Herrn Rathsmeisters Ockels schrifftlich übersendetes votum verlesen, hernach auch sein votum gegeben: Daß an Herrn Bachen zu rescribiren sey: Einen Zusaz zu der Besoldung zu machen sey bey gegenwertigen wichtigen Außgaben und andern erheblichen Umbständen bedencklich, und möchte der Herr Bach sich binnen 2. tagen endlich heraußlaßen, weil doch die dortige labores von denen hiesigen nicht sehr differiren, hier aber weit mehrere accidentia als dort zu hoffen. und soll dießerwegen ein eigener Bothe an ihn geschicket werden.
[Aktennotiz – Halle, 1. 2. 1714 II/65]

2. Martij, haben des regierenden Herzogs [Wilhelm Ernst] Hochfürstliche Durchlaucht dem bisherigen Hof-Organisten Bachen, uf sein unterthänigstes Ansuchen, das praedicat eines Concert-Meisters mit angezeigtem Rang nach dem Vice-Capellmeister Dreßen, gnädigst conferiret, dargegen Er Monatlich neüe Stücke ufführen, und zu solchen proben die Capell Musici uf sein Verlangen zu erscheinen schuldig u. gehalten seyn sollen.
[Aktennotiz – Weimar, 2. 3. 1714 II/66]

Daß das Hochlöbliche Kirchen Collegium meine Abschlagung der ambirten (wie Sie meinen) Organisten Stelle befremdet, befremdet mich gar nicht, indem ich ersehe, wie es so gar wenig die Sache überlegt. Sie meinen ich habe üm die erwehnte Organisten Stelle angehalten, da mir doch von nichts weniger als davon etwas bewust. So viel weiß ich wohl, daß ich mich gemeldet, und das hochlöbliche Collegium bey mir angehalten; denn ich war ja, nachdem ich mich praesentiret, gleich willens wiederum fortzureisen, wenn des Herrn D. Heineccii Befehl u. höfliches anhalten mich nicht genöthiget, das bewuste Stücke zu componiren u. aufzuführen. Zudem ist nicht zu praesumiren daß mann an einen Ohrt gehen solte, wo mann sich verschlimmert; dieses aber habe in 14 Tagen biß 3 Wochen so accurat nicht erfahren können, weil ich der gäntzlichen Meinung, mann könne seine gage an einem Ohrte, da mann die accidentia zur Besoldung rechnen muß, nicht in etlichen Jahren, geschweige denn in 14 Tagen erfahren; und dieses ist einiger maßen die Ursach warum die Bestallung angenommen und auf Begehren wiederum von mir gegeben. Doch ist aus allen diesen noch lange nicht zu schließen als ob ich solche tour dem hochlöblichen Collegio gespielet hätte, um dadurch meinen Gnädigsten Herrn zu einer Zulage meiner Besoldung zu vermögen, da Derselbe ohne dem schon so viel Gnade vor meine Dienste u. Kunst hat, daß meine Besoldung zu vergrößern ich nicht erstlich nach Halle reisen darff. Bedaure also, daß des hochlöblichen Collegii so gewiße persuasion ziemlich ungewiß abgelauffen, und setze noch dieses hinzu; wenn ich auch in Halle eben so starcke Besoldung bekommen als hier in Weimar, wäre ich denn nicht gehalten die ersteren Dienste denen anderen vorzuziehen? Sie können als ein Rechts-Verständiger am Besten darvon judiciren, und wenn ich bitten darff, diese meine Rechtfertigung dem Hochlöblichen Collegio hinterbringen, ich verharre davor Eu. HochEdlen gehorsamer Joh. Seb.: Bach Concertmeister u. Hofforganist.
[An August Becker in Halle – Weimar, 19. 3. 1714 I/4]

Anno 1720 den 12 Septembr Ist Heinrich Friese der Organist und Schreiber dieser Kirchen gestorben. Worauff Anno 1720 den 21 Novembr ist der Herr Pastor nebst den beyden Kirchspiel Herren, wie auch die 4 Herren in der Beede, als Herr Bernhard Cropp und Herr Friedericus [Wahn] Herren Leichnambs Geschworne, Herr Johan Luttas und Herr Johan Caspar Weber JahrGeschworne auff den KirchenSahl zusammengewesen, woselbst Herr Bernhard Crop: praemissis curialibus proponirte: daß sich unterschiedliche Persohnen zu der Wahl eines Organisten angegeben, so die 4 Herren in der Beede hiemit praesentirten als:

Mr: Matthias Christoph Wideburg.	Mr: Johann Sebastian Bach
Mr: Heinrich Zinck, Organist zu Itzeho,	Mr: Frenkel Organ: zu Ratzeburg
Mr: Vincent Lübec. Junior.	Mr: Lüders
Mr: Johan Joachim Heitmann.	Mr: Hertzog.

Nachdem nun diese Nahmen verlesen, antwortete Herr Beckhoff im Nahmen der anwesenden Herren; hierauff wurden unterschiedliche puncta angesprochen, als:

1. Wieviel von obigen 8 Persohnen zur Probe zu lassen?

Conclusum: Es hätten alle Competenten die Probe zu thun, wenn sie solches verlangeten. . . .

   Anno 1720 den 28 Novembr. als am Donnerstage nach der Betstunde, ward von dem Herrn Pastore, Herrn Erdmanno Neumeister, Herrn Wolther Beckhoff und Herrn Henning Lochau Juris Utriusque Licentiatus Kirchspiel Herren, Herrn Bernhard Crop und Herrn Friederich Wahn, Herren Leichnambs Geschwornen, Herrn Johann Luttas und Johann Caspar Weber JahrGeschwornen beliebet die Probe anzuhören, . . .

Nachmahls besprach sich der Herr Pastor und beyde Herren Leichnambs Geschworne, mit den beyden KirchspielHerren beym Raths-Stuhl hierüber, und ward solches von ihnen ebenfals beliebet, unterdessen begaben sich die 4 übrigen Candidati (:weil Mr: Bach den 23 Nov: nach seinen Fürsten reisen müssen, Mr: Lübec den 25 und Mr: Hertzog den 27 Nov: abgesaget, Msr: Wideburg aber unangesagt weggeblieben:) nach der Orgel, . . . Nach diesen ward noch ein und anderes deliberiret und endlich zum Wahl termino der 12 Decembr als der Donnerstag nach dem 2^{dern} Advent angesetzet. siehe unten

   Anno 1720 den 19 Decembr: Erschienen nach vorgängig beliebter convocation auff den grossen Kirchen-Sahl der Herr Pastor Herr Erdmann Neumeister, Herr Walther Beckhoff und Herr Henning Lochau Juris Utriusque Licentiatus Kirchspiel Herren, Herr Bernhard Crop und Herr Friederich Wahn, Herren LeichnambsGeschworne, Herr Johan Luttas und Herr Johan Caspar Weber Jahrgeschworne, woselbst der Elteste Herr Leichnambs-

Geschworner praemissis curialibus proponirte: Daß allerseits bekand seyn würde, wie am 28 Novembr nach angehörter Probe-
Spielung und relation des Herrn Cantoris und hiezu erforderter
Organisten die Wahl den 12 Decembr angesetzet; es hätte aber
Herr Luttas auffschub gesuchet, biß er von Herrn Johanne Sebastian Bach, CapellMeister zu Cöthen ein Schreiben empfangen
hätte, welches der Herr Pastor und Kirchspiel Herren sich gefallen
lassen. Da nun Herr Luttas ein Schreiben erhalten hat er solches
dem Herrn Pastori und Kirchspiel Herren vorhero communiciret,
ist auch hernach in pleno verlesen worden. Worauff resolviret in
Gottes Nahmen zur Wahl zu schreiten und ist also, Johann Joachim Heitmann, per majora, vivà voce zum Organisten und
Schreiber der Kirchen St: Jacobi erwehlet worden, . . .
[Aktennotizen – Hamburg, 12. 9. bis 19. 12. 1720 II/102]

Ich erinnere mich, und es wird sichs noch wol eine gantze zahlreiche Gemeine erinnern, daß vor einigen Jahren ein gewisser
grosser Virtuose, der seitdem, nach Verdienst, zu einem ansehn-
lichen Cantorat befördert worden, sich in einer nicht kleinen
Stadt zum Organisten angab, auf der meisten und schönsten
Wercken tapffer hören ließ, und eines jeden Bewunderung, seiner
Fertigkeit halber, an sich zog; es meldete sich aber auch zugleich,
nebst andern untüchtigen Gesellen, eines wolhabenden Hand-
wercks-Mannes Sohn an, der besser mit Thalern, als mit Fingern,
praeludiren kunnte, und demselben fiel der Dienst zu, wie man
leicht erachten kann: unangesehen sich fast jedermann darüber
ärgerte. Es war eben um die Weih-Nacht-Zeit, und der beredte
Haupt-Prediger [Erdmann Neumeister], welcher gar nicht mit in
den Simonischen Rath gewilliget hatte, legte das Evangelium von
der Engel-Music bey der Geburt Christi auf das herrlichste aus:
wobey ihm denn natürlicher Weise der jüngste Vorfall, wegen des
abgewiesenen Künstlers, eine Gelegenheit an die Hand gab, seine
Gedancken zu entdecken, und den Vortrag ungefehr mit diesem
merckwürdigen epiphonemate zu schliessen: Er glaube gantz
gewiß, wenn auch einer von den Bethlemitischen Engeln vom Himmel käme, der göttlich spielte, und wollte Organist zu St. J[acobi]
werden, hätte aber kein Geld, so mögte er nur wieder davon
fliegen.
[J. Mattheson, Der Musicalische Patriot – Hamburg, 1728 II/253]

In Matthesons musikalischer Ehren-Pforte[1] wird uns berichtet,
daß es ihm niemals gelungen sei, eine gute Orgel zu bekommen;
er wäre stets zu früh oder zu spät gekommen. Im Jahr 1718 [1720]

[1] An Stelle von Matthesons Ehren-Pforte von 1740 ist der Nekrolog auf J. S. Bach von
1754 gemeint.

bewarb er sich in Hamburg: mein Geist wurde zum ersten Male in helle Flammen gesetzt, als ich diesen Orgelmeister hörte, und sein Landsmann, Hauptpastor und Scholarch Erdmann Neumeister, der berühmte Prediger, der hierbei an der Jakobikirche wirklich eine Stimme im Kapitel hatte, bewegte Himmel und Erde, damit diese Zierde der Stadt nicht entgehen möchte. Doch ein einfältiger, stümperhafter Müllerssohn, der 10000 Mark (das sind 7500 holländische Gulden) für die Kirchenkasse bot (die Vorsteher wollten auch noch gute Portugalöser haben), trug den Sieg davon. Nur Erdmann wußte, in der Nutzanwendung der Evangelienpredigten sonntags vormittags, ihm das Leben so schwer zu machen, daß er, noch ehe ein Vierteljahr verlief, ein Kind des Todes war. Er hatte, um diesen Sturm abzuwehren, diesen Polterer erst noch persönlich angefleht, er solle ihn, der sein Äußerstes tun wolle, doch verschonen, und ihm in einem Brokatbeutel hundert dänische Dukaten als kleines Geschenk angeboten, aber zur Antwort erhalten: laßt Euch für das Geld ein schönes Menuett beibringen.
[J. W. Lustig, Karel Burney's Muzikaale Reizen – Groningen, 1786 III/776 Original holländisch]

Von Köthen nach Leipzig

Diejenigen, so wegen des Cantorats zur probe aufgestellet werden solten, wären lezthin denominiret, es hätten sich noch mehrere gemeldet, als der Capellmeister Graupner in Darmstadt und Bach in Köthen, Fasch aber erkläre sich, daß er nicht mit informiren könne, der Merseburger bitte nochmahls ihn zur probe zu laßen, Conclusum: Rolle, Kauffmann, auch Schotte sollen zur probe, insonderheit zum informiren, zugelaßen werden.
[Ratsprotokoll – Leipzig, 21. 12. 1722 II/119]

Am verwichenen Sonntage [7. 2.] Vormittage machte der Hochfürstliche Capellmeister zu Cöthen, Mr. Bach, allhier in der Kirchen zu St. Thomä wegen der bisher noch immer vacant stehenden Cantor-Stelle seine Probe,[1] und ist desselben damahlige Music von allen, welche dergleichen ästimiren, sehr gelobet worden.
[Notiz im Hamburger Relationscourier – Leipzig, 9. 2. 1723 II/124]

Auf den man bey dem Cantorat reflexion genommen, nemlich Graupnern, könne seine dimißion nicht erhalten, der Landgraff zu Hessen Darmstadt wolle ihn schlechterdings nicht dimittiren,

---

[1] Als Probestück belegt ist die Kantate ›Jesus nahm zu sich die Zwölfe‹ (BWV 22).

sonst sey in Vorschlag der Capellmeister zu Cöthen Bach, Kauffmann zu Merseburg und Schotte alhier kommen; aber alle 3.
würden zugleich nicht informiren können, bey Telemann habe
man schon auf die Theilung reflectiret.

Herr Appellations Rath Plaz. Das leztere finde Er aus erheblichen Ursachen vor bedencklich, da man nun die besten nicht bekommen könne, müße man mittlere nehmen, es sey von einem zu
Pirna[1] ehmahls viel gutes gesprochen worden, ...
[Ratsprotokoll – Leipzig, 9. 4. 1723 II/127]

Von Gottes Gnaden Wir Leopold Fürst zu Anhalt etc. etc. fügen
hiermit männiglich zu wißen, wasgestalt Wir den Ehrenvesten und
Wohlgelahrten Johan Sebastian Bachen seit den 5. Augusti 1717.
alß Capelmeistern und Directoren unserer Cammer Music in
Diensten gehabt, da Wir dan mit deßen Verrichtungen jeder Zeit
wohl zufrieden gewesen: Wan aber derselbe anderweit seine Fortun vor itzo zu suchen willens, und Unß deshalb um gnädigste
dimission unterthänigst angelanget: Alß haben Wir ihm dieselbe
hier durch in gnaden ertheilen, und zu anderweiten Diensten bestens recommendiren wollen. Uhrkundlich haben Wir diesen
Abschied unter Unserer eigenhändigen Unterschrifft ausgestellet
und mit Unserem Fürstlichen Insiegel bedrucken laßen. So geschehen Cöthen den 13. Aprilis 1723.
[Entlassungsurkunde II/128]

Demnach bey E:E. Hochweisen Rathe der Stadt Leipzigk ich
endesbenanter zu dem bey der Thomas-Schule daselbst vacanten
Cantor Dienste mich gemeldet, und dißfalls auf meine Persohn zu
reflectiren geziemend gebeten, Als verspreche ich krafft dieses, daß
daferne mein suchen statt finden und mir solcher Dienst aufgetragen werden solte, ich nicht nur binnen dato und 3 oder höchstens vier Wochen von der bey dem HochFürstlich Anhalt-Cöthischen Hoffe auf mir habenden Bestallung mich losmachen und
dieserwegen wohlgedachtem Rathe den Dimißion-Schein einhändi-
gen, sondern auch, wenn ich solchen Cantor-Dienst würcklich
antrete, mich der Schul-Ordnung, so bereits vorhanden, oder noch
aufgerichtet werden möchte, mich gemäs verhalten, absonderlich
aber die Knaben, so auf die Schule recipiret worden nicht alleine
in denen darzu gehörigen ordentlichen Stunden, sondern auch
privatißime im Singen ohne Entgeld informiren, und was mir sonst
darbey zu thun obliget, allenthalben gebührend verrichten, nicht
weniger, daferne, iedoch mit vorbewust und Bewilligung E. E:
Hochweisen Raths, zu meiner sublevation beym informiren in der
Lateinischen Sprache jemand erfordert werden solte, denselben

---

[1] Der »Mittlere« aus Pirna war der dortige Kantor Christian Heckel.

aus meinen eigenen Mitteln ohne von E. E. Hochweisen Rathe, oder sonst etwas zu begehren, davor vergnügen will, Treülich und ohne Gefehrde; Urkundlich habe ich darüber diesen Revers unter meiner Hand und Petschafft von mir gestellet. Geschehen Leipzigk den 19ten Aprill, 1723. Johann Sebastian Bach pro tempore Hochfürstlich Anhalt-Cöthenscher Capellmeister.

[Vorläufiger Revers I/91]

Anstellung – Übersiedelung – Amtseinweisung

Dominus Consul Regens D. Lange truge, in Versammlung aller drey Räthe, vor, es wäre bekannt, daß man, wegen der Cantor-Stelle, zu St. Thomas seine Gedancken auf Herrn Telemann gerichtet gehabt, er hätte auch versprochen alles zuthun, jedoch aber sein Versprechen nicht gehalten. Man hätte hernach auf Herrn Graupnern, Capellmeistern zu Darmstadt, sein Absehen, jedoch privatim gerichtet gehabt, welcher aber berichtet, daß man ihn nicht laßen wolte. Hernach hätten sich Bach, Hoffmann [Kauffmann] und Schott gemeldet. Bach wäre Capellmeister zu Cöthen, und excellirte im Clavier. Nebst der Music habe Er die Information, und müste der Cantor in den Colloquiis Corderi und der Grammatic informiren, welches er auch thun wolte. Er habe sich reversiret, nicht alleine publicè, sondern auch privatim, zu informiren. Wann Bach erwehlet würde, so könnte man Telemann, wegen seiner Conduite, vergeßen.

Dominus Consul D. Platz. Weil die Vacanz so lang gewesen; so hätte man Ursach zur wahl zu schreiten. Es wäre zu wünschen, daß man es mit dem dritten träffe. Zur Information der Jugend müste er sich accomodiren. Bach wäre geschickt darzu, und wolte ers thun, gab ihm also sein Votum.

Dominus Consul D. Steger; Danckte vor die Sorgfalt, und wäre vorgebracht worden, warum es sich verzogen, und wes wegen Herr Bach zu nehmen. Bachs Person wäre so gut als Graupner. Er hätte sich erklähret, nicht alleine als Cantor, sondern auch als Collega bey der Thomas-Schule seine Treue zu bezeigen. Als Collega quartus wolte Er sich mit den andern Praeceptoribus setzen, so seine Vices vertreten solten. Votirte gleichfalls uf Bachen, und hätte er solche Compositiones zu machen, die nicht theatralisch wären.

[Ratsprotokoll – Leipzig, 22. 4. 1723 II/129]

Erschiene Herr Johann Sebastian Bach, bisheriger Capellmeister an dem hochfürstlich Anhalt-Cöthischen Hofe, in der Rathstube, und nachdem Er sich hinter die Stühle gestellet, proponirte Dominus Consul Regens D. Lange, daß sich zum Cantorn Dienste bey der Schule zu St. Thomae zwar unterschiedene gemeldet: weil Er aber vor den capablesten darzu erachtet worden, So hätte man Ihn einhellig erwehlet, und solte Er von dem hiesigen Herrn Superintendenten praesentiret, auch ihme das jenige gereichet werden, was der verstorbene Herr Kuhnau gehabt.

Ille. Danckte gehorsamst, daß man auf ihn Reflexion machen wollen, und verspräche alle Treu und Fleiß.

[Aktennotiz – Leipzig, 5. 5. 1723 II/133]

Subscriptio Affirmativa.
Ich Johann Sebastian Bach beruffener Cantor allhier bekenne krafft dieses, daß obengesetzte Bejahungs Articul der Heiligen Schrifft in allen Stücken gemäß, ich will auch bey solchen durch Gottes Gnade verharren, und niemahls dergleichen, was denenselben zuwieder, approbiren. Leipzig den 13 Maji, 1723.
Subscriptio Negativa.
Ich Johann Sebastian Bach, beruffener Cantor allhier zu Leipzig bekenne hiermit, daß obermeldete Verneinungs Articul falsch und unrecht sind, will auch denenselbigen niemahls beypflichten, noch dieselben auf einige Weise defendiren. Leipzig den 13 Maji, 1723.
[Unterzeichnung der Visitationsartikel[1] I/92a]

Am vergangenen Sonnabend [22. 5.] zu Mittage kamen 4. Wagen mit Haus-Raht beladen von Cöthen allhier an, so dem gewesenen dasigen Fürstl. Capell-Meister, als nach Leipzig vocirten Cantori Figurali, zugehöreten; Um 2. Uhr kam er selbst nebst seiner Familie auf 2 Kutschen an, und bezog die in der Thomas-Schule neu renovirte Wohnung.
[Notiz im Hollsteinischen Correspondenten – Leipzig, 29. 5. 1723 II/138]

Den 1. Junij 1723 Hat E. E. Hochweiser Rath dieser Stadt den neuen Cantorem Herrn Johann Sebastian Bachen in der Thomas Schule gewönlicher maßen vorstellen und introduciren laßen, auch zu dem Ende Herrn Baumeister Gottfried Conrad Lehmannen, als Vorstehern ieztermelter Schule, und mich, den OberStadtschreiber, dahin abgeordnet, alwo wir unten von dem Herrn Rectore Magister Ernesti excipiret und in das obere Auditorium geführet wurden, in welchem der Pastor bey der Thomas-Kirche Herr Licentiat Weiß sich bereits befand und uns meldete, wie der

---

[1] Die ›Visitationsartikel‹ erschienen 1593 im Zusammenhang mit einer allgemeinen Kirchenvisitation im Druck und richteten sich gegen die sogenannten Kryptocalvinisten. Die Unterzeichnung wurde in Sachsen bis ins 19. Jahrhundert gefordert.

Herr Superintendens D. Deyling mit überschickung der an Ihn diesfals ergangenen Consistorial-Verordnung Ihm seine Vices aufgetragen, es versamleten sich hierauf in solchem Zimmer die sämtlichen Schul Collegen und ließen wir uns sämtlich auf die dahin gesezten Stühle nieder, also daß oben Herr Licentiat Weiß, neben Ihm Herr Baumeister Lehmann und ich, uns gegen über aber gedachte Herren Schul Collegen der Reihe nach saßen, die Schüler musicirten vor der Thüre ein Stücke und traten nach deßen Endigung sämtlich in das Auditorium, ich that hierauf den Antrag folgender maßen: Wie es dem Allerhöchsten gefallen, den zu dieser Schule verordnet gewesenen Collegen und Cantorem Herrn Johann Kuhnauen von dieser Welt abzufordern, an deßen Stelle E. E. Hochweiser Rath Herrn Johann Sebastian Bachen, gewesenen Capellmeister an dem HochFürstlich Anhaltischen Hoffe zu Cöthen erwehlet, dahero nichts mehr übrig sey, als daß derselbe in solch Amt ordentlich ein- und angewiesen werde, welches denn auch im Nahmen der Heiligen Dreyfaltigkeit von wohlermelten Rathe, als Patrono dieser Schule, hiermit geschehe, dabey der neue Herr Cantor sein Amt treu und fleißig zu verwalten, denen Obern und Vorgesezten mit behörigen respect und Willigkeit zu begegnen, mit seinen Herren Collegen gutes Vernehmen und Freundschafft zu pflegen, die Jugend zur Gottesfurcht und andern nüzlichen Wißenschafften treulich zu unterrichten und damit die Schule in guten Aufnehmen zu unterhalten, ermahnet wurde, ein gleiches geschahe an die Alumnos und andere, so diese Schule besuchen, zu leistung Gehorsams und erweisung respects gegen den neuen Herrn Cantor und wurde mit einem guten Wunsche, vor die Wohlfahrt der Schule, beschloßen. Nun hätte zwar nach der Art, wie es sonst zu geschehen pflegen, der Cantor seine Antwort darauf thun sollen, es lies aber Herr Licentiat Weiß sich vernehmen, wie eine Verordnung ausn Consistorio, die er zugleich vorzeigte, an Herrn Superintendenten ergangen, krafft welcher der neue Herr Cantor der Schule praesentiret und eingewiesen würde, dem Er eine Ermahnung zu treulicher beobachtung des Amts und Wunsch beyfügte. Herr BauMeister Lehmann, der seine gratulation dem Herrn Cantori abstattete, erinnerte sogleich, daß diese Einweisung von dem Consistorio, oder dem es von demselben aufgetragen, vormahls nicht geschehen und etwas neuerliches sey, welches bey E. E. Rathe erinnert werden müste, dem ich hernach auch beytrat, es entschuldigte sich aber wohlermelter Herr Licentiat Weiße, daß Er solches nicht gewust und Er hierbey nichts mehr gethan habe, als was Ihm aufgetragen worden.

Ehe diese Erinnerung geschehen, danckte der neue Herr Cantor E. E. Hochweisen Rathe verbundenst, daß derselbe bey Vergebung dieses Diensts auf Ihn hochgeneigt reflectiren wollen, mit versprechen, daß er denselben mit aller treue und Fleis abwarten, denen ihm vorgesezten mit schuldigen respect begegnen und sich

allendhalben so erweisen werde, daß man seine devoteste bezei-
gung iederzeit spüren solle. Wornechst die andern Herren Schul
Collegen ihm gratuliret und wurde der Actus wiederum mit einer
Music beschloßen.
[Aktennotiz – Leipzig, 1. 6. 1723 II/145]

Hierauff meldete der Herr Baumeister Lehmann, daß der neüe
Herr Cantor die Information in der Schule nicht werde abwarten,
sondern habe sich mit dem Herrn Tertio [Carl Friedrich Pezold]
deshalben verglichen, welcher an seine statt die Information übernehmen, und dieser vom Herrn Cantore 50 thl bekommen werde;
welches ich an Ihro Hochwürden dem Herrn Superintendenten
per modum Relationis zu bringen versprochen.
[Aktennotiz – Leipzig, 1. 6. 1723 II/147]

Als an Dieselben untern 29ten Junij abgewichenen Jahres ich ein-
berichtet, daß der neue Herr Cantor Thomanus allhier Herr Johann Sebastian Bach die Information in der Schule nicht abwarten
werde, sondern, den Herrn Tertium gegen eine gewiße Ergötzlich-
keit die Schul-Labores an seiner statt über sich zu nehmen ver-
mocht, habe ich nach der Zeit mehrere Erkundigung eingezogen,
und befunden, daß erwehnter Herr Tertius die dem Cantori zu-
kommende Schul Information nicht allein würcklich übernommen,
sondern daß auch der Cantor Bach, im dem Fall, wenn der Tertius
wegen Kranckheit, oder anderer Hinderniße absens seyn müßen,
die Classe besuchet, und denen Knaben ein Exercitium zu elabori-
ren dictiret.
[S. Deyling an das Konsistorium – Leipzig, 20. 2. 1724 II/175]

Dresdener Hoftitel

Ew. Königlichen Hoheit überreiche in tieffster Devotion gegenwärtige geringe Arbeit[1] von derjenigen Wißenschafft, welche ich
in der Musique erlanget, mit ganz unterthänigster Bitte, Sie wollen
dieselbe nicht nach der schlechten Composition, sonder nach Dero
Welt berühmten Clemenz mit gnädigsten Augen anzusehen und
mich darbey in Dero mächtigste Protection zu nehmen geruhen.
Ich habe einige Jahre und bis daher bey denen beyden Haupt-
Kirchen in Leipzig das Directorium in der Music gehabt, darbey
aber ein und andere Bekränckung unverschuldeter weise auch
iezuweilen eine Verminderung derer mit dieser Function verknüpff-
ten Accidentien empfinden müßen, welches aber gänzlich nach-

[1] Kyrie und Gloria der nachmaligen h-Moll-Messe, BWV 232, in Aufführungs-
stimmen.

bleiben möchte, daferne Ew. Königliche Hoheit mir die Gnade erweisen und ein Praedicat von Dero Hoff-Capelle conferiren, und deswegen zu Ertheilung eines Decrets, gehörigen Orths hohen Befehl ergehen laßen würden; Solche gnädigste Gewehrung meines demüthigsten Bittens wird mich zu unendlicher Verehrung verbinden und ich offerire mich in schuldigsten Gehorsam, iedesmahl auf Ew. Königlichen Hoheit gnädigstes Verlangen, in Componirung der Kirchen Musique sowohl als zum Orchestre meinen unermüdeten Fleiß zu erweisen, und meine ganzen Kräffte zu Dero Dienste zu widmen, in unaufhörlicher Treue verharrend Ew. Königlichen Hoheit unterthänigst-gehorsamster Knecht Johann Sebastian Bach.
[An Kurfürst Friedrich August II. von Sachsen – Dresden, 27. 7. 1733 I/27]

Decret Vor Johann Sebastian Bach, als Compositeur bey der Königlichen HofCapelle.

Augustus Rex	Demnach Ihro Königliche Majestät in Pohlen, und Churfürstliche Durchlaucht zu Sachßen etc. Johann Sebastian Bachen, auf deßen beschehenes allerunterthänigstes Ansuchen, und umb seiner guten Geschickligkeit willen, das Praedicat als Compositeur
Heinrich von Brühl	bey Dero HofCapelle, allergnädigst ertheilet; Als ist demselben darüber gegenwärtiges Decret, unter Ihro Königlichen Majestät höchsteigenhändigen Unterschrifft und vorgedruckten Königlichen Insiegel, ausgefertiget worden. So geschehen und geben zu Dreßden, den 19. Nov. 1736.

G. W. Mentzel. Augustus Rex
(LS.) De Brühl   Mentzel.
Mundiert den 19. Novembris 1736.
Den 28. ejusdem ist das Original Sr Excellenz dem Herrn Baron von Keyserling zugestellet worden.
[Ernennungsurkunde II/388]

Der unbequeme Untergebene

Schlägerei, Urlaubsüberschreitung und »wunderliche variationes«

Erscheinet Johann Sebastian Bach Organist in der Neüen Kirchen alhier, mit Vorbringen wie Er gestern abends etwas späte in der

Nacht vom Schloße aus, nacher Hause gangen und ufm Marck kommen, hetten 6. Schüler ufm Langensteine geseßen, alß er nun dem Rathhause gleich kommen, were ein Schüler Geyersbach hinter ihm her und mit einem Brügel uf ihn loß gangen, mit diesen Formalien; Worumb er ihn geschimpfet hette? Er geantwortet, er hette ihn gar nicht geschimpfet, und könte es ihm auch niemand beweisen, maßen er ganz stille gangen; daruf Geyersbach gesagt, ob er gleich ihn nicht geschimpfet hette, so hette er doch seinen Fagott einsmahls geschimpfet, u. wer seine Sachen schimpfte, der schimpfte auch ihn, und hette es geredet wie ein Hunds etc. etc. und zugleich uf ihn loß geschlagen, weiln er nun sich deßen nicht versehen, so hette er nach seinem Degen greiffen wollen, es were aber Geyersbach ihm in die Arme gefallen, und sich mit ihm herumb gezerret, da denn die übrigen Schüler, so bey ihm vorher geseßen, alß Schüttwürfel, Hoffmann, die übrigen würden diese benennen, darzu geloffen; und endlich mit abgewehret, daß er nacher Hause gehen können; und hette er Geyersbachen in faciem gesagt, morgen wolte er solches schon ausmachen, mit ihm zu schlagen stünde ihm nicht an, hielte es auch vor keine Ehre. Nachdem nun ihm solches zu leiden nicht gebührete, auch er uf diese maße uf der Straßen nicht sicher gehen könte, Alß bäte er unterthänigst gedachten Geyersbachen zu verdiente straffe zu ziehen, und ihme deswegen genügliche Satisfaction thun zu laßen, auch selbigen u. anderen zu imponiren, daß sie ihn führo hin ohngeschimpfet und geschlagen passiren laßen müßen.
Consistorium zu Arnstadt
citentur ad Consistorium

Actum den 14. August 1705
Wird dem Schühler Geyersbachen was der Organist Bach wieder ihn geclaget vorgeleßen
Ille. Negat daß er klagenden Bachen vorgepaßet, sondern alß von dem Schuster Jahnen er zu seines Kindes Tauffmahl gebethen worden, und sie abends mit denen Gevatterinnen ein ständgen gemachet sey Bach mit der TabacksPfeiffe im munde über die straße gangen kommen, darauf Geyersbach selbigen gefraget, Ob ers geständig Ihn einen Zippel Fagottisten geheißen zu haben, da er nun solches nicht läugnen können, hätte Er Bach den Degen alßbald gezogen, dagegen Er Geyersbach sich ja wehren müßen, würde sonst ihm einen schaden gethan haben.
Negat daß er Bachen anbrachter maßen geschimpfet, könne aber wohl seyn daß wenn Bach mit den Degen über ihn hergewolt er auf selbigen geschlagen haben möchte.
Bach. Bleibet dabey daß Geyersbach ihn zu erst geschimpfet und geschlagen wodurch er genöthiget worden nach dem Degen zu greiffen, weilen er sonst nichts gehabt womit er sich defendiren können.

Geyersbach. Weiß sich nicht zu entsinnen, Bachen geschimpfet zu haben.

Hoffmann praemonitus de dicenda veritatem. Er wiße nicht wie die Beyden aneinander gerathen, sondern alß er gesehen daß Geyersbach in Bachs Degen gegriffen, Bach aber solchen bey den Gefäß selbigen noch gehalten, auch unter dießen ringen Geyersbach gefallen, sey er weil bey solchem fallen leicht ein Unglück entstehen und Geyersbach in Degen fallen können sey er zwischen Beyde gangen und von einander abzulaßen und nach Hauß zu gehen, zugeredet. Worauf auch Geyersbach den Degen welchen er mit 2 Händen gehalten fahren laßen, und mit dießen Worthen weggegangen, Er habe sich eines Beßeren gegen Bachen versehen gehabt, verspühre aber anizo ein anders, worauff Bach repliciret, er wolle es schon weiters suchen.

Schüttwürfel. Er sey auß irrthumb proteste angegeben, dann er gar nicht dabey sondern zu Hauße geweßen

Resolvitur. Sollen mitwochs nechstkünfftig sich wieder melden.

Actum den 19. August. 1705

Wird dem Organist Bachen angezeiget, daß weiln der Schühler Geyersbach in lezter Verhör den anfang zu der schlägerey gemachet zu haben läugnete, und vorgäbe daß Bach den Degen zu erst gezogen, als würde ihme obliegen zu erweißen, daß ermeldter Schühler zu erst anlaß gegeben.

Ille. Könne es mit seiner Baßen der Bachin beweißen, wann nur sonsten dero Zeugnuß alß einer Weibesperson sufficient erkannt würde.

Nos. Er hätte sonst wohl es unterwegen laßen können, daß er Geyersbachen einen Zippel fagotisten geheißen, auß dergleichen Scommatibus kähmen nachmahls dergleichen Verdrießlichkeiten, dazumahlen er ohne dem in dem ruff daß mit denen Schühlern er sich nicht vertrüge und vorgebe, er sey nur auff Choral nicht aber musicalische stücke bestellet, welches doch falsch, denn er müste alles mit musiciren helffen.

Ille. Er weigere sich nicht, wann nur ein Director musices da wehre.

Nos. Mann lebe mit imperfectis und müste er sich mit denen Schühlern vergleichen auch eines dem andern das leben nicht sauer machen.

Resolvitur. Citetur die Baße, und sollen dann beyde nechsten freytag wieder sich melden.

Actum den 21. Aug: 1705

Barbara Catharina Bachin Meldet uf vorgängige Verwahrnung die Wahrheit zu sagen, wie vor einigen tagen, als sie mit ihrem Vetter von dem Herrn Küchenschreiber des abends kommen, und übern

Mark gehen wollen, einige Schüler so von einer Kindtauff kommen, ufn langen steine gesessen, Geirsbach sie sehend sogleich aufgestanden und Bachen unter die augen getreten, sagend, warumb er seinen Fagott geschimpffet hätte und wer seine sachen schimpffte der schimpffte ihn, und daß thäte ein Hundes etc:, druf Geirsbach Bachen ins gesicht geschlagen, Bach aber den Degen gezogen, ihm aber nichts darmit gethan, druf sie ein wenig mit einander gestrauchelt und Geirsbach einen stecken fallen laßen, die andern schüler umb ihn herum getreten referentin aber Bachen an der Hand genomen und ihn mit fort zu gehen errinuert, und so sie ja etwas mit einander zu thun so würde sichs wohl geben gesagt, auch habe Bach keine tabackspfeiffe im munde gehabt, soviel ihr wißend.

Eodem. Wird dem Schühler Geyersbachen auß obstehender abhörung der Bachin Vorhalt gethan, daß aus selbiger so viel zu befinden, daß er den anfang zu dem passirten gemachet da Er Bachen nicht nur zuerst angeredet, sondern auch zuerst loßgeschlagen.

Ille. Gestehet daß er außgeschlagen Bach aber habe ihn mit den Degen gestoßen, und währen in seinem Camisol noch die Löcher von den stichen zu ersehen.

Nos. Wann er Bachen zu besprechen gehabt, hätte ers beßer durch andere verrichten laßen können, und solches nicht selber auf öffentlicher straße thun sollen.

Resolvitur. Weilen von denen Herren Geistlichen niemand zugegen alß möchten beyde vor dießesmahl hingehen, es solle ihnen wann ein Bescheid abgefaßet, schon bedeuthung geschehen.

[Protokolle des Konsistoriums – Arnstadt, 5. bis 21. 8. 1705 II/14]

Wird der Organist in der Neuen Kirchen Bach vernommen, wo er unlängst so lange gewesen, und bey wem er deßen verlaub genommen?

Ille. Er sey zu Lübeck gewesen umb daselbst ein und anderes in seiner Kunst zu begreiffen, habe aber zu vorher von dem Herrn Superintendenten verlaubnüß gebethen.

Dominus Superintendens [Johann Gottfried Olearius]. Er habe nur auf 4. Wochen solche gebethen, sey aber wohl 4. mahl so lange außenblieben.

Ille. Hoffe das orgelschlagen würde unterdeßen von deme, welchen er hiezu bestellet, dergestalt seyn versehen worden, daß deßwegen keine Klage geführet werden können.

Nos. Halthen Ihm vor daß er bißher in dem Choral viele wunderliche variationes gemachet, viele frembde Thone mit eingemischet, daß die Gemeinde drüber confundiret worden. Er habe ins künfftige wann er ja einen tonum peregrinum mit einbringen wolte, selbigen auch außzuhalthen, und nicht zu geschwinde auf etwas anders zu fallen, oder wie er bißher im brauch gehabt, gar einen

Tonum contrarium zu spiehlen. Nechst deme sey gar befrembd-
lich, daß er bißher gar nichts musiciret worden, deßen Ursach er
geweßen, weiln mit den Schühlern er sich nicht comportiren wollen, Dahero er sich zu erclähren, Ob er so wohl Figural alß Choral
mit den Schühlern spiehlen wolle? Dann man ihm keinen Capellmeister halthen könne. Da ers nicht thuen wolte, solle ers nur
categorice von sich sagen, damit andere gestalt gemachet und
iemand der dießes thäte, bestellet werden könne.
Ille. Würde man, ihm einen rechtschaffenen Director schaffen,
wolte er schon spiehlen.
Resolvitur. Soll binnen 8. tagen sich erclähren.
Eodem. Erscheint der Schühler Rambach und wird Ihm gleich-
falß vorhalt gethan wegen der Disordres so bißher in der
Neuen Kirchen zwischen denen Schühlern und dem Organisten
passiret.
Ille. Der Organist Bach habe bißhero etwas gar zu lang gespiehlet,
nachdem ihm aber vom Herrn Superintendenten deswegen anzeige
beschehen, währe er gleich auf das andere extremum gefallen, und
hätte es zu kurtz gemachet.
[Protokoll des Konsistoriums – Arnstadt, 21. 2. 1706 II/16]

Erzwungene Dienstentlassung

eodem d. 6. Nov., ist der bisherige Concert-Meister u. Hof-Organist, Bach, wegen seiner Halßstarrigen Bezeügung u. zu erzwingen-
den dimission, auf der LandRichter-Stube arrêtiret, u. endlich d.
2. Dec. darauf, mit angezeigter Ungnade, Ihme die dimission
durch den HofSecretär angedeütet, u. zugleich des arrests befreyet
worden. vid. acta.[1]
[Aktennotiz – Weimar, 2. 12. 1717 II/84]

Widerwillige Verlegung der Passionsmusik

Herrn Johann Sebastian Bachen Cantori bey der Thomas Schule
Wurde vermeldet, wie bey EE. Hochweisen Rathe der Schluß gefaßet worden, daß die Passions Music des CharFreytags in denen
Kirchen zu St. Nicolai und St. Thomae wechselsweise gehalten
worden; Nachdem aber aus den Titul der, dieses Jahr herumge-
schickten Music zu ersehen gewesen, daß sie wiederum in der
Thomas Kirche angestellet werden solte, der Herr Vorsteher der
Kirchen zu St. Nicolai [Johann August Hölzel] auch EE. Hochweisen Rathe vorgestellet, daß vor diesesmahl mehrerwehnte Passions Music in der Kirchen zu St. Nicolai gehalten werden möchte;
Als würde sich der Herr Cantor seines Orts darnach achten.

[1] Die Akten über den Streitfall sind nicht erhalten.

Hic. Er wolte solchem nachkommen, erinnert aber dabey, daß der Titul bereits gedrucket kein Raum allda verhanden und der Clav-Cymbel etwas repariret werden müste, welches iedoch alles mit leichten Kosten zuwercke zu richten wäre, bittet allenfalls ihme auf den Chor noch einige Gelegenheit, damit er die bey der Music zu brauchende Personen wohl logiren konte, machen und das Clav-Cymbel repariren zulaßen.
Senatus. Es solte der Herr Cantor auf EE. Hochweisen Raths Kosten, eine Nachricht, daß die Music in der Niclas Kirche vor diesesmahl gehalten werden solte, drucken, die Gelegenheit aufn Chor, so gut es sich thun liese, mit Zuziehung des Obervoigts machen und den Clav-Cymbel repariren laßen. Johann Zacharias Trefurth manu propria Act: jur.
[Aktennotiz – Leipzig, 3. 4. 1724 II/179]

DA nach allbereit verfertigtem Drucke der Paßions-Texte, von E. Hoch-Edlen und Hochweisen Rathe beliebet worden, daß die Aufführung selbiger künfftigen Freytag, geliebt es GOtt, in der Kirche zu St. Nicolai geschehen, und wie gewöhnlicher maßen mit denen Fest- und Sonntags-Musiquen hinkünfftig es gleichfalls alterniren soll; so hat man solches denen resp. Herren Auditoribus hiermit wissend machen wollen.
[Gedruckter Handzettel – Leipzig, April 1724 I/179]

Als mir beygelegte Schedula ohngefehr in die Hände kommen, und dabey verlauten wollen, es habe der Herr ThomasCantor Bach denselben distribuirt, habe ich ihn heute dato darüber vernommen, und zur Andwort erhalten, es sey an dem, daß er auctor davon wäre. Allermaßen er beym Abdruck der musicalischen Arien gemeinet, es wurde in der CharfreytagsVesper zu S. Thomae die PassionsHistorie musicaliter abgesungen werden. Nachdem er aber von E. E. Hochweisen Rath verständiget worden, es müste die Musique in den beyden Hauptkirchen umwechseln, und also der Titel geändert, oder es der Gemeinde durch einen aparten Zeddel kund gethan werden, so habe er dergleichen wie hier vorhanden, abdrucken und austheilen laßen. Auf befragen, ob ihm denn a Senatu befohlen worden, diese Anordnung mit diesen Formalien zu publiciren, und expresse zu setzen, es sey von E. E. Hochweisen Rath also beliebet worden, andwortet er mit Nein, erkennet auch, daß er geirret, hoffe aber man werde ihm als einen frembden, so hiesiger Gewonheiten nicht kundig, perdoniren. Künfftig wolle er sich beßer in acht nehmen, und in dergleichen Dingen mit mir seinem Superintendenten communiciren, welches ihm auch ernstlich iniungiret worden.
[S. Deyling, Aktennotiz – Leipzig, 23. 5. 1724 I/179]

Nachlässigkeiten im Universitätsgottesdienst

Den 25. Oct. 1725. Saget in loco Concilii Johann Christoph Thiele Universitäts-Organist aus, er sey 4. und ½ Jahr bey der Academie engagirt, der Cantor Bach aber wäre 2. und ½ Jahr hier, welcher sich bey denen Quartal Orationen die Orgel zu schlagen weigerte, da es doch der vorige Cantor [Johann Kuhnau] gethan, auch habe er bey denen Thomas-Schühlern die Moteten und Music die lezten mahle nicht dirigiret, welches er wohl die ersten mahle gethan, die lezten mahle aber durch einen Praefectum bey denen Quartal-Orationen habe verrichten laßen.
[Aktennotiz – Leipzig, 25. 10. 1725 II/195]

Protest gegen eine Verordnung des Konsistoriums

Ew. Magnificenz HochEdelgebohrene und HochEdle Herrlich-keiten geruhen Sich Hochgeneigt zurück zu erinnern, welchergestalt bey erfolgter vocation des mir anvertraueten Cantorats bey hiesiger Schulen zu St. Thomae ich von E. Magnificenz HochEdelgebohrenen und HochEdlen Herrlichkeiten dahin verwiesen worden, derer bißanherigen Gebräuchen bey dem öffentlichen Gottes-Dienst allenthalben gebührend nachzugehen, und keine Neuerung einzuführen, mir auch hierunter Dero hohen Schutz angedeyhen zu lassen hochgeneigt versichert. Unter diesen Gebräuchen und Gewohnheiten ist auch die Verordnung derer Geistlichen Gesänge vor und nach denen Predigten gewesen, welche mir und meinen Antecessoribus des Cantorats nach Maßgebung derer Evangelio-rum und dahin eingerichteten Dreßdner-Gesangbuchs, wie es der Zeit und Umstände convenient geschienen, lediglich überlassen worden, allermassen, wie das löbliche Ministerium es zu attestiren wissen wird, niemahls contradiction dießfalls entstanden. Diesem zu wieder aber hat sich der Subdiaconus der Kirchen St. Nicolai Herr Magister Gottlieb Gaudlitz einer Neuerung bißanhero zu unterziehen, und an statt der bißherigen Kirchen Gebrauch gemäß geordneten Lieder, andere Gesänge anzuordnen gesuchet, und als ich wegen besorglicher consequentien darein zu condescendiren Bedencken getragen, beschwerde bey dem Hochlöblichen Con-sistorio wieder mich geführet, und eine Verordnung an mich aus-gewürcket, Inhalts welcher ich hinkünfftig dieienigen Lieder, wel-che mir von den Predigern angesaget werden würden, absingen lassen solle.
[J. S. Bach an den Rat der Stadt – Leipzig, 20. 9. 1728 I/19]

Nachlässigkeiten im Schuldienst

Die Thomas-Schule sey vielmahl in deliberation gewesen, . . . wobey annoch zu gedencken sey, daß als der Cantor anhero kommen, er wegen der information dispensation erhalten, die Verrichtungen habe Magister Pezold schlecht genug verwaltet, tertia und quarta Claßis sey Seminarium totius Scholae, folglich ein tüchtiges Subjectum selbiger vorzusezen seyn, der Cantor möge eine derer untersten Claßen besorgen, es habe derselbe sich nicht so, wie es seyn sollen, aufgeführet, Notabene ohne Vorwissen des Regierenden Herrn Bürgermeisters einen Chor Schüler aufs Land geschicket. Ohne genommenen Urlaub verreiset etc. etc. welches ihm zu verweisen u. er zu admoniren seyn, voriezo habe man zu überlegen, ob man nicht obige Claßen mit einer andern Person versorgen wolle, Magister Kriegel solle ein guter Mensch seyn, u. würde man darüber zu resolviren haben.

Herr HoffRath Lange, Es sey alles wahr, was wieder den Cantor erinnert worden u. könne man ihm admoniren u. durch Magister Kriegeln die Besezung thun.

Herr HoffRath Steger, es thue der Cantor nicht allein nichts, sondern wolle sich auch diesfals nicht erklären, halte die Singestunden nicht, es kämen auch andere Beschwerden dazu, Änderung würde nöthig seyn, es müße doch einmahl brechen, laße sich also gefallen, daß eine andere Einrichtung gemachet werde.

Herr StifftsRath Born, adhaeriret obigen votis.

Herr D. Hölzel, Etiam. Hier wurde resolviret, dem Cantor die Besoldung zu verkümmern. Herr Baumeister D. Falckner, Etiam. Herr Baumeister Kregel, Etiam. Herr Syndicus Job, Etiam, weil der Cantor incorrigibel sey. Herr Baumeister Sieber, Etiam. Herr Baumeister Winckler, Etiam. Herr Baumeister Hohmann, Etiam. Ego. Etiam.

[Ratsprotokoll – Leipzig, 2. 8. 1730 II/280]

Streit um den Präfekten Krause

Mit Ernesti zerfiel er ganz. Die Veranlassung war diese: Ernesti entsetzte den Generalpräfecten [Gottfried Theodor] Krause, der einen unteren Schüler zu nachdrücklich gezüchtigt hatte, verwies ihn, da er entwichen war, von der schule, und wählte an dessen stelle einen andern schüler zum Generalpräfect, – ein Recht, das eigentlich dem Cantor zukommt, dessen Stelle der Generalpräfect vertreten muß. Weil das gewählte Subject [Johann Gottlob Krause] zur Aufführung der Kirchenmusik untauglich war, traf Bach eine andere Wahl. Daraufhin kam es zwischen Bach und Ernesti zur Klage, und beide wurden seit der Zeit Feinde. Bach fing nun an die Schüler zu hassen, die sich ganz auf Humaniora legten und die

Musik nur als Nebenwerk trieben und Ernesti ward Feind der Musik. Traf er einen Schüler, der sich auf einem Instrumente übte, so hieß es: Wolt ihr auch ein Bierfiedler werden? – Er brachte es durch sein Ansehen bey dem Bürgermeister Stiegliz dahin, daß ihm (wie seinem Vorgänger Gesner) die besondere Schulinspection erlassen und dem vierten Collegen übertragen wurde. Traf nun die Reihe der Inspection den Cantor Bach, so berief sich dieser auf Ernesti, kam weder zu Tische noch zu Gebet, und diese Vernachlässigung hatte den widrigsten Einfluß auf die sittliche Bildung der Schüler.

Seit der Zeit hat man, auch bey wiederholter Besetzung beyder Stellen, wenig Harmonie zwischen Rector und Cantor bemerkt.
[J. F. Köhler, Notizen zur Schulgeschichte – Taucha, nach 1776 III/820]

Eu: Magnificentz HochEdelgebohrne und HochEdle Herrligkeiten geruhen hochgeneigt Sich vortragen zu laßen, daß ob zwar nach E. E. Hochweisen Raths allhier Ordnung der Schule zu S. Thomae dem Cantori zu kommet, die jenigen aus denen Schul-Knaben, welche er vor tüchtig erachtet als Praefectos zu erwehlen, und bey deren election nicht alleine auf die Stimme, daß sie gut und helle sey, sondern auch, daß die Praefecti, (besonders derjenige, so im ersteren Chor absinget) wenn der Cantor kranck oder abwesend, die Direction des Chori musici führen können, acht zu haben hat; auch dieses ohne concurrentz des Herrn Rectoris biß anhero und vorhero von denen Cantoribus also und nicht anders gehalten worden; sich dem ohngeachtet itziger Herr Rector, Magister Johann August Ernesti die Ersetzung des Praefecti im ersteren Chore ohne mein Vorwißen und Einwilligung neüerlicher Weise anmaßen wollen, gestallten er letzthin auf diese Art, den bißherigen Praefectum des andern Chores [Johann Gottlob] Krausen zum Praefecto des ersteren ernennet, auch hiervon aller von mir geschehenen gütlichen Vorstellung ungeachtet nicht abgehen will, ich aber, da solches obangezogener Schul-Ordnung und hergebrachten Gewohnheit zu wieder zum praejudiz meiner Successorum und Schaden des Chori Musici solches nicht geschehen laßen mag; als ergehet an Eu: Magnificenz, HochEdelgebohrne u. HochEdle Herrligkeiten mein gehorsamstes Bitten, diese zwischen dem Herrn Rectore und mir in meinem officio vorgefallene Irrung gütig und hochgeneigt zu entscheiden, . . .
[J. S. Bach an den Rat der Stadt – Leipzig, 12. 8. 1736 I/32]

So finde mich doch genöthiget Eu: Magnificentz und HochEdelgebohrnen Herrligkeiten nochmahlen dienstschuldigst vorzutragen, daß, ob zwar nur gedachtem Herrn Rectori Ernesti gemeldet,

daß dieserhalben bereits bey Denenselben meine Beschwerden übergeben, und in dieser Sache Eu: Magnificentz und HochEdelgebohrnen Herrligkeiten kräfftigen Ausspruch erwarte, er dem ohngeachtet mit Hintansetzung des dem HochEdlen und Hochweisen
Rathe schuldigsten Respects sich gestrigen Tages von neüen unterstanden allen Alumnis, bei Straffe der relegation und castigation
andeüten zu laßen, daß sich keiner unterstehen solte statt des in
meinem gestrigen gehorsamsten Memorial berührten zur Direction
eines Chori Musici untüchtigen [Johann Gottlob] Krausen, (welchen er mir zum Praefecto des ersteren Chores mit Gewalt auf-
zwingen will,) weder abzusingen noch die gewöhnliche Motette zu
dirigiren, dahero es denn kommen, daß in gestriger Nachmittags
Predigt zu S. Nicolai zu meinem grösten despect und prostitution
kein einiger Schüler aus Furcht der Straffe das Absingen über sich
nehmen, noch weniger die Mottette dirigiren wollen; ja es würden
die sacra gar dadurch seyn gestöret worden, daferne nicht zu gutem Glücke ein ehmahliger Thomaner, Nahmens Krebs solches
statt eines Alumni auf mein Bitten über sich genommen hätte.
Gleichwie nun aber, wie in vorigem übergebenen gehorsamsten
Memorial sattsam an und ausgeführet dem Herrn Rectori die Ersetzung derer Praefectorum der Schulverfaßung und Herkommens
gemäß nicht zustehet, auch er hierdurch in modo procedendi gar
sehr sich vergangen, mich in meinem Ambte zum höchsten ge-
kräncket, alle autorität, so doch über die Schüler wegen derer zu
besorgenden Kirchen und andern Musiquen haben muß, und von
E: HochEdlen und Hochweisen Rath bey Antretung meines officii
mir übergeben worden, zu schwächen, ja gar abzuschneiden gesucht, und daher zu besorgen, daß bey dergleichen fortwährenden
unverantwortlichen Unternehmen die sacra möchten gestöhret und
die Kirchen Musiquen in grösten Verfall kommen, auch das Alum-
neum in weniger Frist dermaßen deterioriret werden dörffte, daß
es in vielen Jahren nicht wieder in solchen Stande zu setzen, als es
bißhero gewesen; Als ergehet an Eu: Magnificentz und HochEdelgebohrne Herrlichkeiten mein nochmahliges gantz gehorsamstes
und flehendes Bitten, da vi officii darzu nicht stille schweigen kan,
dem Herrn Rectori das fördersamste, weiln periculum in mora,
dahin zu weisen, daß er in meinem Ambte mich forthin nicht
turbire, die alumnos gegen mich an ihrer obedience durch sein un-
gerechtes Abmahnen und Androhen einer so harten Straffe nicht
ferner mehr hindere, sondern viel mehr dahin sehe, daß (wie ihme
so oblieget) die Schule und der Chorus musicus mehr verbeßert
als verschlimmert werde.
[J. S. Bach an den Rat der Stadt – Leipzig, 13. 8. 1736 I/33]

Da nun der Herr Rector vor ihme, [Johann Gottlob] Krausen,
iederzeit besondere Geneigtheit spühren laßen, auch zu dem Ende

mich mündlich ersuchet, ihme eine Praefectur angedeyen zu laßen, ich aber Ihme remonstriret, daß er darzu nicht geschickt; der Herr Rector aber darauf replicirete, daß ichs immer thun möchte, damit besagter Krause sich aus seinen Schulden reisen könte, und dadurch eine der Schule sonsten zuwachsende blame vermieden würde, zumahlen, da seine Zeit bald aus seyn, u. man ihn also mit guter manier looß würde; So habe darunter dem Herrn Rectori eine Gefälligkeit erweisen wollen, und dem Krausen die Praefectur in der Neüen Kirche (als woselbst die Schüler weiter nichts als Motetten und Choraele zu singen, mit anderer Concert Musique aber nichts zu thun haben, weiln selbige vom Organisten besorget wird) gegeben in Erwegung, daß ohne dem die Jahre seines reverses biß auf eines verfloßen, u. nicht zu besorgen, daß er weder das andere noch weniger das erste Chor würde zu dirigiren bekommen können. Da nachhero aber der Praefectus Chori 1. nahmens Nagel von Nürnberg bey letztverwichenem Neüen Jahres Singen sich beklagete, wie daß er wegen übelbeschaffener LeibesConstitution nicht im Stande sey es auszutauren; als wurde genöthiget außer der sonst gewöhnlichen Zeit eine Änderung mit denen Praefecturen zu treffen, den zweyten Praefectum in das erstere Chor, u. offt besagten Krausen aus Noth in das andere Chor zu nehmen. Da er aber mit dem tact geben verschiedene Fauten begangen, wie aus mündlicher relation des Herrn Conrectoris [Siegmund Friedrich Dresig] (so im zweyten Chor die Inspection hat) vernommen, da nach Befragung wegen geschehener Fauten, von denen übrigen alumnis die Schuld einzig und alleine dem Praefecto wegen unrüchtiger Führung des tactes beygemeßen worden; Ich auch noch ohnlängst in der Singstunde selbsten eine probe seines tact führens genommen, da er dann so schlecht bestanden, daß er nicht einmahl in denen beeden Haupt Arten des tactes, als nemlich dem gleichen oder 4 Viertel, u. dem ungleichen oder 3 Viertel tact, die mensur accurat hat geben können, sondern bald aus $^3/_4$, einen gleichen, und vice versa gemachet, (wie solches sämtliche alumni attestiren müßen;) dahero von seiner Ungeschicklichkeit völlig überzeüget worden; als habe ihme ohnmöglich die Praefectur des ersteren Chores können anvertrauen, zumahlen die musicalischen Kirchen Stücke so im ersteren Chore gemachet werden, u. meistens von meiner composition sind, ohngleich schwerer und intricater sind, weder die, so im anderen Chore und zwar nur auf die FestTage musiciret werden, als wo ich mich im choisiren selbiger, nach der capacitè derer, so es executiren sollen, hauptsächlig richten muß.

[J. S. Bach an den Rat der Stadt – Leipzig, 15. 8. 1736 I/34]

Ew. Magnificenz und HochEdlen Herrlichkeiten haben mir gestern hochgeneigt communiciren laßen, was der Herr Cantor bey hiesiger Thomas-Schule wieder mich vorbracht, und dabey anbefoh-

len, was ich dawieder einzuwenden hätte, förderlichst beyzubrin-
gen. Ob nun gleich die von ihm vorgebrachte Beschwerde eigentlich
nicht mich allein, sondern den Herrn Vorsteher der Schule, den
Herrn Appellations-Rath Stiglitz zugleich mit betrift, als auf deßen
Einwilligung, vermöge der ihm, laut Ew. HochEdlen und Hochweisen Raths Schulordnung, zustehenden Gewalt, der von dem
Cantori eigenmächtig und unrechtmäßiger Weise abgesetzte Praefectus Krause wieder in sein Amt eingesetzet worden; so habe doch
um Ew. Magnificenz und HochEdlen Herrlichkeiten Befehl zu
gehorsamen, und weil gedachter Herr Vorsteher der Schulen dermahlen abwesend, der Sachen wahre Beschaffenheit, nach meinem
Gewißen, berichten und vorstellen wollen, damit der Herr Cantor
Bach mit seinen unbilligen Klagen ab, und zum Gehorsam und
Respect gegen seine Vorgesetzten angewiesen werden möge. . . .
    Nachdem vor ohngefehr 8. Wochen die erste Praefectur vacant
worden war, hat der Herr Cantor dieselbe durch den ersten alum-
num, und andern Praefectum, Johann Gottlob Krausen ersetzet;
wo wieder ich um so viel weniger etwas einzuwenden hatte, weil er
1.) bey der andern und dritten Praefectur sich so verhalten hatte,
daß keine Beschwerde über ihn kommen war, und die Schulordnung ausdrücklich p: 77. vorschreibt, daß zu dieser ersten Praefectur iederzeit der erste alumnus, und alsdenn erst der nechstfolgende,
wiewohl mit Vorwißen des Herrn Vorstehers, gezogen werden
solle, wenn iener in musicis nicht geschickt genung wäre; welches
letztere aber dermahlen nicht statt haben konnte, weil er bereits
drey Praefecturen gehabt, und die andere Praefectur vielmehr geschicklichkeit in musicis erfodert als die erste; in dem der andere
Praefectus an Festagen vor und nachmittage die Music in derjenigen Kirchen dirigiren muß, darinnen der Herr ConRector die
Inspection hat, dahingegen der erste Praefectus niemals dirigiret.
Da aber derselbe bereits etliche Wochen dieses Amt verwaltet,
schickte der Herr Cantor am 10. Julii den andern Praefectum Küttlern zu mir, und ließ mir melden, daß er genöthigt würde eine Aenderung mit dem ersten Praefecto Krausen zu treffen, in dem er ihn
nicht tüchtig zur ersten Praefectur befände, und wolte er ihn wieder
zum andern, und ihn Küttlern dagegen zum ersten Praefecto
machen. Ich gab darauf zur Antwort: Daß er wißen müste, ob einer
tüchtig wäre oder nicht, und wenn es sich also verhielte, ließe ich
es mir gefallen; wüntschte aber, daß er ihn gleich im Anfange beßer
probiret hätte. Ew. Magnificenz und HochEdlen Herrlichkeiten
können auch hieraus sehen, daß er mir die Concurrenz bey Ersetzung der Praefecturen eingeräumet. Der abgesetzte Praefectus
beschwerte sich hierüber bey mir, weil er ohne sein Verschulden
abgesetzt würde; ich wiese ihn aber an den Herrn Cantorem, und
daferne er vermeynte, daß er aus einer Ursach abgesetzt
sey, solle er ihm gute Worte geben, und würde ich mir es sehr wohl
gefallen laßen, daß er dabey bliebe. Da er ihn nun hierauff etliche

mahl bittlich angegangen, und weil er nichts ausrichten können, gebethen, ihm nur die Ursache zu sagen, warum er ihn absetze, hat er endlich aus Unbedachtsamkeit ihm entecket, daß er ihn um meinet, des Rectoris, willen absetze, weil ich damahls, als ich den nachhero entlauffenen [Gottfried Theodor] Kraußen suspendiret, biß er sich der Straffe unterwerffen würde, gesagt, daß er indeßen die erste Praefectur verwalten solle, wodurch ich ihn in seine Rechte gegriffen, indem er die Praefectos setze und nicht der Rector. Ob ich nun dadurch mir angemaßet, die erste praefectur alleine zu ersetzen, wie Herr Bach vorgiebt, das werden Ew. Magnificenz und HochEdlen Herrlichkeiten leicht ermeßen können. Als ich 2. Tage darnach, als am 12. Julii den Herrn Vorsteher sprach, trug ich ihm diese Sache vor, und bekam von demselbigen die Resolution, welche Ew. Magnificenz und HochEdlen Herrlichkeiten selbst vor höchst billig erkennen werden: »Weil der Cantor keine andere Ursache hätte als diese, und dabey so unbedachtsam gewesen, und dieselbe unter denen Schülern bekannt werden laßen, so könne er in die Absetzung des ersten Praefecti nicht willigen, sondern er müße in seinem Amte bleiben.« Ich ließ hierauff den Herrn Cantorem zu mir ruffen, um mit ihm von dieser Sache zu reden; da er mir denn gleichfals gestund, daß er um der oben angeführten Ursache diese Aenderung vornehmen wolle. Stellte ihm darauff vor, daß suspendiren nicht absetzen heiße, daß es ia gar im geringsten nicht warscheinlich, daß ich eine Stelle besetzt haben solle, die nicht ledig gewesen. Weder der Herr Vorsteher noch ich würden bey so gestalten Sachen Consentiren, entdeckte ihm zugleich die resolution des Herrn Vorstehers, und untersagte ihm also die Absetzung des Praefecti. Nun hätte er ia hierauff die würckliche Absetzung nicht vornehmen sollen, bevor er von dem Vorsteher und mir eine andere resolution erhalten hätte, und sich deshalben, wenn er nicht damit zufrieden gewesen, an den Herrn Vorsteher wenden sollen. Alleine er hat dem ohngeachtet die Absetzung des Praefecti vollstreckt, wie ich Sonntags in der Kirche warnahm. Hiebey wäre ich berechtiget genung gewesen, den abgesetzten Praefectum wieder einzusetzen; allein ich wollte ihn gerne vor dem coetu menagiren, bey dem seine Autorität ohnedem zu weilen nicht zureichen will, wie er sich denn der meinigen um deswillen etliche mahl bedienen müßen, und schrieb ihn daher einen Brieff, darinnen ich ihm vorstellte, wie sehr er sich vergangen, daß er bey oben erzehlten Umständen eine solche Aenderung vorgenommen, um sich wegen eines vermeynten Eingriffs in seine iura zu rächen, darunter nun auch der unschuldige leyden müße: Und ob ich gleich den abgesetzten Praefectum wieder einsetzen könnte, so wolte ich doch, um seine autorität zu menagiren, es lieber sehen, wenn er ihn selbst wieder einsetzte, denn auff die Weise wäre uns beyden geholffen. Darauff schickte er am 17. Julii den Herrn ConRectorem [Siegmund Friedrich Dresig] an mich, und ließ mir sagen, daß er meinen Brief mit Vergnügen gelesen, und wolle er es selbst gerne sehen, wenn die Sache in der Güte abgethan werden könnte. Es kam auch endlich durch Vermittelung des Herrn ConRectoris dahin, daß er versprach den abgesetzten Praefectum in der ersten Singstunde wieder einzusetzen. Allein es hat sich nachhero gewiesen, daß er mit dem Herrn ConRectore eben sowohl als mit mir ein Gespötte getrieben. Denn die versprochene und verglichene Wiedereinsetzung erfolgte nicht. Ich ließ ihn erinnern, bekam aber zur Antwort, Er wolle 14. Tage verreisen, ich solte mich nur biß zu seiner Wiederkunfft gedulden, alsdenn solle es geschehen. Auch dieses ließ ich mir gefallen. Aber nach seiner Wiederkunfft vergiengen 10. Tage, und es erfolgte doch nichts. Daher schrieb ich ihm endlich am vergangenen Sonnabend wieder einen Brief, darinnen ich mich erkundigte, wie ich diese Verzögerung verstehen solle; es käme mir vor daß er in der That nicht Lust habe sein Versprechen zu halten. Ich wolte ihm also hiermit zu wißen thun, daß wenn er den Praefectum nicht an dem Tage wieder einsetzen würde, ich ihn gantz gewiß Sonntags früh vermöge der Ordre wieder einsetzen würde, die ich vormahls von dem Herrn Vorsteher erhalten, u. die er nach der Zeit nochmals nochmals wiederholet hätte. Aber hierauff hat er mir kein Wort geantwortet, oder antworten laßen, noch viel weniger das verlangte gethan. Nun urtheilen Ew. Ma[g]nificenz und HochEdlen Herrlichkeiten selbst über diese Aufführung gegen den Herrn Vorsteher, und mich, u. ob ich nicht mit Fug und Recht die restitution vornehmen können. Ich befahl also den beyden Praefectis, daß ein ieder wieder seine vorige Praefectur antreten solle: Und weil diese Anordnung auff Befehl und mit Bewilligung des Herrn Vorstehers geschehen, so werde derjenige, der sich der ersten Praefectur Verrichtungen, auser dem Krausen, anmaßen werde, vor einen angesehen werden, der sich nicht alleine mir, sondern auch den Herrn Vorsteher wiedersetze, welches nothwendig harte Straffen nach sich ziehen müße, vor denen ich einen ieden warnen wolle. Sobald ihm dem Herrn Cantori der erste Praefectus auf meinen Befehl davon Nachricht gegeben, leufft er geschwinde zu dem Herrn Superintendenten [Salomo Deyling] und bringt eben die ungegründeten Klagen wieder mich vor, die er nun erst Ew. Magnificenz und HochEdlen Herrlichkeiten vorgebracht, nach dem er bey ienen keine gewünschte Resolution erhalten, und declariret zugleich, daß er die Sache den Mittwoch darauff, als vorgestern dem Consistorio übergeben würde. Ob ihm nun gleich der Herr Superintendens keine Resolution gegeben, als, daß er sich nach der Sachen Beschaffenheit bey mir erkundigen wolle, die Sache aber selbst ohne vorhergegangene Communication mit den Herren Patronis und dem Herrn Vorsteher weder von ihm noch dem Consistorio entschieden werden könne; so hat er doch unter dem Vorwand eines von dem Herrn Superintendenten erhaltenen Befehls den andern Praefectum Küttlern gezwungen, wieder aus der Nicolai Kirche heraus, und mit ihn in die Thomas Kirche zu ersten Canterey zu gehen, aus der er den Praefectum Krausen, der bereits gesungen mit großen Ungestüm veriaget. Ich gieng aus der Kirche zum Herrn Superintendenten um mich zu erkundigen, ob er dergleichen Verordnung gegeben hörete aber daß er nichts gesaget, als was ich bereits angeführet. Ich erzehlte ihm darauf die gantze Sache, wie ich sie hier Ew. Magnificenz und HochEdlen Herrlichkeiten vorgetragen habe; da er denn meine Conduite bey der Sache gäntzlich approbirte, und sich gefallen ließe, daß es biß zu der Wiederkunfft des Herrn Vorstehers u. nach ausgemachter Sache bey der von mir auf Befehl des Herrn Vorstehers gemachten Anordnung bliebe, weil es doch billiger sey, daß der Cantor dem Herrn Vorsteher u. Rectori als diese jenem ad interim nachgäben. Ich ließ dieses dem Herrn Cantori wißen, bekam aber darauf die Antwort: daß er sich daran durchaus nicht kehre, es möchte kosten was es wolle. Da nun die beiden Praefecti nach Mittage wiederum jeder an den ihn von mir angewiesenen Orth gegangen waren, hat er den Krausen wieder mit großen Schreyen u. Lermen von dem Chor geiagt, und dem alumno Claus befohlen, an statt des Praefecti zu singen; der es auch gethan, und sich deshalber bey mir nach der Kirche entschuldiget. Wie mag denn also der Herr Cantor vorgeben, daß kein alumnus, sondern ein Student gesungen habe? Den andern Praefectum Küttlern aber, hat er des Abends, weil er mir gehorchet, vom Tische geiagt. Aus dem allen werden Ew. Magnificenz und HochEdlen Herrlichkeiten ersehen, daß die Klage des Herrn Cantoris ungegründet sey, als ob ich mir die Ersetzung des Praefecti im ersten Chor, ohne sein Vorwissen und Einwilligung neuerlicher Weise angemaßet, und den Praefectum des andern Chors zum Praefectum des ersten gemacht. Einen Praefectum zu machen ist so eine große Sache nicht, daß ich darüber jemanden Verdruß machen solte, habe es auch nie verlangt, u. werde es auch nie verlangen; ob ich gleich im übrigen die mir in der Schulordnung gegebene Concurrenz, verlange, und dabey geschützet zu werden hoffe. Der Herr Cantor hat den gantzen Statum Controversiae verdrehet, welcher darinne bestehet: »ob ich nicht einen von ihm, bloß dem Rectori zum Tort, und wieder des Herrn Vorstehers und Rectoris Consens und Willen abgesezten Praefectum mit Vorwißen u. Einwilligung des Herrn Vorstehers wieder einsetzen können, da es der Herr Cantor selbst nicht thun wollen, nachdem er es doch selbst zu thun versprochen, und eben dadurch eingeräumet, daß der Knabe nicht untüchtig sey, welches aus dem obigen ohne dem erhellet.« Ich ersuche dem nach Ew. Magnificenz und HochEdle Herrlichkeiten gehorsamst den Herrn Cantorem mit seinen unzeitigen und ungegründeten Klagen abzuweisen, und dahin anzuhalten, daß er es bey der nunmehro mit Vorwißen des Herrn Vorstehers gemachten Anordnung bewenden laßen müße; ihm auch seinen Ungehorsam und Wiederspenstigkeit gegen den Herrn Vorsteher und mich ernstlich zu verweisen, und ihm anzubefehlen, daß er dergleichen Dinge nicht mehr ohne seiner vorgesetzten Consens und wieder eines HochEdlen u. Hochweisen Raths Schulordnung vornehmen, auch überhaupt sein Amt mit mehrern Fleiß abwarten möge. Es gehöret nicht hierher Ew. Magnificenz und HochEdle Herrlichkeiten mit Klagen über ihn zu beschweren, welches mir aber auff eine andere Zeit vorbehalte; kann aber doch nicht um hin, nur dieses eintzige anzuführen, daß diese Verdrüßlichkeit nicht allein, sondern auch das Unglück, welches der arme nachher entlauffene Gottfried Theodor Krauße gehabt, lediglich der Nachläßigkeit des Herrn Cantoris zuzuschreiben. Denn wäre er selbst wie ihm gebühret, und da ihm nichts gefehlet, in die Braut-Meße gegangen und hätte nicht geglaubt, daß es ihm unanständig sey, bey einer Braut-Meß zu dirigiren, wo nur Choral musicirt werden soll, (aus welchen Grunde er sich schon mehr dergleichen Braut-Meßen, und nur neulich noch der Krögelischen entzogen, worüber sich auch, wie ich hören müßen, Ew. Magnificenz und HochEdlen Herrlichkeiten Musici gegen andere Leuthe beschweret;) so würde gedachter Krauße keine Gelegenheit gehabt haben, dergleichen Excesse in und außer der Kirche zu begehen, auf welche von einem HochEdlen u. Hochweisen Rathe selbsten so harte Straffen gesetzet sind. – [J. A. Ernesti an den Rat der Stadt – Leipzig, 17. 8. 1736 II/382]

Eu: Magnificentz und HochEdelgebohrnen Herrligkeiten wird annoch in hochgeneigten Andencken ruhen, was ich wegen derer durch Veranstellung des Rectoris auf hiesiger Thomas Schule Herrn Magister Ernesti beym öffentlichen Gottes Dienste heüte vor 8 Tagen veranlaßeten disordres bey Denenselben vorzustellen mich genöthiget gesehen. Nachdem nun anheüte Vor- und Nachmittags ein gleiches wiederum sich ereignet und ich zu Vermeidung großen Aufsehens in der Kirche und turbationis Sacrorum mich entschließen müßen die Motetta selbst zu dirigiren und nachhero das Absingen durch einen Studiosum verrichten zu laßen, auch dieses von Zeit zu Zeit immer ärger werden wird, ich auch mich ohne Dero als hoher Patronorum nachdrückliches Einsehen in Zukunfft kaum weiter gegen die mir untergebenen Schüler bey meinem Amte zu mainteniren vermöchte, mithin entschuldiget seyn würde, wenn hieraus noch mehrere und vielleicht irreparable Unordnungen entstünden; Als habe Eu: Magnificentz und HochEdelgebohrnen Herrligkeiten auch dieses geziemend vorzustellen nicht Umgang nehmen können, nebst gehorsamster Bitte, Dieselben geruhen dem Herrn Rector ohnverzüglich hierinnen Einhalt zu thun, …
[J. S. Bach an den Rat der Stadt – Leipzig, 19. 8. 1736 I/35]

Der communicirte Verlauff wegen des alumni [Johann Gottlob] Kraußen und der ihm eigenmächtig und ohne hinlängliche Ursache genommenen Praefectur ist weder völlig, ... noch wahrhaftig. Herr Bach weiß nichts anzuführen, als seine Untüchtigkeit, weil er meynet, man werde ihm das Urtheil darüber nicht alleine zugestehen, sondern es auch in diesem Falle vor richtig und unpartheyisch halten. Allein gleichwie ich schon andere Proben anführen könnte, daß man sich auf seine testimonia hierinne nicht allezeit verlaßen kann, und wohl eher ein alter Species Thaler einen Discantisten gemacht, der so wenig einer gewesen, als ich bin; so bin ich auch gewis versichert, daß sein Vorgeben hierinne gäntzlich unrichtig ist, und versichere ich bey meiner Ehre, daß ich gleich von Anfange nicht ein Wort zu der Veränderung hätte sagen wollen, wenn es nur die geringste Wahrscheinlichkeit hätte. Ist der Knabe zur ers[t]en Praefectur untüchtig, so ist er es gantz ohnfehlbar auch zu den andern. Denn die Praefecti haben alle gleiche Verrichtung, welche darinnen bestehet, daß sie 1) die Motetten in der Kirche dirigiren, und der, so in der Schule unter ihnen der oberste ist, er sey erster oder anderer Praefectus welches eben ietzo der Krause ist, bey den precibus in der Schule, 2) die Lieder in der Kirche anfangen 3) im Neuen Jahre eine Cantorey bey dem Singen in den Häusern dirigiren; der Unterschied bestehet blos darinnen, daß der erste Praefectus das letztere auch in der Michaëlis Meße thut, und auf Hochzeiten bey Tische einige Motetten singen läßt, dabey er dirigirt; der andere Praefectus aber, die Music im andern Chor an Festtagen dirigirt, welches der erste Praefectus nicht thut. Sind also die Stücken so im ersten Chor musicirt werden intricater, dis ist das einzige argument, so er anführet und anführen kann, so dirigirt ia Herr Bach und nicht der Praefectus. Der Vorige Praefectus Nagel hat nie was anders gethan, als die Violine gestrichen. Und wie kömt es denn, daß er ietzo eben einen ersten Praefectum haben wil, der im ersten Chor ein schwer Stücke dirigiren kann, da er ihn sonst nicht gehabt, oder wenigstens eben nicht darauf gesehen, wenn er nur sonst affection vor die Person gehabt? Denn wenn er sonst verreiset ist, hat er ordentlich den Organisten aus der Neüen Kirche als Herrn Schotten und Gerlachen dirigiren laßen, wie es der letztere, bedürffenden Fals, attestiren wird. Wiewohl es freylich beßer ist, daß es der Praefectus thun kan. Aber wenn er untüchtig ist, nach seinem Vorgeben, warum ist er 1) nicht dabey geblieben, da ich schon darein consentiret hatte, daß er in dem Fall, wieder anderer Praefectus seyn möchte, sondern sagt den alumnis und Notabene mir selbst, da ich ihn darüber constituire, auf meiner Stube ins Angesichte, daß er ihn um meinetwillen, und weil man ihm gesagt, daß ich etwas geredet welches seinen Juribus praeiudicirlich, Notabene nicht, zu der ersten Praefectur nicht laßen, denn er hatte sie schon 4 Wochen und länger verwaltet, sondern wieder absetzen wolle; welches ia die Ursache ist, warum ich mich dagegen gereget, indem es ia nicht consilii ist, zu leiden, daß er dergleichen Dinge thut, und den Schülern seine Absichten wißen läßet. 2) Hatte er ihn in den 4 Wochen erst, und nicht schon in den 6. Jahren, die er ihn in seinen Singestunden gehabt, welches billig seyn solte. nicht vor tactfest befunden, so mußte ihm ia gar keine Praefectur gegeben werden. Denn wenn er im ersten Chor nicht tactfest ist, wird er es gewis im andern auch nicht seyn, und so war ia es wieder sein Amt und Gewißen, daß er mir durch den Herrn ConRectorem [Dresig] sagen und versprechen ließe, er wolle ihn auf meinen Brief, den ich ihm Tages vorher geschrieben, in der ersten SingeStunde wieder einsetzen. Die Probe so er 2. Tage nach diesem Versprechen, und da er wieder von dem entlauffenen [Gottfried Theodor] Krausen, wie zuvor, verhetzt worden, ist eine Falle gewesen. Die Schüler, so ich befragt, sagen, er hätte es ein einzigmal versehen, und sich gleich corrigiret. Es wäre ein groß wunder, meines Erachtens, wenn er es gar nicht versehen hätte, da Herr Bach die intention gehabt und gewünschet, daß er es versehen solle. Daß ich den Herrn Cantorem solte gebeten haben, dem alumno [Johann Gottlob] Krausen eine praefectur zu geben, ist grundfalsch. Die Sache verhält sich also: Als wir vor dem Jahr gegen Advent von Herrn Magister Kriegels Hochzeit miteinander nach Hause fuhren, fragte er mich, ob dieser Krause mit Praefectus werden solte, denn es wäre nun Zeit, daß die gewöhnlichen SingeStunden so vor dem neuen Jahr gehalten werden von den Praefectis angiengen, und müße also nun der Notabene vierdte nicht dritte, wie Herr Bach schreibt gemacht werden, denn die ersten 3. Praefecti waren damals Nagel, Krauß und Nitsche (daß man sich doch im Lügen so leicht verräth!). Er habe das Bedencken, daß er sonst ein liederlicher Hund gewesen. Ich sagte darauff; das letzte wäre freylich wahr, und hätte er vor 2. Jahren 20 rthl. Schulden gehabt (wobey ein Kleid à 12 rthl. gewesen) wie ich von Herrn Gesnern im Caution Buch angemerckt befunden; weil es ihm aber Herr Gesner communicato mecum consilio, wegen seines treflichen ingenii pardonnirt, und die Schulden nun mehrentheils bezahlt wären, könne man ihn wohl nicht praeteriren, wenn er anders tüchtig wäre einen praefectum abzugeben. Darauf antwortete er mir, wie Gott weiß, Ja tüchtig ist er wohl. und so ist er nachher dritter, anderer und erster Praefectus worden, und kann ich auf meine Ehre versichern, daß keine Klage über ihn kommen.[1]

[J. A. Ernesti an den Rat der Stadt – Leipzig, 13. 9. 1736 II/383]

[1] Der Streit ist in den Akten bis 1738 zu verfolgen. Unterlagen über eine Beilegung fehlen.

Protest gegen das Verbot einer Passionsaufführung

Auff E. E. Hochweisen Raths Verordnung bin ich zu Herrn
Bachen allhier, gegangen, und habe demselben hinterbracht, wie
die von ihm auf bevorstehenden Char-Freytage haltende Music,
bis auf darzu erhaltene ordentliche Erlaubniß, unterbleiben solle;
Worauff derselbe zur Antwort gab: es wäre ja allemahl so gehalten
worden, er fragte nichts darnach, denn er hätte ohnedem nichts
darvon, und wäre nur ein onus, er wolle es den Herrn Superintendenten [Salomo Deyling] melden, daß es ihm wäre untersagt worden, wenn etwa ein Bedencken wegen des Textes gemacht werden
wolle, so wäre solcher schon ein paar mahl aufgeführet worden.
Welches also E. E. Hochweisen Rath gehorsamst melden wollen.
Leipzig den 17. Martii 1739. Andreas Gottlieb Bienengräber manu
propria Unterleichenschreiber.
[Aktennotiz – Leipzig, 17. 3. 1739 II/439]

Einkünfte und Besitzstand

Anekdote

Johann Sebastian Bach, auf welchen man das horazische nil ori-
turum alias, nil ortum tale, anwenden kann, pflegte sich mit Vergnügen einer Begebenheit zu erinnern, die ihm auf einer in seiner
Jugend angestellten musikalischen Reise begegnet war. Er war auf
der Schule zu Lüneburg, in der Nähe von Hamburg, wo damals
ein sehr gründlicher Organist und Componist, Nahmens Reinecke
blühete. Da er um diesen Künstler zu hören, öfters eine Reise dahin machte, so geschah es eines Tages, da er sich länger in Hamburg aufgehalten hatte, als es das Vermögen seiner Börse erlaubte,
daß er bey seiner Zurückwanderung nach Lüneburg, nicht mehr
als ein paar Schillinge in der Tasche hatte. Noch nicht hatte er den
halben Weg zurück gelegt, als ihn ein starker Appetit anwandelte,
und er zu dem Ende in einem Wirthshause einkehrte, wo ihm bey
dem köstlichen Geruch aus der Küche, die Lage, worinnen er sich
befand, noch zehnmal schmerzhafter vorkam. Mitten in seinen
trostlosen Betrachtungen darüber hörte er ein knarrendes Fenster
öfnen, und sahe, daß aus selbigem ein paar Heringsköpfe auf den
Kehrigt geworfen wurden. Als einem ächten Thüringer, fieng ihm
beym Anblick dieser Figuren der Mund zu wässern an, und er
säumte keinen Augenblick sich ihrer zu bemächtigen; und siehe,
o Wunder! er hatte kaum angefangen sie zu zergliedern, so fand er
in einem jeden Kopfe einen dänischen Ducaten versteckt; welcher
Fund ihn in den Stand setzte, nicht allein nunmehro eine Portion

Braten zu seiner Mahlzeit hinzuzufügen, sondern annoch mit ehestem mit mehrer Gemächlichkeit eine neue Wallfahrt zum Hrn. Reinecke nach Hamburg zu unternehmen. Besonders ist es, daß der unbekannte Wohlthäter, der ohne Zweifel am Fenster gelauschet haben wird, um zu sehen, welchem Glückskinde sein Geschenk zu theil werden würde, nicht die Cüriosität gehabt hat, die Person und Eigenschaften desselben näher zu recognosciren.
[F. W. Marpurg, Legende einiger Musikheiligen – Breslau, 1786 III/914]

Verzicht auf eine Erbauseinandersetzung

Ew. HochEdlen ist albereit bekant, welcher gestalt ich und mein Bruder, Joh: Jacob Bach, (so in Königlich Schwedischen Diensten ist,) MitErben bey der Lemmerhirtischen Verlaßenschafft seynd. Weil ich nun eüßerlich vernehme, daß die andern Herrn MitErben gesinnet seyn, einen proceß über solche Verlaßenschafft anzuspinnen, gleichwohl aber mir und meinem abwesendem Bruder damit nicht gedienet ist, indeme nicht gesinnet bin das Lemmerhirtische Testament rechtlich anzufechten, sondern mit deme zufrieden bin, was mir und meinem Bruder darinne gegönnet und verordnet worden, maßen ich vor mich und sub cautione rati nomine meines Bruders hiermit allen proceß-Wesen krafft dieses renunciiret und mit gewöhnlicher protestation verwahret haben will. So habe diesem nach es vor nöthig erachtet solches an Ew: HochEdlen dienstlich zu eröffnen, . . .
[J. S. Bach an den Rat der Stadt Erfurt – Köthen, 15. 3. 1722 I/8]

Verminderte Einkünfte aus dem Universitätsgottesdienst

E. Königliche Maj[estät] und ChurFürstliche Durchlaucht wollen allergnädigst geruhen, Sich in allerunterthänigster Submißion vorstellen zu laßen, welcher gestalt das Directorium der Music des alten und neüen Gottesdienstes bey E. Löblichen Universität zu Leipzig, nebst der Besoldung und gewöhnlichen Accidentien mit hiesigem Cantorat zu S. Thomas iedesmahl, auch bey Lebzeiten meines Anteceßoris [Johann Kuhnau], verknüpfet gewesen, nach deßen Absterben aber in währender vacanz solches dem Organisten zu S. Nicolai, Görnern, gegeben, und mir bey Antretung meines Amtes das Directorium des so genandten alten Gottesdienstes zwar wiederum überlaßen, die Besoldung aber hernachmals abgeschlagen, und solche nebst dem Directorio des neüen Gottesdienstes vorgedachtem Organisten zu S. Nicolai zugeeignet worden; und ob wohl bey E. Löblichen Universität ich mich geziemend gemeldet, und daß es bey der vormahligen Verfaßung

gelaßen werden möchte, Ansuchung gethan, dennoch mehr nicht erhalten können, als daß man mir von dem Salario, welches sonst in zwölff Gülden bestehet, die Helffte desselben angeboten.[1]
[J. S. Bach an Kurfürst Friedrich August I. von Sachsen–Leipzig, 14. 9. 1725 I/10]

Honorar für eine Huldigungskantate

Acht und funfzig Thaler vor die am 27. Aprilis 1738. Ihro Königlichen Majestät etc. gebrachte Abend Musique[2] sind mir von E. Löblichen Universität Leipzig heüte dato richtig und paar bezahlet worden; welches hiermit bescheinige, und darüber gebührend quittire. Leipzig. den 5. Maji. 1738. Johann Sebastian Bach. Königlich Pohlnischer u. Churfürstlicher Hoff Compositeur. etc.
50 rthl. vor mich, und 8 rthl. vor die Stadtpfeifer
[Eigenhändige Quittung I/122]

Naturaleinkünfte

Von einer ganzen Brautmeße [Trauungskantate] bekommt der Herr Cantor 2. thllr. die er allemahl erhalten, und 1. thlr. statt einer Doppel-Flasche Wein (welche ich als Schüler dem seeligen Cantor Bach vielmahl selbst in natura gehohlt habe, die Speisung ist schon längstens abgekommen) . . .
[Aufzeichnung des Nikolaiküsters C. E. Haupt – Leipzig, 6. 9. 1781 III/851]

Musikinstrumente im Nachlaß und Gesamtwert der Hinterlassenschaft

Cap. VI. An Instrumenten.

	[Taler]	[Groschen]
1. fournirt Claveçin, welches bey der Familie, so viel möglich bleiben soll . .	80	— —
1. Clavesin	50	— —
1. dito	50	— —
1. dito	50	— —
1. dito kleiner	20	— —
1. Lauten Werck	30	— —
1. dito	30	— —
1. Stainerische Violine	8	— —

---

[1] Die Auseinandersetzung zog sich bis 1726 hin. Ursache war eine 1722/23 vor Bachs Dienstantritt vorgenommene Neuregelung. Bachs berechtigte Forderungen wurden nicht erfüllt.

[2] Die Kantate ›Willkommen, ihr herrschenden Götter der Erden‹ (BWV Anh. 13).

	[Thaler]	[Groschen]	
1. schlechtere Violine	2	—	—
1. dito Piccolo	1	8	—
1. Braccie	5	—	—
1. dito	5	—	—
1. dito	—	16	—
1. Bassettgen	6	—	—
1. Violoncello	6	—	—
1. dito	—	16	—
1. Viola da Gamba	3	—	—
1. Laute	21	—	—
1. Spinettgen	3	—	—
facit.	371	16	—

	Repartitio	[Taler]	[Groschen]
Cap. I.	Ein Kux	60	—	—
Cap. II.	an baaren Gelde		
	a) an Golde	112	18	—
	b) an Silber Gelde		
	α) an Thalern, Gulden und hal-		
	ben Gulden	119	—	—
	β) an Schaustücken	25	20	—
Cap. III.	an außen stehenden Schulden .	65	—	—
Cap. IV.	An gefundenen Ausgabe Gelde 36. rthl. wovon einige derer Debitorum passivorum welche fol. 8. a et b. specificiret sind, bezahlet worden		
Cap. V.	An Silbergeräthe und andern Kostbarkeiten.	251	11	—
Cap. VI.	an Instrumenten	371.	16	—
Cap. VII.	an Zinn	9	—	—
Cap. VIII.	an Kupffer und Meßing . . .	7	22	—
Cap. IX.	an Kleidern und was darzu gehöret	32	—	—
Cap. X.	an Wäsche 11. Oberhembden		
Cap. XI.	An Haußgeräthe	29	8	—
Cap. XII.	an geistlichen Büchern	38	17	—
	Summa	1122	16	—

[Erbteilungsakte – Leipzig, Herbst 1750 II/627]

Anekdote

Man versichert, daß Joh. Seb. Bach sich oft mit Bettlern, die eine ganz ausgezeichnet klagende in einer Reihe von Dißonanzen vorschreitende Weise zu bitten hatten, die musikalische Unterhaltung

und Befriedigung gab, erst zu thun als wolle er ihnen etwas geben und fände nichts, während dessen die Klage stieg, dann ihnen einige Mahle hintereinander das möglich Wenigste gab, wodurch die Klage nur etwas gemildert wurde; und am Ende ihnen ungewöhnlich viel gab, wodurch eine vollständige Auflösung und ein vollkommen befriedigender Schluß hervorgebracht wurde.
[J. F. Reichardt, Musikalischer Almanach – Berlin, 1796 III/997]

Bürgerliche Musikpflege: Aufführungen und Zuhörer

Universitätsfestakt

Leipzig, vom 10 Augusti. Gestern hat man auf hiesiger Universität Ihro Hochfürstlichen Durchlaucht des Hertzogs von Sachsen-Gotha hohes GeburtsFest, welches gestern eingefallen, prächtig celebriret, indem Herr Georg Grosch Philosophiae Baccalaureus eine Lateinische Lob-Rede de meritis Serenissimi Friderici in rem litterariam et veram pietatem in dem Auditorio Philosophico des grossen Fürsten Collegii, welches zu solchem Ende mit schönem Ornat ausgeputzet war, memoriter gehalten, wobey der jetzige Rector Magnificus, Herr Hof-Rath Mencke, und die übrigen Doctores, Professores und Magistri, welche sich gegen 9 Uhr in dem so genannten Nationali versammlet, wie auch die Herren Studiosi in grosser Anzahl zugegen gewesen. ... Es wurde dieser Actus mit einer vortreflichen Music, welcher Herr Joh. Sebastian Bach, Chori Musici Director et Scholae Thoman. Cantor, über besondere zu solchem Ende gedruckte Lateinische Oden[1] componiret, begleitet, so, daß sich diese Solennität zu jedermans Vergnügen Vormittags gegen 11 Uhr glücklich geendiget.
[Leipziger Post-Zeitungen – Leipzig, 10. 8. 1723 II/156]

Haustrauung

An dem / Verehligungs-Tage / Des / Wohl-Edlen, Vest- und Wohlgelahrten / Herrn / Christoph Friedrich / Lösners, / Sr. Kön. Majest. in Pohlen und Churfürst. Durchl. / zu Sachsen Wohlbestalten Proviant- und Floß-Verwalters / in Leipzig, / Mit der / Wohl-Edlen und Tugend-belobten / Jungfer / Johanna Elisabetha, / Des / Wohl-Edlen und Groß-Achtbaren Herrn / Gottfr. Heinrich Scherlings, / Vornehmen Kauff- und Handels-Mannes, / Jungfer Tochter, / Den 12. Febr. 1725. / Ward / Folgende Trau-

---

[1] Text und Musik sind verschollen.

ungs-Cantata[1] / aufgeführt / von / Johann Sebastian Bachen, / H. A. C. Capell-Meister, auch Directore Chori Musici Lipsiensis und Cantore / der Schulen zu St. Thomae.
Leipzig, gedruckt bey Immanuel Tietzen.
[Originaltextdruck von BWV Anh. 14 II/186]

Studentenaufzug

Es führeten nemlich die Convictores Abends nach 8 Uhr, als ihnen, daß es nunmehro Zeit sey, durch den Hof-Fourier gemeldet worden war, eine Music auf, welche von dem Capell-Meister und Stadt-Cantore, Hr. Johann Sebastian Bachen, componiret worden, und die derselbe persönlich dirigirte.

Dabey war zum Dramate Musico folgende Elaboration beliebet worden:

Aria Tutti. Entfernet euch, ihr heitern Sterne![2] . . .

Der Aufzug selbst war also ordiniret: . . . Wie sie nun in solcher Ordnung vor Seiner Königlichen Majestät [Friedrich August I.] am Marckte angelanget, wurden die Überbringere derer Carminum durch ihre beyde Marschälle bis vor die Anti-Chambre angeführet, und der Orator hatte sein Compliment, an des Herrn Ober-Schenckens von Seyffertitz Excellenz vor- und anzubringen; Dargegen Ihro Königliche Majestät »sich vor die allerunterthänigste Devotion, die sie durch eine Abend-Music an Dero Hohen Geburths-Feste bezeigen wollen, allergnädigst bedancken, auch Dero Königlichen Gnaden bey aller und ieder Gelegenheit sie versichern lassen«.

Währenden diesen Ceremonien, und bis zu derer Abgeordneten Zurückkunfft, war zur Music alles in Bereitschafft gestellet worden, welche so dann zu allergnädigsten Contentement bey sehr großen Zulauff, unter einer genugsamen Barriere von der vor Königlicher Majestät die Aufwartung habenden Soldatesque, vollführet ward. Worauf die sämtlichen Convictores, als die Überbringere solcher Abend-Music, in der vorigen Ordnung wieder abund die Cather-Straße hinunter, sodann bey dem Menckischen Hause auf dem Niclas-Kirchhofe vorbey, und, nach genommenen Augenschein der dasigen Illumination, wieder in das Collegium Paulinum gezogen, . . .
[C. E. Sicul, Das Frohlockende Leipzig – Leipzig, (12. 5.) 1727 II/220]

Trauerfeiern

Den 17. hujus ist allhier bey der Universität auf besonderer allergnädigsten Erlaubniß vom Hofe, von einem Sächsischen Cavallier, Herrn Hans Carl von Kirchbach, zum Gedäch[t]niß der höchstseeligen Königin [Christiane Eberhardine] eine wohl-gesetzte Teutsche Trauer- und Lob-Rede in der Pauliner-Kirche mit besonderm Ruhm gehalten worden. Es war dabey ein wohl-inventirtes Trauer-Gerüste zu sehen, welches mit allerhand Inscriptionibus, Chronostychiis und Emblematibus ausgezieret gewesen, und die dabey aufgeführte Trauer-Music[1] war von Herrn Bachens Composition. Was von Fürstlichen Personen, hohen Ministres, Cavalliers und andern Fremden sich dieses mahl auf der Messe befunden, hat sich, nebst einer grossen Anzahl vornehmer Dames, wie auch die gantze löbl. Universität und E. E. Hochw. Rath in Corpore dabey eingefunden.
[Bericht im Hollsteinischen Correspondenten – Leipzig, 24. 10. 1727 II/231]

Wie nun, bis alle ihren Sitz eingenommen, mit der Orgel praeambuliret, und die von Herrn Magister Johann Christoph Gottscheden, Collegii Mariani Collegiato, gefertigte Trauer-Ode unter die Anwesenden durch die Pedelle ausgetheilet war; also ließ sich auch darauf die Trauer-Music, so dießmahl der Herr Capellmeister, Johann Sebastian Bach, nach Italiänischer Art componiret hatte, mit Clave di Cembalo, welches Herr Bach selbst spielete, Orgel, Violes di Gamba, Lauten, Violinen, Fleutes douces und Fleutes traverses etc. und zwar die Helffte davon vor- die andere Helffte aber nach der Lob- und Trauer-Rede hören.
[C. E. Sicul, Das Thränende Leipzig – Leipzig, 1727 II/232]

Trauer-Music[2], / bey der / Dem Weyland / Durchlauchtigsten Fürsten und Herrn, / Herrn / Leopolden, / Fürsten zu Anhalt, / Herzogen zu Sachsen, Engern und Westphalen, Grafen / zu Ascanien, Herrn zu Bernburg / und Zerbst etc. / in der Reformirten Stadt- und Cathe-/dral-Kirchen zu Cöthen / am 24ten Martii 1729. / gehaltenen Gedächtnüß-Predigt / unterthänigst aufgeführt / Von / Sr. Hoch-seeligsten Durchlauchtigkeit / ehemahligen Capell-Meister, / Johann Sebastian Bach.
    Cöthen / druckts Johann Christoph Schondorff.
[Originaltextdruck von BWV 244 a II/258]

    [1] Gemeint ist die Trauer-Ode BWV 198.
    [2] Die Komposition ist verschollen, jedoch größerenteils an Hand der Matthäus-Passion und der Trauer-Ode rekonstruierbar. Als ›Staatsmusik‹ ist sie dem Kapitel ›Bürgerliche Musikpflege‹ nur bedingt zuzuordnen.

Schuleinweihung

Als die / von / E. Hoch-Edlen / und / Hoch-Weisen Rathe / der
Stadt Leipzig / neugebauete und eingerichtete / Schule zu S.
Thomae / den 5. Jun. durch etliche Reden eingeweyhet wurde, /
ward folgende / Cantata[1] / dabey verfertiget und aufgeführet / von /
Joh. Sebastian Bach, / Fürstl. Sächs. Weißfels. Capellmeister, und
besagter Schulen Cantore, / und / M. Johann Heinrich Winckler, /
Collega IV.
    Leipzig, / gedruckt bey Bernhard Christoph Breitkopf.
[Originaltextdruck von BWV Anh. 18 – Leipzig, 5. 6. 1732 II/311]

Das »Bachische Collegium Musicum«

Nachricht von den Musikalischen Concerten zu Leipzig.
Die beyden öffentlichen Musikalischen Concerten, oder Zusam-
menkünffte, so hier wöchentlich gehalten werden, sind noch in
beständigen Flor. Eines dirigirt der Hochfürstlich Weissenfel-
sische Capell-Meister und Musik-Director in der Thomas und
Nikels-Kirchen allhier, Herr Johann Sebastian Bach, und wird
ausser der Messe alle Wochen einmahl, auf dem Zimmermannischen Caffe-Hauß in der Cather-Strasse Freytags Abends von
8 biß 10 Uhr, in der Messe aber die Woche zweymahl, Dienstags
und Freytags zu eben der Zeit gehalten[2]. Das andere dirigirt Herr
Johann Gottlieb Görner, ...
    Die Glieder, so diese Musikalischen Concerten ausmachen, be-
stehen mehrentheils aus den allhier Herrn Studirenden, und sind
immer gute Musici unter ihnen, so daß öffters, wie bekandt, nach
der Zeit berühmte Virtuosen aus ihnen erwachsen. Es ist jedem
Musico vergönnet, sich in diesen Musikalischen Concerten öffentlich hören zu lassen, und sind auch mehrentheils solche Zuhörer
vorhanden, die den Werth eines geschickten Musici zu beurtheilen
wissen.
[L. Mizler, Musikalische Bibliothek – Leipzig, Oktober 1736
II/387]

Nachdem von Ihro Königlichen Hoheit und Churfürstlichen
Durchlauchtigkeit die gnädigste Concession ertheilet worden, daß
die zeithero eingestellten Collegia Musica nunmehro wiederum
continuiret werden mögen;[3] Als soll morgen, Mittewochs, als den

---

[1] Die Komposition ist verschollen. Während der Umbauarbeiten hatte Bach mit
seiner Familie bei Dr. Donndorf in der Hainstraße gewohnt.
[2] Bach leitete ein Collegium musicum von Frühjahr 1729 bis Frühjahr 1737 und
von Herbst 1739 bis eingangs der 1740er Jahre.
[3] Das Musikverbot bestand für die Zeit der nach dem Tode des Kurfürsten Friedrich
August I. angeordneten Landestrauer.

17. Junii c.a. im Zimmermannischen Garten auf dem Grimmischen Stein-Wege von dem Bachischen Collegio Musico Nachmittags von 4. Uhr der Anfang mit einem schönen Concert gemachet, und wöchentlich damit continuiret werden, dabey ein neuer Clavicymbel, dergleichen allhier noch nicht gehöret worden, und werden sich die Liebhaber der Music, wie auch die Virtuosen hierzu einzustellen belieben.
[Nachricht auch Frag- und Anzeiger – Leipzig, 16. 6. 1733 II/331]

Das Bachische Collegium Musicum wird Morgen als den 5. Sept. anni currentis im Zimmermannischen Garten vor dem Grimmischen Thore den hohen Geburths-Tag des Durchl Chur-Prinzen [Friedrich Christian] von Sachsen mit einer solennen Musick[1] von Nachmittag 4. bis 6. Uhr unterthänigst celebriren.
[Leipziger Zeitungen – Leipzig, 4. 9. 1733 II/337]

DRAMA / PER MUSICA,[2] / Welches / Bey dem Allerhöchsten / Geburths-Feste / Der / Allerdurchlauchtigsten und Groß- / mächtigsten / Königin in Pohlen / und / Churfürstin zu Sachsen / in unterthänigster Ehrfurcht / aufgeführet wurde / in dem / COLLEGIO MUSICO / Durch / J. S. B.
    Leipzig, dem 8. December 1733, / Gedruckt bey Bernhard Christoph Breitkopf.
[Originaltextdruck von BWV 214 II/344]

Auf das hohe Crönungs-Fest Ihro Königlichen Majestät in Polen und Churfürstlichen Durchlaucht [Friedrich August II.] zu Sachsen, wird heute das Bachische Collegium Musicum, auf dem Zimmermannischen Coffé-Hause, eine solenne Music[3] unterthänigst aufführen, von Nachmittag 5. bis 7. Uhr.
[Leipziger Zeitungen – Leipzig, 19. 2. 1734 II/348]

Auf den hohen Nahmens-Tag Ihro Königlichen Majestät in Polen, und Churfürstlichen Durchlaucht [Friedrich August II.] zu Sachsen, wird heute nach Mittage um 4. Uhr das Bachische Collegium Musicum eine solenne Music, unter Trompeten und Paucken, im Zimmermannischen Garten, vor dem Grimmischen Thore, unterthänigst aufführen.
[Leipziger Zeitungen – Leipzig, 3. 8. 1734 II/350]

---

    [1] Aufgeführt wurde ›Die Wahl des Herkules‹ (»Laßt uns sorgen, laßt uns wachen«, BWV 213).
    [2] Gemeint ist die Kantate ›Tönet, ihr Pauken, erschallet, Trompeten‹ auf die Königin Maria Josepha.
    [3] Gemeint ist die Kantate ›Blast Lärmen, ihr Feinde‹ (BWV 205a).

Auf den Hohen Nahmens-Tag Ihro Königlichen Majestät in Polen und Churfürstlichen Durchlaucht [Friedrich August II.] zu Sachsen etc. wird das Bachische Collegium Musicum heute Abends eine solenne Music[1] bey einer Illumination im Zimmermannischen Garten vor dem Grimmischen Thore unterthänigst aufführen.
[Leipziger Zeitungen – Leipzig, 3. 8. 1735 II/368]

Zu den vergnügten Stunden, die er in Leipzig gehabt, gehören diejenigen, welche er in einem musicalischen Collegio zugebracht. Der, in seiner Kunst sehr hoch gestiegene, Herr Bach war darinn zu hören. Unser Gelehrte hatte in selbigem seinen Bruder, Maximilian Nagel, der es in der Musik sehr weit gebracht hatte, ohnerachtet er in der besten Blüthe seiner Jahre aus der Welt gegangen ist. Dieser Umstand mag unter andern auch was beygetragen haben, daß er besagtem Collegio fleißig beygewohnet.
[J. A. M. Nagel, Autobiographie – Hamburg, 1749 II/593]

Abendmusiken

Gegen 9. Uhr Abends brachten Ihro Majestät [Friedrich August II.] die allhiesigen Studirenden eine allerunterthänigste Abend Music mit Trompeten und Paucken, so Hr. Capell-Meister Joh. Sebastian Bach Cantor zu St. Thomae componiret.[2] Wobey 600. Studenten lauter Wachs Fackeln trugen, und 4. Grafen als Marrschälle die Music aufführeten. Der Zug geschahe aus dem schwartzen Bret durch die RitterStraße, Brühl und Catharinen Straße herauf, bis ans Königs Logis, als die Music an der Wage angelanget, giengen auf derselben Trompeten und Paucken, wie den auch solches vom Rath Hause, durch ein Chor geschahe. Bey Übergabe des Carmens wurden die 4. Grafen zum HandKuß gelaßen, nachgehends sind Ihro Königliche Majestät, nebst Dero Königlichen Frau Gemahlin [Maria Josepha] u. Königlichen Printzen [Friedrich Christian], so lange die Music gedauret, nicht von Fenster weggegangen, sondern haben solche gnädigst angehöret, und Ihro Majestät hertzlich wohlgefallen.
[J. S. Riemer, Handschriftliche Stadtchronik – Leipzig, 5. 10. 1734 II/352]

Abends um 9. Uhr aber brachten die auf hiesiger Universitet Studirende eine schöne Nacht Musique[3] mit vielen Wachs Fackeln, unter

---

[1] Wahrscheinlich die Kantate ›Auf, schmetternde Töne der muntern Trompeten‹ (BWV 207a).
[2] Die Kantate ›Preise dein Glücke, gesegnetes Sachsen‹ (BWV 215).
[3] Die Kantate ›Willkommen, ihr herrschenden Götter der Erden‹ (BWV Anh. 13).

Trompeten und Paucken Schall vor dem Apelischen Hause am Marckte ein unterthänigstes Drama so von dem Herrn Capell-Meister Joh. Sebastian Bachen componiret und aufgeführet wurde. wobey der Herr Graf von Zierotin, Herr Baron von Schmettau, und die Herren von Leipnitz, und von Marrschall die Gnade hatten, an beyde Königlichen Majestäten, und beyder Printzeßinen Königliche Hoheiten[1], die Cantata aller unterthänigst zu überreichen, und zum Hand Kuß gelaßen worden.
[J. S. Riemer, Handschriftliche Stadtchronik – Leipzig, 28. 4. 1738 II/424 a]

Repräsentative Kirchenmusik

Den 31. Aug. ward die so genannte Raths-Wahl-Predigt in der Kirche zu St. Nicolai, von Herrn Magister Christian Gottlob Eichlern, über 1 Reg. VIII, 57. sq. gehalten, und darauf machte der Königl. und Churfürstl. Hof-Compositeur und Capellmeister, Herr Joh. Sebast. Bach, eine so künstlich als angenehme Music; worzu der Text dieser war: Chorus. Wir dancken dir, GOtt, wir dancken dir, und verkündigen deine Wunder.[2]. . .
[A. Kriegel, Nützliche Nachrichten von denen Bemühungen derer Gelehrten – Leipzig, 1739 II/452]

Noch einmal: Das »Bachische Collegium Musicum«

Doch nein, da einmal die Rede von KindTauffen ist, so gehört auch hieher, daß mein Herr Vetter nebst ergebensten compliment an den Herrn Cantor u. Frau Cantorin in Ronneburg schuldigsten Danck abstattet vor das überschickte Gevatter Stücke, welches auf Gesundheit derselben verzehret worden, er wünscht nicht mehr, als bequeme Gelegenheit zur bereitwilligsten revange, u. bittet zugleich nicht übel zunehmen, daß er wegen überhäuffter Arbeit diesesmal nicht selbsten in einem Brieffchen sich bedancken können, indem er auf innenstehenden Freytag das collegium Musicum wieder anfangen u. in der ersten MeßWoche auf den Geburths Tag Ihro Königlichen Majestät [Friedrich August II.] eine Music aufführen wird, sie wird gewiß werth seyn, daß man sie anhört, u. wenn der Herr Bruder könnte abkommen, solte es ihm wohl nicht gereuen, einen auditorem abzugeben. Die ersten Schreiben Ew. WohlEdlen anlangend, so melde in schuldigster Antwort, daß das zurückgeschickte Kirchen Stück nebst den 10 ggr. richtig erhalten, ingleichen daß nunmehr die in Kupffer gestochene Arbeit meines

---

[1] Neben Friedrich August II. und Maria Josepha waren die Prinzessinnen Maria Amalia und Maria Anna Josephina anwesend.
[2] Wiederaufführung der 1731 entstandenen Kantate BWV 29.

Herrn Vetters fertig u. das exemplar à 3 rthl. bey demselben zu-
bekommen.[1]
[Joh. Elias Bach an J. W. Koch in Ronneburg – Leipzig, 28. 9. 1739
II/455]

Da der Königlich Polnische und Churfürstlich Sächsische Hof-
Compositeur Bach die Direction des Collegii Musici im Zimmermannischen Caffee-Hause wieder übernommen; als wird solches
hiermit denen Liebhabern bekannt gemacht, und zugleich eröffnet,
daß solches morgenden Freytag, den 2 Oct den Anfang nehmen,
und damit wöchentlich benannten Tages von 8. bis 10. Uhr
Abends continuiret werden wird.
[Leipziger Zeitungen – Leipzig, 1. 10. 1739 II/457]

Stehende, regelmäßige Concerte haben wir hier seit vierzig und
mehr Jahren. Schon dazumal that sich bey Enoch Richtern, dessen
Namen durch sein, seit einiger Zeit leider aufgehobenes Kaffee-
haus weit und breit berühmt wurde, eine musikübende Gesellschaft
zusammen, welche theils an jenem Orte, theils im Garten, nach
Maaßgabe der Jahrszeit, wöchentliche Concerte hielt, denen man
durch den Reiz der Neuheit nicht selten noch mehr Interesse zu
geben suchte. ... Bejahrtere Männer erinnern sich noch, den
würdigen Sebastian Bach mit eigner Lebhaftigkeit hier dirigiren
gesehen zu haben.
[Bericht im Journal des Luxus und der Moden – Leipzig, 21. 6.
1800 III/1037]

Komposition und Improvisation

Komponieren ohne Instrument

Und diese erstaunte Fertigkeit, diese nie vor ihm gebrauchte Fingersetzung, hatte er seinen eigenen Werken zu danken; denn oft,
sagte er, habe er sich genöthiget gesehen, die Nacht zu Hülfe zu
nehmen, um dasjenige herausbringen zu können, was er den Tag
über geschrieben hätte. Es ist dies um desto eher zu glauben, da
er nie gewohnt war beym Komponiren sein Klavier um Rath zu
fragen. So hat er nach einer gewissen Tradition, sein Temperirtes
Klavier, dies sind zum Theil sehr künstliche Fugen und Präludia
durch alle 24 Töne, an einem Orte geschrieben, wo ihm Unmuth,

[1] Gemeint ist der III. Teil der ›Clavier-Übung‹. Näheres über die übrigen Werke
ist nicht bekannt.

lange Weile und Mangel an jeder Art von musikalischen Instrumenten diesen Zeitvertreib abnöthigte.[1]
[E. L. Gerber, Historisch-Biographisches Lexicon der Tonkünstler – Leipzig 1790 III/948]

Anregung durch fremde Kompositionen

Sie wissen, der berühmte Mann, welcher in unserer Stadt das größte Lob der Musik, und die Bewunderung der Kenner hat, kömmt, wie man saget, nicht eher in den Stand, durch die Vermischung seiner Töne andere in Entzückung zu setzen, als bis er etwas vom Blatte gespielt, und seine Einbildungskraft in Bewegung gesetzt hat.

Der geschickte Mann, dessen ich Erwähnung gethan habe, hat ordentlich etwas schlechteres vom Blatte zu spielen, als seine eigenen Einfälle sind. Und dennoch sind diese seine besseren Einfälle Folgen jener schlechteren.
[T. L. Pitschel, Belustigungen des Verstandes und des Witzes – Leipzig, Dezember 1741 II/499]

Fugenimprovisation in Potsdam

Aus Potsdamm vernimt man, daß daselbst verwichenen Sontag [7. 5.] der berühmte Capellmeister aus Leipzig, Herr Bach, eingetroffen ist, in der Absicht, das Vergnügen zu geniessen, die dasige vortrefliche Königl. Music zu hören. Des Abends, gegen die Zeit, da die gewöhnliche Cammer-Music in den Königl. Apartements anzugehen pflegt, ward Sr. Majestät [Friedrich II.] berichtet, daß der Capellmeister Bach in Potsdamm angelanget sey, und daß er sich jetzo in Dero Vor Cammer aufhalte, allwo er Dero allergnädigste Erlaubniß erwarte, der Music zu hören zu dürfen. Höchstdieselben ertheilten sogleich Befehl, ihn herein kommen zu lassen, und giengen bey dessen Eintritt an das sogenante Forte und Piano, geruheten auch, ohne einige Vorbereitung in eigner höchster Person dem Capellmeister Bach ein Thema vorzuspielen, welches er in einer Fuga ausführen solte. Es geschahe dieses von gemeldetem Capellmeister so glücklich, daß nicht nur Se. Majest. Dero allergnädigstes Wohlgefallen darüber zu bezeigen beliebten, sondern auch die sämtlichen Anwesenden in Verwunderung gesetzt wurden. Herr Bach fand das ihm aufgegebene Thema so ausbündig schön, daß er es in einer ordentlichen Fuga zu Papiere bringen, und hernach in Kupfer stechen lassen will. Am Montage ließ sich dieser berühmte Mann in der Heil. Geist-Kirche zu Potsdamm auf der Orgel hören, und erwarb sich bey den in Menge vorhandenen

<hr/>

[1] Die Anspielung könnte auf die Weimarer Haft Ende 1717 zielen.

Zuhörern allgemeinen Beyfall. Abends trugen Seine Majestät ihm nochmahls die Ausführung einer Fuga von 6 Stimmen auf, welches er zu Höchstderoselben Vergnügen, und mit allgemeiner Bewunderung, eben so geschickt, wie das vorige mahl, bewerckstelligte.
[Berlinische Nachrichten – Berlin, 11. 5. 1747 II/554]

Das Musikalische Opfer

Ew. Majestät weyhe hiermit in tiefster Unterthänigkeit ein Musicalisches Opfer, dessen edelster Theil von Deroselben hoher Hand selbst herrühret. Mit einem ehrfurchtsvollen Vergnügen erinnere ich mich annoch der ganz besondern Königlichen Gnade, da vor einiger Zeit, bey meiner Anwesenheit in Potsdam, Ew. Majestät selbst, ein Thema zu einer Fuge auf dem Clavier mir vorzuspielen geruheten, und zugleich allergnädigst auferlegten, solches alsobald in Deroselben höchsten Gegenwart auszuführen. Ew. Majestät Befehl zu gehorsamen, war meine unterthänigste Schuldigkeit. Ich bemerkte aber gar bald, daß wegen Mangels nöthiger Vorbereitung, die Ausführung nicht also gerathen wollte, als es ein so treffliches Thema erforderte. Ich fassete demnach den Entschluß, und machte mich sogleich anheischig, dieses recht Königliche Thema vollkommener auszuarbeiten, und sodann der Welt bekannt zu machen. Dieser Vorsatz ist nunmehro nach Vermögen bewerkstelliget worden, und er hat keine andere als nur diese untadelhafte Absicht, den Ruhm eines Monarchen, ob gleich nur in einem kleinen Puncte, zu verherrlichen, dessen Größe und Stärke, gleich wie in allen Kriegs- und Friedens-Wissenschaften, also auch besonders in der Musik, jedermann bewundern und verehren muß. Ich erkühne mich dieses unterthänigste Bitten hinzuzufügen: Ew. Majestät geruhen gegenwärtige wenige Arbeit mit einer gnädigen Aufnahme zu würdigen, und Deroselben allerhöchste Königliche Gnade noch fernerweit zu gönnen Ew. Majestät allerunterthänigst gehorsamsten Knechte, dem Verfasser.
[Widmung des Originaldruckes BWV 1079 – Leipzig, 7. 7. 1747 I/173]

Generalbaßspiel

Wer das delicate im General-Baß und was sehr wohl accompagniren heist, recht vernehmen will, darf sich nur bemühen unsern Herrn Capellmeister Bach allhier zu hören, welcher einen jeden General-Baß zu einem Solo so accompagnirt, daß man denket, es sey ein Concert, und wäre die Melodey so er mit der rechten Hand machet, schon vorhero also gesetzet worden. Ich kan einen lebendigen Zeugen abgeben, weil ich es selbsten gehöret.
[L. Mizler, Musikalische Bibliothek – Leipzig, April 1738 II/419]

Der vortreffliche Bach besaß diese dritte [künstliche oder zusammengesetzte] Art im höchsten Grad. Durch ihn mußte die Oberstimme brilliren. Er gab ihr durch sein grundgeschicktes Accompagniren das Leben, wenn sie keines hatte. Er wußte sie, entweder mit der rechten oder lincken Hand so geschickt nachzuahmen, oder ihr unversehens ein Gegenthema anzubringen, daß der Zuhörer schwören solte, es wäre mit allem Fleiß so gesetzt worden. Dabey wurde das ordentliche Accompagnement sehr wenig verkürzt. Ueberhaupt sein Accompagniren war allezeit wie eine mit dem größten Fleiße ausgearbeitete, und der Oberstimme an die Seite gesetzte concertirende Stimme, wo zu rechter Zeit die Oberstimme brilliren mußte. Dieses Recht wurde sodenn auch dem Basse ohne Nachteil der Oberstimme überlassen. Genug! wer ihn nicht gehöret, hat sehr vieles nicht gehöret.
[J. F. Daube, General-Baß in drey Accorden – Frankfurt a. M., 1756 III/680]

Interpretation und Aufführungspraxis

Der vielbeanspruchte Dirigent

Dies alles würdest Du, Fabius, völlig unerheblich nennen, wenn Du, aus der Unterwelt heraufbeschworen, Bach sehen könntest – um nur ihn anzuführen, denn er war vor nicht allzu langer Zeit mein Kollege an der Leipziger Thomasschule; wie er mit beiden Händen und allen Fingern etwa unser Klavier spielt, das allein schon viele Kitharai in sich faßt, oder jenes Grund-Instrument, dessen zahllose Pfeifen von Bälgen angeblasen werden, wie er hier mit beiden Händen, dort mit schnellen Füßen über die Tasten eilt und allein gleichsam Heere von ganz verschiedenen aber doch zueinander passenden Tönen hervorbringt; wenn Du ihn sähest, sag ich, wie er bei einer Leistung, die mehrere Eurer Kitharisten und zahllose Flötenspieler nicht erreichten, nicht etwa nur eine Melodie singt wie der Kitharöde und seinen eigenen Part hält, sondern auf alle zugleich achtet und von 30 oder gar 40 Musizierenden diesen durch ein Kopfnicken, den nächsten durch Aufstampfen mit dem Fuß, den dritten mit drohendem Finger zu Rhythmus und Takt anhält, dem einen in hoher, dem andern in tiefer, dem dritten in mittlerer Lage seinen Ton angibt; wie er ganz allein mitten im lautesten Spiel der Musiker, obwohl er selbst den schwierigsten Part hat, doch sofort merkt, wenn irgendwo etwas nicht stimmt; wie er alle zusammenhält und überall abhilft und wenn es irgendwo schwankt, die Sicherheit wiederherstellt; wie er den Takt in allen Gliedern fühlt, die Harmonien alle mit scharfem Ohre prüft, allein alle

Stimmen mit der eigenen begrenzten Kehle hervorbringt. Sonst ein begeisterter Verehrer des Altertums, glaub' ich doch, daß Freund Bach allein, und wer sonst ihm vielleicht ähnlich ist, den Orpheus mehrmals und den Arion zwanzigmal übertrifft.
[J. M. Gesner, Fußnote zu M. F. Quintilian ›De Institutione Oratoria‹ – Göttingen, 1738 II/432 Original lateinisch]

Chorton und Kammerton

Wir empfinden die kleinen Widrigkeiten welche eine im Chortone stehende Orgel, gegen die übrigen kammertönigen Instrumente in diesem Falle macht, so gut als der Verfasser. Aber ein so erschreckliches Aufheben können wir doch nicht davon machen: oder wir müßten sagen, daß so viele auf diese Weise seit bey nahe 100 Jahren aufgeführte Kirchenstücke zum Anhören unerträglich gewesen wären. Und da würden wir gewiß nicht wenig ausgelacht werden. Sind nicht selbst des alten Bachs meiste Kirchenstücke auf diese Art ausgeführet worden.[1] Zu Leipzig stehen die Orgeln, die zu Herrn J. S. Bachs [Zeit] vorhanden waren, ganz gewiß alle im Chortone. Will Herr Kirnberger etwan auch dem alten Bach das feinste Gehör absprechen? Dazu würde er, der gute Kirnberger, viel zu wenig seyn . . .
[J. A. Hiller, Wöchentliche Nachrichten – Leipzig, 9. 10. 1769 III/755]

Mit und ohne Spielmanieren

Palschau, sagte [Carl Philipp Emanuel] Bach, spielt meine Sachen schlecht, sein Fingerwerk ist unverbesserlich, er spielt viel schwerere Sachen als meine sind, aber – ich habe ihn, wenn er bei mir war, immer gebeten von meines Vaters Sachen zu spielen, wo es bloß aufs Treffen ankömmt.
[M. Claudius an H. W. v. Gerstenberg – Hamburg, 4. 11. 1768 III/751]

Im Herbst dieses Jahrs kam ein besonders starcker Meister auf dem Clavecin, Hr. – – – Balschow [Palschau], ein gebohrner Däne, auß Berlin nach Peterburg u. ließ sich in verschiedenen vornehmen Häusern allhier mit Bewunderung seiner Stärcke hören, Der Hr. Graf Grigor. Grigorjewitsch Orloff wolte ihn gerne auch auf der Orgel hören u. bestimte ihm einen Nachmittag in die große Lutherische

---

[1] Die Orgelstimmen der Kantaten und sonstigen Kirchenmusiken wurden einen Ganzton tiefer transponiert.

Peters-Kirche. Er spielte auf der dasigen Orgel über eine Stunde
lang u. wurde von den Vornehmsten des Hofes sowol als auch vielen andern Kennern, die sich in der Kirche versammelt hatten,
um somehr bewundert, ie weniger Organisten von seiner Stärcke
bißhero in Peterburg iemahls noch zu hören gewesen. Sein spielen
sowol auf dem Clavecin als auf der Orgel, ist gantz im Geschmack des ehmahligen berühmten MusicDirectors zu Leipzig
Hn. Sebastian Bach, deßen Söhne nachmals zu Dresden, Leipzig u.
Hamburg dem Vater fast den Ruhm des Vorzugs in dieser schönen
Kunst streitig gemacht haben. Seine Geschwindigkeit u. Pünct-
lichkeit im spielen der schwehresten Klavierstücke die der alte
Bach iemahls in Noten gesetzt hat, ist allerdings zu bewundern:
um somehr, da er zugleich die schönsten manieren u. delicateßen
nach dem reinesten und neuesten Geschmack vornehmlich im
Adagio anzubringen weiß: Er bekam von verschiedenen vorneh-
men Herren ansehliche Geschencke zu seinem Unterhalt, u.
unter andern von dem Hn. Grafen Orloff Rbl. 100.
[J. v. Stählin, Tagebuchaufzeichnung – Petersburg, Herbst 1769
III/756]

Seine [Couperins] Klaviersachen, die der große Seb. Bach besonders schätzte und seinen Schülern empfahl, sind noch in unsern
Zeiten vom Hrn. Reichardt in seinem Magazine der Vergessenheit
entzogen worden und haben daselbst ihr verdientes Lob erhalten.
Franz war auch der erste, so in seinen gestochenen Klavierwerken
eine Erklärung von Spielmanieren beyfügte, die Sebast. Bach in
seinem eigenen Vortrage, größtentheils beybehalten hat . . .
[E. L. Gerber, Historisch-Biographisches Lexicon der Tonkünstler – Leipzig, 1790 III/949]

Punktierte Noten gegen Triolen

S. 70. wird gelehrt: daß bey punctirten Noten gegen Triolen, die
Note nach dem Puncte auf die dritte Note der Triole angeschlagen
würde. Dies ist nur bey der äussersten Geschwindigkeit wahr.
Ausser dieser aber muß die nach dem Puncte stehende Note nicht
mit, sondern nach der lezten Note der Triole angeschlagen werden. Denn sonst würde ein Unterschied zwischen geraden Tacte,
worinn dergleichen Noten vorkommen, und dem $\frac{3}{8}$ $\frac{6}{8}$ $\frac{9}{8}$ $\frac{12}{8}$ Tacte
wegfallen. So lehrte es J. S. Bach alle seine Schüler; so lehrt es auch
Quanz in seinem Versuche. Wider die Ausführungskunst und die
feine Empfindung, dieser Männer, wird doch wohl Niemand mit
Grunde was einzuwenden haben.
[J. F. Agricola, Allgemeine deutsche Bibliothek – Berlin, 1769
III/757]

Seltene Taktarten

Es ist wahr, diese Tactart [der große Allabrevetakt, $\frac{2}{1}$] kömmt heut zu Tage sehr selten, und noch dazu selten ganz recht und unvermischt vor. Sie hat aber doch ihre besondere Gravität, und verlangt ihren besondern schweren Vortrag, gehöret aber hauptsächlich zu gearbeiteten Kirchenchören ... Aus den neuern Zeiten hat der Recensent itzt eben ein Stück über die Worte: Credo in unum Deum, aus einer großen Messe des seel. J. S. Bach,[1] mit acht obligaten Stimmen, nämlich 5 Singstimmen, zwo Violinen und dem Generalbasse zur Hand, welches eigentlich in dieser Art ist ...

Auch die Weglassung des $\frac{6}{16}$ $\frac{9}{16}$ $\frac{12}{16}$ Tacts kann der Recensent nicht billigen. Wer diese Tactarten ganz verwirft, muß wenigstens bey der Instrumentalmusik keinen Unterschied in der Ausführung eines punctirten Achtels und Sechzentheils dergleichen im $\frac{3}{1}$ Tacte oft zu Begleitung der Triolen vorkommen, und eines unpunctirten Achtels und Sechzentheils, dergleichen in vorgedachten verworfenen 3 Tactarten oft auch drey Sechzentheile begleiten, statuiren wollen. Dies würde aber wieder eine genaue gute Ausführung seyn. Man kann hierüber Quanzens Versuch, V. Hauptstück, 22. §. nachlesen. Dieser Unterschied in der Ausführung der angeführten zweyerley Notenfiguren, den die ältern französischen Clavierspieler, und auch manche berühmte Deutsche, unter denen wir nur J. S. Bachen zu nennen brauchen, genau beobachtet haben, und der folglich auch verschiedene Musikgedanken hervorbringt, rechtfertiget also, noch anderer Unterschiede zu geschweigen, die Beybehaltung jener Tactarten hinlänglich, ...

[J. F. Agricola, Allgemeine deutsche Bibliothek – Berlin, 1775 III/810]

Spiel von Violinwerken auf dem Klavichord

Warum führt der Verfasser nicht lieber die noch viel schwerern 6 Violinsolos ohne Baß von Joh. Seb. Bach an? Die sind gewiß noch schwerer und vollstimmiger als Hrn. [Franz] Bendas Capriccios. Aber eben auch zu einem ähnlichen Gebrauche, sind sie gemacht. Ihr Verfasser spielte sie selbst oft auf dem Clavichorde, und fügte von Harmonie so viel dazu bey, als er für nöthig befand. Er erkannte auch hierinn die Nothwendigkeit einer klingenden Harmonie, die er bey jener Composition nicht völliger erreichen konnte.

[J. F. Agricola, Allgemeine deutsche Bibliothek – Berlin, 1775 III/808]

[1] Das Credo der h-Moll-Messe BWV 232.

Schwierigkeit der Klavier- und Orgelwerke

Ein Kunst-beflissener beliebe auch nur etwa eine Suite aus des Herrn Capell-Meister Graupners so genannten Partien auf das Clavier / oder aus meinem Harmonischen Denckmahl / oder aus des Herrn Capellmeister Bachs Partite dagegen zu halten / so wird er den Unterschied leicht finden. Hand-Sachen wollen geübet seyn / und wer sich unterstehet dieselbe so gleich zu treffen / handelt sehr vermessen / und gedencket den Zuhörern / durch seine Gauckel-Streiche / eines aufzubinden / wenn er auch der Ertzcymbalist selbst wäre.
[J. Mattheson, Grosse General-Baß-Schule – Hamburg, 1731 II/304]

Die überschickten Stücke zum Clavier von Bach, und von Weyrauch zur Laute, sind eben so schwer als sie schön sind. Wenn ich sie zehnmal gespielet habe, scheine ich mir immer noch eine Anfängerin darinnen. Von diesen beyden großen Meistern gefällt mir alles besser als ihre Capricen;[1] diese sind unergründlich schwer.
[L. A. V. Kulmus an J. C. Gottsched in Leipzig – Danzig, 30. 5. 1732 II/309]

Ich war nicht faul, suchte des bemeldeten Herrn Bachs seine Clavier-Sachen hervor, und zeigte ihm dieselben, hatte er aber zuvor nicht gehackt, so gieng es hier erst recht an, und fiel er hierauf in einen Discurs von Herrn Bachen, ob ich ihn kennte, er hätte vernommen, daß ich ein Thüringer von Geburt ein Mühlhäuser wäre, und er, Herr Bach, wäre ja in Mühlhausen Organist gewesen. Ich versetzte, daß ich mich zwar noch wohl erinnerte, ihn gesehen zu haben, aber doch nicht mehr kennte, weiln ich dazumal nur 12. Jahre alt gewesen, auch in 30. Jahren nicht wieder dahin kommen, wie er Herr Bach nach des Herrn Ahlens Tode succediret, und dieses sey geschehen 1707. 1708. aber kam er nach Weymar. Er hatte ein Glocken-Spiel in der St. Blasii-Kirchen angegeben, alleine, da er fast damit fertig war, wurde er, wiewohl mit grossem Verdruß des Raths zu Mühlhausen, als Cammer-Musicus nach Weymar beruffen.
[J. C. Voigt, Gespräch von der Musik – Erfurt, 1742 II/514]

[1] Ein Capriccio kommt in der c-Moll-Partita BWV 826 für Cembalo vor.

Lassen Sie mir doch die beyden Toccaten von Joh. Seb. Bach sobald als möglich abschreiben; die Suiten dieses Mannes machen mir so viel Vergnügen, nachdem ich es durch lange Uebung soweit gebracht habe, einige Stücke daraus zusammenhängend vorzutragen, daß ich nach mehren Sachen dieses außerordentlichen Mannes ungemein begierig bin. Wenn sie nur nicht so schwer wären! –
[Briefauszug in Forkels Musikalischem Almanach – Wien, 1783 III/890]

Sonderlich soll der Choral immer das Hauptwerk des Organisten bleiben; er muß ihn nicht nur kunstmässig, sondern auch nach dem darinnen herrschenden Hauptaffekte, mit Empfindung und Stärke vorzutragen wissen ... Hierinnen sind die Katholiken bei weitem, wenigstens der Zahl nach, unsre Meister, nachdem wir unser grosses Muster, den unsterblichen Sebastian Bach, so weit aus den Augen verlieren, daß es kaum noch einen Menschen giebt, der seine Stüke spielen kann. (Selbst Vogler gestand mir, daß er vor Seb. Bach's Orgelfantasieen mit starrer Bewundrung verweile, und den Mann verehre, der so was Allgewaltiges spielen konnte.)
[C. F. D. Schubart, Autobiographie – Hohenasperg, vor 1779 III/837]

Das obligate Pedal machte mir, so wie jedem ersten Anfänger, unsägliche Mühe. Oft lernte ich 14 Tage, 3 Wochen an einer Bachischen Fuge, freylich bisweilen nicht ganz ohne Unwillen, weil erst reifere Jahre von dieser Mühe den Nutzen mir zeigten.
[J. C. Kellner, Autobiographie – Kassel, 1787 III/921]

Ausschöpfung thematischer und harmonischer Möglichkeiten

Wer sollte wol dencken, daß diese acht kurtze Noten

so fruchtbar wären, einen Contrapunct von mehr, als einem gantzen Bogen, ohne sonderbarer Ausdehnung, gantz natürlich hervorzubringen? Und dennoch hat solches der künstliche, und in dieser Gattung besonders glückliche Bach in Leipzig iedermann vor Augen geleget, ja, noch dazu den Satz, hin und wieder, rücklings eingeführet.[1]

[1] Gemeint ist die Fuge aus der Sonate a-Moll für Violine Solo (BWV 1003).

[J. Mattheson, Kern Melodischer Wißenschafft – Hamburg, 1737 II/408]

Von Doppelfugen, mit dreien Subjecten ist, so viel man weiß, nichts anders im Kupffer-Druck herausgekommen, als mein eignes Werck, unter dem Nahmen: Der wolklingenden Fingersprache. Erster und zweiter Theil, 1735, 1737, welches ich, aus Bescheidenheit niemand anpreisen mag; sondern vielmehr wünschen mögte, etwas dergleichen von dem berühmten Herrn Bach in Leipzig, der ein grosser Fugenmeister ist, ans Licht gestellet zu sehen.

[J. Mattheson, Der Vollkommene Capellmeister – Hamburg, 1739 II/467]

Man preludirt aber nicht allezeit auf diese Art, ob sie gleich die gewöhnlichste, und die schiklichste ist, den Ausdruk zu befördern, worauf aber von den Organisten selten gesehen wird. Alle mögliche Künsteleyen, die über einen Choral zu machen sind, (nachdem man ihn bald oben, bald unten, bald in der Mitte, bald im Canon, per augmentationem oder diminutionem oder alla stretta, wo alle Verse der ganzen Strophe sich zu gleicher Zeit hören lassen, u.s.w. durchführt) können zu Preludien dienen, wenn der Organist die Geschiklichkeit dazu hat, oder wenn er sie auch vorher aufgesezet, und auswendig gelernet hat. So hat Joh. Seb. Bach den Choral: Vom Himmel hoch da komm ich her etc. mit canonischen Veränderungen herausgegeben, denen an Kunst schweerlich etwas gleich kömmt, und kommen wird, die alle zu Preludien geschikt sind, aber dem Ohre wegen des großen Zwanges, den diese Gattung von Composition verursacht, nicht sonderlich schmeicheln, ja ihm nicht einmal faßlich sind.

...

Es giebt eine Menge Stüke, die den Namen Preludium führen, auf denen gemeiniglich eine Fuge folgt, die aber keinen bestimmten Charakter haben, und selten zu Vorspielen geschikt sind. Oft sind es ganz strenge, oft freyere Fugen, oft sind sie von einer taktlosen Phantasie nur durch den Takt unterschieden, oft auch ist es ein bloßer Saz von 6 oder 8 Noten, der beständig entweder in der geraden oder Gegenbewegung gehöret wird, und womit auf eine künstliche Art moduliret wird etc. Die besten Preludien sind ohnstreitig die von J. S. Bach, der deren eine Menge in allen Arten gemacht hat.

Die höchste Gattung von Veränderungen ist unstreitig die, da bey jeder Wiederholung andere auf den doppelten Contrapunkt beruhende Nachahmungen und Canons vorkommen. Von J. Seb. Bach hat man in dieser Art eine Arie für das Clavier mit dreyßig solcher Veränderungen;[1] und eben dergleichen über das Lied,

---

[1] Die Goldberg-Variationen BWV 988.

Vom Himmel hoch, da komm ich her, die man für das Höchste der Kunst ansehen kann. Bewundrungswürdig ist dabey dieses, daß bey jeder Veränderung die erstaunliche Kunst der harmonischen Versezungen fast durchgängig mit einem schönen und fließenden Gesang verbunden ist. Von eben diesem großen Mann hat man auch eine gedrukte Fuge[1] aus dem D mol, die einige zwanzigmal verändert ist, wobey alle Arten des einfachen, zwey- drey- und vierfachen Contrapunkts in gerader und verkehrter Bewegung, auch mancherley Arten des Canons vorkommen.
[Kirnberger/Schulz in Sulzers Allgemeiner Theorie der Schönen Künste – Leipzig, 1774 III/766]

Ich konnte ohnmöglich diesen ersten Band meines Kunstmagazins schließen, ohne meinen Lesern etwas, seys auch noch so wenig, von unserem größten Harmoniker vorzulegen. Es hat nie ein Komponist, selbst der beßten tiefsten Italiäner keiner, alle Möglichkeiten unserer Harmonie so erschöpft als J. S. Bach: es ist fast kein Vorhalt möglich den er nicht angewandt, alle ächte harmonische Kunst und alle unächte harmonische Künsteleyen hat er in Ernst und Scherz tausendmal angewandt mit solcher Kühnheit und Eigenheit daß der größte Harmoniker der einen fehlenden Thematakt in einem seiner größten Werke ergänzen sollte, nicht ganz dafür stehen könnte, ihn wirklich so ganz wie ihn Bach hatte ergänzt zu haben. Hätte Bach den hohen Wahrheitsinn und das tiefe Gefühl für Ausdruck gehabt so Händel beseelte; er wär' weit größer noch als Händel; so aber ist er nur weit Kunstgelehrter und fleißiger, hätten diese beiden großen Männer mehr Kenntniß des Menschen der Sprache und Dichtkunst gehabt und wären kühn genug gewesen alle zwecklose Mannier und Konvenienz von sich fortzuschleudern: sie wären die höchsten Kunstideale unsrer Kunst und jedes große Genie daß sich izt nicht damit begnügen wollte sie erreicht zu haben, müßte unser ganzes Tonsystem umwerfen, um sich so ein neues Feld zu bahnen.
[J. F. Reichardt, Musikalisches Kunstmagazin – Berlin, Oktober 1782 III/864]

In den obigen Details (ich meine in der Wahl und der Untersuchung von Themen für einen bestimmten Zweck) muß Händel sehr groß gewesen sein. Denn alle seine Werke zeigen, daß, welchen Gebrauch er auch immer von einem Thema machte, es stets mit der größten Erfahrenheit geschah und noch dazu mit einer solch natürlichen Leichtigkeit, daß seine tiefgründigsten Fugen nicht das geringste Zeichen eines Mangels an unterhaltender Mannigfaltigkeit tragen. Daß Sebastian Bach ebenfalls groß war und vielleicht ohne Rivalen in den gleichen Punkten, ergibt sich aus der wohlbe-

---

[1] Die Kunst der Fuge BWV 1080.

kannten Anekdote, wie sein Sohn Emanuel ihm eines Tages ein Fugenthema zeigte mit den Veränderungen, die es nach seiner Meinung zuließe und der Frage, ob noch mehr Veränderungen darin enthalten seien. Darauf blickte der Vater, wie berichtet wird, nur kurze Zeit auf das Thema und gab es mit der Bemerkung zurück: »Keine weiter«. Diese kurze Antwort machte den Sohn neugierig, das Thema seinerseits genauer zu untersuchen, aber er fand, daß sein Vater völlig recht gehabt hatte, denn er konnte damit nicht mehr anfangen, als sein Vater bereits gesagt hatte. Gleichwohl muß dies natürlich verstanden werden von Veränderungen, die zur Kunst einer strengen Fuge gehören . . .
[A. F. C. Kollmann, An Essay on practical musical Composition – London, 1799 III/1021 Original englisch]

Soll er [ein Componist] groß und berühmt werden, so muß er nächst der Wissenschaft der schon erfundenen Regeln, auch alle Verstandeskräfte in einem ziemlichen Grade besitzen; er muß tief und viel aufeinander denken können. Sehet nur zur Ueberzeugung den in Kupferstich herausgegebenen Choral des nunmehr in den Chor der Engel aufgenommenen Bachen an: Vom Himmel hoch da komm ich her. Ich kann mich nicht überreden, daß die schwerste geometrische Demonstration ein viel tieferes und weitläuftigeres Nachdenken erfordere, als diese Arbeit erfordert haben muß. Zwar die wenigsten Componisten sind von der Art. Man merkt es aber ihren Arbeiten gleich an, welche Verstandeskraft bey ihnen die stärkste sey.
[J. M. Schmidt, Musico-Theologia – Bayreuth, 1754 III/659]

Hr. Musik-Direktor Türk wird die, in seinem Buche von den Pflichten eines Organisten in Buchstaben gegebenen Beyspiele, nächstens in Noten nachfolgen lassen (2 gr.) Das Beyspiel, wo Seb. Bach den Choral: Von Himmel hoch etc. alla stretta behandelt hat: läßt er, mit nöthigen Erklärungen, ganz abdrucken, weil viele, selbst Musiker, von diesem harmonischen Gewebe keinen deutlichen Begriff haben, und weil, wenn auch das Ohr eben nicht seine Rechnung findet, man daraus doch sieht, wie weit es menschlicher Witz und unermüdeter Fleiß bringen könne.
[Allgemeine Literatur-Zeitung – Jena, Januar 1788 III/924]

Ich habe nur diesen Trost für mich, dass ich in der Musik fast in allen Theilen genug Vorzüge vor viele jetzt lebende Componisten habe, nur muss mir J. S. Bach nicht in Sinn kommen, weil es mir gleich den Pfauen gehet, wenn sie sich unterwärts von ungefehr erblicken. Ohnerachtet ich mir gewiss alle ersinnliche Mühe gege-

ben habe, die Geheimnisse der musikalischen Künste zu studieren, so gestehe ich doch gerne, dass ich dessen Kunststücke noch so wenig verstehe, als ein Affe, der einen Stein auf einen Schach- oder Brettspiel ziehen sollte. Was das allerschlimmste hierbei ist, je mehr ich mich in der Kunst verbessere, desto mehr erkenne ich dessen Grösse, die ganz gewisslich unnachahmlich bis in Ewigkeit bleiben wird, indessen lässt sich ohne dessen Kunst zu besitzen, mit weniger Kunst und sclavenmässiger Mühe zum wahren Endzweck der Musik vieles schöner und empfindungsvoller ausdrücken.
[J. Ph. Kirnberger an Anna Amalia von Preußen – Berlin, 14. 3. 1783 III/877]

Stil und Geschmack, Wort und Ton

So sehen die Ausländer zum Exempel den Geschmack eines unsterblichen Leipziger Bachs für einen besondern Originalgeschmack, und für keinen aus der Nachahmung einer fremden Nation entstandenen Geschmack an.
[F. W. Marpurg, Der Critische Musicus an der Spree – Berlin, 30. 12. 1749 II/591]

Für und wider Textwiederholungen

Damit der ehrliche Zachau (Händels Lehrmeister) Gesellschafft habe, und nicht so gar allein da stehe, soll ihm ein sonst braver Practicus hodiernus zur Seiten gesetzt werden, der repetirt nicht für die lange Weile also:[1] Ich, ich, ich, ich hatte viel Bekümmerniß, ich hatte viel Bekümmerniß, in meinem Hertzen, in meinem Hertzen. Ich hatte viel Bekümmerniß :|: in meinem Hertzen :|: :|: Ich hatte viel Bekümmerniß :|: in meinem Hertzen :|: Ich hatte viel Bekümmerniß :|: in meinem Hertzen :|: :|: :|: :|: :|: Ich hatte viel Bekümmerniß :|: in meinem Hertzen :|: etc. Hernachmahl so: Seufzer, Thränen, Kummer, Noth (Pause) Seufzer, Thränen, ängstlichs Sehnen, Furcht und Tod (Pause) nagen mein beklemmtes Hertz etc. item Komm, mein JEsu, und erquicke (Pause) und erfreu mit deinem Blicke (Pause) komm, mein JEsu, (Pause) komm, mein JEsu, und erquicke, und erfreu . . . . . mit deinem Blicke diese Seele etc.
[J. Mattheson, Critica Musica – Hamburg, 1725 II/200]

[1] In der Kantate ›Ich hatte viel Bekümmernis‹ (BWV 21).

Ich erinnere mich noch mit Vergnügen einer gewissen Fuge des seel. Herrn J. S. Bach, über die Worte: Nimm was dein ist, und gehe hin.[1] (Der Text war nicht dramatisch, man konnte sich also ein Chor der Ermahnenden dabey vorstellen.) Diese Fuge hatte auch bey den meisten der Musik ganz unkundigen Zuhörern eine mehr als gewöhnliche Aufmerksamkeit und einen besondern Gefallen erreget, welche gewiß nicht aus den contrapunktischen Künsten, sondern aus der vortreflichen Deklamation, die Nota-bene der Componist im Hauptsatze und in einem kleinen besondern Spiele mit dem gehe hin, angebracht hatte, und deren Wahrheit, natürliches Wesen, und genau angemessene Richtigkeit, jedem sogleich in die Ohren fiel, herrühreten. Dergleichen Fugen könnte ich, so wie von andern, also auch von dem itztgedachten großen Meister mehrere anführen.
[F. W. Marpurg, Kritische Briefe über die Tonkunst – Berlin, 24. 5. 1760 III/701]

Konzessionen an das Publikum

Herr Telemann und Herr Graun sind vortrefliche Componisten, und Herr Bach hat eben dergleichen Werke verfertiget. Wenn aber Herr Bach manchmal die Mittelstimmen vollstimmiger setzet als andere, so hat er sich nach den Zeiten der Musik vor 20 und 25 Jahren gerichtet. Er kan es aber auch anders machen, wenn er will. Wer die Musik gehöret, so in der Oster Messe zu Leipzig vergangenen Jahrs bey der allerhöchsten Gegenwart Ihro Königl. Majestät in Pohlen, von der studirenden Jugend aufgeführt, vom Herrn Capellmeister Bach aber componiret worden,[2] der wird gestehen müssen, daß sie vollkommen nach dem neuesten Geschmack eingerichtet gewesen, und von iedermann gebilliget worden. So wohl weiß der Herr Capellmeister sich nach seinen Zuhörern zu richten.
[L. Mizler, Musikalische Bibliothek – Leipzig, Anfang 1739 II/436]

Wenn Sebastian Bach und sein bewunderungswürdiger Sohn Emanuel, statt Musikdirektoren in Handelsstädten zu sein, durch glücklichen Zufall für die Bühne und das Publikum großer Hauptstädte wie Neapel, Paris oder London zu komponieren gehabt hätten und für Ausführende der ersten Klasse, würden sie zweifellos ihren Stil mehr zum Horizont ihrer Beurteiler hin vereinfacht haben; der eine würde alle nichtssagende Kunst und Künstelei geopfert haben, der andere wäre weniger grillenhaft und ausgeklügelt gewesen und beide hätten durch das Schreiben in einem populäreren, verständlicheren und gefälligeren Stil ihren Ruhm ausge-

---

[1] Eingangschor der Kantate BWV 144.
[2] ›Willkommen, ihr herrschenden Götter der Erden‹ (BWV Anh. 13, Musik verschollen).

breitet und wären unstreitig die größten Musiker des jetzigen Jahr-
hunderts gewesen.
[C. F. Abel in Burney's History of Music – London, 1789 III/943
Original englisch]

Ausdruck in Choralvorspielen und Fugen

Was das Choral Spielen betrifft, so bin von meinem annoch lebenden Lehrmeister dem Herren Capellmeister Bach so unterrichtet
worden: daß ich die Lieder nicht nur so oben hin, sondern nach
dem Affect der Wortte spiele.
[J. G. Ziegler an die Kirchenbehörde U. L. Frauen – Halle, 1. 2.
1746 II/542]

Die Componisten, welche sich, bey den itzigen Zeiten noch mit
einem Cantus firmus beschäftigen, und das ist eine sehr löbliche
Sache, sollten doch nicht alle Bekanntschaft mit dem Gesangbuche
aufgehoben zu haben scheinen. Es ist dies auch um deswillen
nöthig, weil die Regel, die schon von manchen Schriftstellern gedruckt gesagt, und von manchen großen Componisten, zum
Exempel Joh. Seb. Bach glücklich beobachtet worden, nemlich,
daß der Ausdruck der Musik im Vorspiele, dem Inhalte des Liedes
gemäß seyn müsse, sehr vernünftig und rechtmäßig ist.
[J. F. Agricola, Allgemeine deutsche Bibliothek – Berlin, 1771 III/
764]

In meinen Grundsätzen über die wahre Harmonie, Berlin 1773, befindet sich S. 55. eine Bachische Fuge aus H moll,[1] die im verzweif-
lungsvollen Ausdrucke das beste Muster ist.
[J. Ph. Kirnberger, Anleitung zur Singekomposition – Berlin, 1782
III/866]

Diese Fuge,[2] die ich hier abdrucken lasse, kann nun zwar von all
diesem nicht viel zeigen: sie hat aber als Fuge ein großes, seltnes
Verdienst: es herrscht durchaus eine so ausdruckvolle sprechende
Melodie drinnen und die Wiederholungen des Themas sind in allen
Versetzungen so klar und eindringend, eben so auch der Gang
aller Stimmen so natürlich und so unverworren, wie mans fast nur
in händelschen Fugen findet, und daß selbst Bach – zwar sehr viele
unendlich gelehrtere und fleißigere – aber wenig so schöne wahr-

---

[1] BWV 869, aus dem Wohltemperierten Klavier I.
[2] F-Moll (BWV 881) aus dem Wohltemperierten Klavier II.

haftig rührende Fugen gemacht hat. Ich konnte gar nicht aufhören sie zu spielen, da ich sie zuerst sah, und war darob in das tiefste und doch süßeste Trauergefühl versunken. Man könnte Worte der tiefen Trauer sehr gut drauf singen: sie muß auch ja nicht geschwind vorgetragen werden. Von der Reinheit der Harmonie und des Klaviermäßigen drinnen etwas sagen, hieße die schuldige Ehrfurcht für den großen Meister vergessen.

[J. F. Reichardt, Musikalisches Kunstmagazin – Berlin, Oktober 1782 III/864]

Virtuose und Instrumentenfachmann

Spieltechnik

Als Klavier- und Orgelspieler kann man ihn sicher für den stärksten seiner Zeit halten, den besten Beweis davon geben seine Orgel- und Klavierstücke ab, welche von jedem, der sie kennt, für schwer gehalten werden. Das waren sie für ihn nun gar nicht; sondern er führte sie mit einer Leichtigkeit und Fertigkeit aus, als ob es nur Müsetten wären.

[J. A. Hiller, Lebensbeschreibungen berühmter Musikgelehrten tnd Tonkünstler – Leipzig, 1784 III/895]

Man muß aber bey Ausführung der laufenden Noten, die Finger nicht so gleich wieder aufheben; sondern die Spitzen derselben vielmehr, auf dem vordersten Theil des Tasts hin, nach sich zurücke ziehen, bis sie vom Taste abgleiten. Auf diese Art werden die laufenden Passagien am deutlichsten herausgebracht. Ich berufe mich hierbey auf das Exempel eines der allergrößten Clavierspieler, der es so ausübte, und lehrte.

[J. J. Quantz, Versuch einer Anweisung die Flöte traversiere zu spielen – Berlin, 1752 III/651]

Mein seeliger Vater hat mir erzählt, in seiner Jugend grosse Männer gehört zu haben, welche den Daumen nicht eher gebraucht, als wenn es bey grossen Spannungen nöthig war. Da er nun einen Zeitpunckt erlebet hatte, in welchem nach und nach eine gantz besondere Veränderung mit dem musicalischen Geschmack vorging: so wurde er dadurch genöthiget, einen weit vollkommnern Gebrauch der Finger sich auszudencken, besonders den Daumen, welcher ausser andern guten Diensten hauptsächlich in den schweren Tonarten gantz unentbehrlich ist, so zu gebrauchen, wie ihn

die Natur gleichsam gebraucht wissen will. Hierdurch ist er auf
einmahl von seiner bißherigen Unthätigkeit zu der Stelle des
Haupt-Fingers erhoben worden.
[C. Ph. E. Bach, Versuch über die wahre Art das Clavier zu spielen
– Berlin, 1753 III/654]

Bach, der große Joh. Seb. Bach, hat, wie alle, die ihn gehöret
haben, einmüthiglich versichern, niemals die geringste Verdre-
hung des Körpers gemacht; man hat kaum seine Finger sich bewegen sehen: Was sind doch alle heutigen Schwierigkeiten auf
allen Instrumenten und allen Singstimmen gegen die, die dieser
Mann vor dreyßig Jahren auf dem Clavier und auf der Orgel vorgetragen hat?
[Kirnberger / Schulz in Sulzers Allgemeiner Theorie der Schönen
Künste – Leipzig, 1774 III/766]

Auf dem Pedale mußten seine Füße jedes Thema, jeden Gang,
ihren Vorgängern den Händen, auf das Genaueste nach machen.
Kein Vorschlag, kein Mordent, kein Pralltriller durfte fehlen, oder
nur weniger nett und rund zum Gehör kommen. Er machte mit beyden Füßen zugleich lange Doppeltriller, indessen die Hände nichts
weniger als müßig waren. Und Hr. Hiller sagt nicht zu viel wenn er
behauptet: »daß er mit den Füßen Sätze ausgeführet habe, die den
Händen manches nicht ungeschickten Klavierspielers zu schaffen
machen würden.«
[E. L. Gerber, Historisch-Biographisches Lexicon der Tonkünstler – Leipzig, 1790 III/948]

Anders haben unsere berühmten Orgelcomponisten für die Füsse,
anders für die Hände componiret. Wenn der seel. Herr Capellmeister Bach dem Pedale Arbeit giebt: so ist diese Arbeit allezeit
so beschaffen, daß sie mit der Eigenschaft des Pedals übereinstim-
met. Die Passagen mögen so geschwinde seyn als sie wollen, so
sind sie bequem und spielbar.
[F. W. Marpurg, Abhandlung von der Fuge – Berlin, 1754 III/655]

Probleme der Temperierung

Es ist genug, daß die Quinte gs : ds unleidlich über sich schwebet,
welches keinesweges zu leugnen; und diese bezeuget gnugsam, daß
die übrigen 11. wo nicht alle, jedoch die meisten zu viel abwärts
schweben, welches so dann verursachet, daß 4. grosse Tertzen allzu
rauh, scharff und barbarisch, und 3. kleine allzu weich, faul und

träge werden. Mit einem Wort: Die Silbermannische Art zu temperiren, kan bey heutiger Praxi nicht bestehen. Daß dieses alles die lautere Wahrheit sey, ruffe ich alle unpartheyische und der Sache erfahrne Musicos, sonderlich den Welt-berühmten Herrn Bach in Leipzig zu Zeugen.

In denen 4. schlimmen Triadibus aber ist ein rauhes, wildes, oder, wie Herr Capellmeister Bach in Leipzig redet, ein barbarisches Wesen enthalten, welches einem guten Gehör unerträglich fällt. Sie sind wie das Meer, wenn es von starcken Winden bestürmet wird. Das unleidlich starcke Schweben, das sich bey ihnen findet, vergleichet sich den wütenden Wellen, die denen Schiffen den Untergang drohen.
[G. A. Sorge, Gespräch zwischen einem Musico theoretico und einem Studioso musices – Lobenstein, 1748 II/575]

Man komme mir hier mit keiner Auctorität aus den vorigen Jahrhunderten, wo man drey Tonarten häßlich machte, um eine einzige recht schöne zu erhalten; oder man erzähle mir nicht, daß dieser oder jener Musiker oder Liebhaber eine um 81 : 80 veränderte Terz approbiret hat . . . Ich kann diesen zweydeutigen Auctoritäten eine etwas gewichtigere entgegensetzen, wenn mit Auctoritäten gestritten werden soll. Der Hr. Kirnberger selbst hat mir und andern mehrmahl erzählet, wie der berühmte Joh. Seb. Bach ihm, währender Zeit seines von demselben genoßnen musikalischen Unterrichts, die Stimmung seines Claviers übertragen, und wie dieser Meister ausdrücklich von ihm verlanget, alle großen Terzen scharf zu machen. In einer Temperatur, wo alle großen Terzen etwas scharf, d. i. wo sie alle über sich schweben sollen, kann unmöglich eine reine große Terz statt finden, und sobald keine reine große Terz statt findet, so ist auch keine um 81 : 80 erhöhte große Terz möglich. Der Hr. Capellmeister Joh. Seb. Bach, welcher nicht ein durch einen bösen Calcul verdorbnes Ohr hatte, mußte also empfunden haben, daß eine um 81 : 80 erhöhte große Terz ein abscheuliches Intervall ist. Warum hatte derselbe wohl seine aus allen 24 Tönen gesetzte Präludien und Fugen die Kunst der Temperatur betitelt?
[F. W. Marpurg, Versuch über die musikalische Temperatur – Berlin, 1776 III/815]

Anteil an Neuentwicklungen: Viola pomposa – Lautenklavizymbel – Pianoforte

Dieses Instrument [Viola pomposa] ist wie ein Violoncell gestimmt, hat aber in der Höhe eine Sayte mehr, ist etwas größer als eine Bratsche, und wird mit einem Bande so befestiget, daß man es vor

der Brust und auf dem Arme halten kann. Der seel. Kapellmeister Herr Bach in Leipzig hat es erfunden.
[J. A. Hiller, Wöchentliche Nachrichten – Leipzig, 16. 12. 1766 III/731]

Wenn der Violinist ein Violinsolo spielte, so wußte der Kenner der Musik lange nicht recht, womit er begleitet werden müsse. Der Flügel, oder das Pianoforte wäre freylich am geschicktesten hierzu gewesen; der Violinspieler aber glaubte, sein Solo werde durch die harmonische, volle Begleitung zu sehr verdunkelt. Er wollte also lieber mit einem bloßen Violoncell begleitet seyn, oder gar seinen Baß auf einer zweyten Violine spielen lassen. Das erste Instrument, nemlich das Violoncell, stand gegen die Violin in einer allzu weiten Entfernung, und ließ zuviel Zwischenraum, als daß die Begleitung desselben vortheilhaft für den Violinspieler, und für den Kenner der Harmonie, harmonisch genug hätte seyn können. Das zweyte Instrument stand dem Hauptinstrumente allzu nahe, und überstieg es bisweilen sogar. Hierinn ein Mittel zu finden, und beyde Extremen zu vermeiden, erfand der ehemalige Kapellmeister in Leipzig, Herr Joh. Seb. Bach, ein Instrument, welches er Viola pomposa nennt. Es wird wie ein Violoncell gestimmt, hat aber in der Höhe eine Saite mehr, ist etwas größer als eine Bratsche, und wird mit einem Bande so befestigt, daß man es vor der Brust und auf dem Arme halten kann.
[J. N. Forkel, Musikalischer Almanach – Göttingen, 1782 III/856]

Der Verfaßer dieser **Anmerkungen erinnert sich, ungefähr im Jahre 1740. in Leipzig ein von dem Hrn. Johann Sebastian Bach angegebenes, und vom Hrn. Zacharias Hildebrand ausgearbeitetes Lautenclavicymbel gesehen und gehöret zu haben, welches zwar eine kürzere Mensur als die ordentlichen Clavicymbel hatte, in allem übrigen aber wie ein ander Clavicymbel beschaffen war. Es hatte zwey Chore Darmseyten, und ein sogenanntes Octävchen von meßingenen Seyten. Es ist wahr, in seiner eigentlichen Einrichtung klang es, (wenn nämlich nur ein Zug gezogen war,) mehr der Theorbe, als der Laute ähnlich. Aber, wenn der bey den Clavicymbeln sogenannte, und auch hier §. 561. angeführte Lautenzug, (der eben so wie auf den Clavicymbeln war,) mit dem Cornetzuge gezogen wurde, so konnte man auch bey nahe Lautenisten von Profeßion damit betrügen. Herr Friderici hat auch dergleichen gemacht, doch mit einiger Veränderung.
[J. F. Agricola in Adlungs Musica Mechanica Organoedi – Berlin, 1768 III/744]

Herr Gottfr. Silbermann hatte dieser [Pianoforte-] Instrumente im Anfange zwey verfertiget. Eins davon hatte der sel. Kapelmeister Hr. Joh. Sebastian Bach gesehen und bespielet. Er hatte den Klang desselben gerühmet, ja bewundert: Aber dabey getadelt, daß es in der Höhe zu schwach lautete, und gar zu schwer zu spielen sey. Dieses hatte Hr. Silbermann, der gar keinen Tadel an seinen Ausarbeitungen leiden konnte, höchst übel aufgenommen. Er zürnte deswegen lange mit dem Hrn. Bach. Und dennoch sagte ihm sein Gewissen, daß Hr. Bach nicht unrecht hätte. Er hielt also, und das sey zu seinem großen Ruhme gesagt, für das beste nichts weiter von diesen Instrumenten auszugeben; dagegen aber desto fleißiger auf Verbesserung der vom Hrn. J. S. Bach bemerkten Fehler zu denken. Hieran arbeitete er viele Jahre. Und daß dies die wahre Ursache dieses Verzugs sey, zweifele ich um so viel weniger: da ich sie selbst vom Hrn. Silbermann aufrichtig habe bekennen hören. Endlich, da Hr. Silbermann wirklich viele Verbesserungen, sonderlich in Ansehung des Tractaments gefunden hatte, verkaufte er wieder eins an den Fürstlichen Hof zu Rudolstadt. Dies ist vermuthlich eben dasselbe dessen Hr. Schröter im 141sten kritischen Briefe, S. 102. gedenkt. Kurz darauf liessen des Königs von Preussen Majestät eines dieser Instrumente, und als dies Dero allerhöchsten Beyfall fand, noch verschiedene mehr, vom Hrn. Silbermann verschreiben. An allen diesen Instrumenten sahen und hörten sonderlich die, welche, so wie auch ich, eines der beyden Alten gesehen hatten, sehr leicht, wie fleißig Hr. Silbermann an deren Verbesserung gearbeitet haben mußte. Hr. Silbermann hatte auch den löblichen Ehrgeiz gehabt, eines dieser Instrumente, seiner neuern Arbeit, dem seel. Hrn. Kapellmeister Bach zu zeigen und von ihm untersuchen zu lassen; und dagegen von ihm völlige Gutheißung erlanget.
[J. F. Agricola in Adlungs Musica Mechanica Organoedi – Berlin, 1768 III/743]

Daß mir Endes benandten von Herrn Valentin, allhier, vor ein Instrument, Piano et Forte genant, welches an Ihro Excellentz Herrn Grafen Branitzky nach Białastock soll geliefert werden, die Zahlung von 115: Rthlr. schreibe Hundert und Funfzehn Rthlr. an Lui blanc richtig eingehändigt worden, bescheinige hiermit, Leipzig. den 6: Maij. 1749. Joh: Sebast: Bach. Königlich Pohlnischer und Churfürstlich Sächsischer Hoff-Compositeur.
[Quittung mit eigenhändiger Unterschrift I/142 a]

Orgelbau: Vorschläge, Prüfungen, Begutachtungen

Zu allen diesen Vorzügen kam nun noch seine große Erfahrung und der feinste Geschmack, mit dem er die verschiedenen Register wählete und mit einander verband: so war er auch der beste Beurtheiler oder Angeber, sowohl der Orgeldispositionen insbesondre, als des Baues selbst.
[E. L. Gerber, Historisch-Biographisches Lexicon der Tonkünstler – Leipzig, 1790 III/948]

Uf des hochgräfflichen Consistorii Befehl allhier ist Herr Johann Sebastian Bach, Fürstlich Sächsischer Hoff Organiste[1] zu Weimar, das neue Orgel Werck in der neuen Kirchen zu beschlagen anhero erfordert worden, undt belaufen sich die Kosten uf folgende maße, alß 2 thlr: 16 gr. Georg Christoph Wellern pferde miethe, Kost undt Bothen Lohn, 4 thlr: Herrn Bachen zum recompens, undt 1 fl. währender Zeit, alß er hier gewesen, vor Kost undt Quartier, ist in der Summa 7 thlr: 13 gr. Sign. Arnstadt den 13. Julii 1703.

Martin Feldthauß manu propria

[Kostenaufstellung II/7]

Disposition der neüen reparatur des Orgelwercks ad D: Blasii.

1. Muß der Mangel des Windes durch drey neue tüchtige Bälge ersezet werden, so da dem Oberwercke, Rückpositive und neüem Brustwercke genüge thun.

2. Die 4 alten bälge so da vorhanden, müßen mit stärkererm Winde zu den neüen 32 Fuß Untersaze und denen übrigen Bass Stimmen aptiret werden.

3. Die alten Bass Windladen, müßen alle ausgenommen, und von neüen mit einer solchen Windführung versehen werden, damit mann eine einzige Stimme alleine, und denn alle Stimmen zugleich ohne Veränderung des Windes könne gebrauchen, welches vormahln noch nie auff diese Arth hat geschehen können, und doch höchstnöthig ist.

4. Folget der 32 Fuß Sub Bass oder so genandter Untersatz von Holz, welcher dem ganzen Wercke die beste gravität giebet. Dieser muß nun eine eigene Windlade haben.

5. Muß der Posaunen Bass mit neüen und grösern corporibus versehen, und die Mundstücke viel anders eingerichtet werden, damit solcher eine viel beßere gravität von sich geben kan.

6. Das von denen Herrn Eingepfarten begehrte neüe Glockenspiel ins Pedal, bestehend in 26 Glocken à 4 Fuß-thon; Welche Glocken die Herrn Eingepfarten auff ihre kosten schon anschaffen

[1] Diesen Titel führte Bach erst seit 1708.

werden, und der Orgelmacher solche hernachmahls gangbahr machen wird.

Was anlanget das Obermanual, so wird in selbiges anstatt der Trompette (so da heraus genommen wirdt) ein

7. Fagotto 16 Fußthon eingebracht, welcher zu allerhandt neüen inventionibus dienlich, und in die Music sehr delicat klinget. Ferner anstatt des Gemshorns (so gleichfalls herausgenommen wirdt) kömmet eine

8. VioldiGamba 8 Fuß, so da mit dem im Rückpositive vorhandenem Salicinal 4 Fuß admirabel concordiren wirdt.

Item anstatt der Quinta 3 Fuß, (so da gleichfalls heraus genommen wirdt,) könte eine

9. Nassat 3 Fuß eingerücket werden.

Die übrigen Stimmen in OberManuale so vorhanden, können bleiben wie auch das ganze Rückpositiv, indem doch solche bey der reparatur von neüem durchstimmet werden.

10. Was denn hauptsächlich anlanget das neüe Brust positivgen, so könten in selbiges folgende Stimmen kommen – als:

Im gesichte 3 Principalia, nahmentlich:

1. Quinta. 3 Fuß
2. Octava. 2 Fuß   von guthem 14 löthigem Zinn
3. Schalemoy. 8 Fuß

4. Mixtur. 3 fach.
5. Tertia, mit welcher mann durch zuziehung einiger anderer Stimmen eine vollkommene schöne Sesquialteram zu wege bringen kan.
6. Fleute douce. 4 Fuß und leztens ein
7. Stillgedackt 8 Fuß, so da vollkommen zur Music accordiret, und so es von guthem Holze gemacht wird, viel beßer als ein Metallines Gedackt klingen muß.

11. Zwischen dieses Brustpositives und OberWerckes manualen muß eine Copula seyn.

Und schließlichen muß bey nebst durchstimmung des ganzen Werckes, der Tremulant in seine richtig wehende mensur gebracht werden.
[J. S. Bach, Eingabe an die Kirchenbehörde – Mühlhausen, Anfang 1708 I/83]

Wird die hiesige Schloßorgel biß Pfingsten in solchem guten Stande kommen, als einer seyn mag, könnte mir also die wahre Beschaffenheit einer Orgel auch völlig bekandt machen, wenigstens recht judiciren lernen, ob dieses oder jenes einer Orgel nützlich wäre oder nicht, ob auch alle Arbeit recht wol und nicht obenhin gemacht werde, ingleichen wie hoch und theuer ohngefehr ein u. ander Stimmen kommen, welches alles gar nützlich zu seyn erachte ... Nun weiß ich auch, daß Hr. Bach nach Verfertigung

dieser neuen Orgel in Weimar absonderlich anfänglich gwiß unvergleichliche Sachen darauf spilen wird, konnte also auch hierinnen noch vil sehen, hören und decopirt bekommen.
[Ph. D. Kräuter an die Kirchenbehörde in Augsburg – Weimar, 10. 4. 1713 II/58a]

Herr Rathsmeister Matthesius praevia gratiarum actione träget vor, daß nunmehro die verschriebene Herren Musici alß Herr Bach von Weymar, Herr Cuhnau von Leipzig und Herr Rolle von Quedlinburg zu kommen versprochen, dahero per unanimia geschloßen worden, morgen geliebts Gott, hora septima zusammen zu kommen, diese Herren Organisten in die Kirche zuführen, und die Orgel[1] zur examination ihnen zu übergeben.

Loco honorarii ist vor guth befunden, ieglichem 16. Thlr. und Reyse- auch alle Zehrungs-Kosten zu geben und wieder zu erstatten.

Überdem ist auch der Koch erfodert und mit ihme wegen derer Speysen gesprochen und beschloßen worden dem Orgelmacher eine Mahlzeit zu geben.

Act: den 29. April: 1716. Nachdem die Herren Musici, Herr Bach und Herr Rolle sich auff der Bibliotheque auff Erfodern eingefunden proponiret ihnen Herr Rathsmeister Matthesius, praevia gratiarum actione die vorseyende übergabe der Orgel und bittet deren examination zu übernehmen und davon dem Collegio unpartheyischen Bericht zu erstatten.

Act: den 2. Maij 1716. Nachdem die neue Orgel von 3. Musicis und Organisten, Herrn Bachen, Herrn Cunoen und Herrn Rollen drey Tage nacheinander examiniret und untersucht, den 1. Maij durch eine Predigt und schöne Musique dem großen Gott vor die darzu verliehne Genade öffentlich danckgesaget, von denen Herren Musicis auch ein Bericht schrifftlich dem Collegio eingelieffert worden, ist in gegenwart Herrn Cuncii und derer Herren Examinatorum item des Organisten Herrn Kirchhoffs der Bericht verlesen, und über jeden Punct conferiret worden.
[Protokolle der Kirchenbehörde U. L. Frauen – Halle, 28. 4. bis 2. 5. 1716 II/76]

Da auf Verlangen Ihrer HochEdlen Magnificenz Herrn D. Rechenbergs, der Zeit Rectoris Magnifici bey der Hochlöblichen Academie zu Leipzig die Untersuchung des theils neu verfertigten, theils reparirten Orgelwercks in der Pauliner Kirche[2] auf mich genommen, so habe solches nach Möglichkeit bewerckstelliget, die

---

[1] Neubau von Christoph Cuntzius.
[2] Neubau von Johann Scheibe.

etwanigen defecta remarquiret und überhaupt vom gantzen Orgelbau folgendes ausfertigen wollen, als:

1.) Die gantze Structur anlangend, ist freylich nicht zu läugnen, daß solche sehr enge gefast, und daher schwerlich iedem Stücke beyzukommen, so sich etwan mit der Zeit einiges zu repariren finden solte, solches excusiret nun Herr Scheibe als Verfertiger schon berührter Orgel damit, daß vors erste das Orgelgehäuße von ihme nicht verfertiget, und er also, so gut es immer sich hätte wollen thun laßen, mit dem Eingebäude nach selbigen sich richten müßen, vors andere man Ihme den noch verlangten Raum, um die Structur commoder einzurichten, gar nicht gestatten wollen.

2.) Die gewöhnlichen Hauptpartes einer Orgel, als Windladen, Bälge, Pfeiffen, Wellen-Breter und übrigen Stücke sind mit gutem Fleiße verfertiget, und ist dabey nichts zu errinnern, als daß der Wind durchgehends aequaler gemacht werden muß, damit dem etwanigen Windstoßen abgeholfen werden möge, die Wellen Breter solten zwar in Rahmen gefaßet seyn, um alles Geheule bey schlimmen Witterungen zu vermeiden, da Herr Scheibe aber nach seiner Arth solche mit Tafeln verfertiget, und dabey versichert, daß solche eben das thäten, was die mit Rahmen sonst thun müsten, so hat man solches passiren laßen.

3.) Die in der Disposition so wohl, als sämtlichen Contracten berührten Stücke sind so wohl qualitate als quantitate befindlich, außer 2 Rohrwercke, nehmlich Schallmey 4. Fuß und Cornet 2. Fuß, welche vermöge eines Hochlöblichen Collegii Befehl haben unterbleiben müßen, an derer Statt aber die Octava 2. Fuß im Brustwerck, und dann die Hohlflöte 2. Fuß im Hinterwerck beygebracht worden.

4.) Die etwanigen defecta, so sich wegen der inaequalitate der Intonation gezeiget, müßen und können so fort von dem Orgelmacher verbeßert werden, als nehmlichen, daß die tiefesten Pfeiffen im Posaunen und Trompeten-Bass nicht so graß und blatterend ansprechen, sondern reinen und firmen Thon angeben und behalten, und dann die übrigen Pfeiffen so inaequal, fleißig corrigiret und zur Gleichheit gebracht werden, welches denn vermittelst nochmahliger Durchstimmung des gantzen Wercks und zwar bey beßerer Witterung, als vorietzo, gar füglich geschehen kan.

5.) Die Tractirung des Wercks sollte zwar etwas leichter seyn und die Clavire nicht so tief fallen, weilen aber vermittelst der gar zu engen Structur solches nicht anders hat seyn können, so muß man dißfalls es gelten laßen, iedoch ist es noch so zu spielen, daß man eines Stecken Bleibens im Spielen sich nicht zu befürchten.

6.) Weilen auch der Orgelmacher eine neue BrustWindlade noch über die Contracte hat verfertigen müßen, indem die alte Windlade, so statt der neuen hat kommen sollen, vors erste mit einem Fundament Brete, und also falsch und verwerflich; zweytens auch in solcher nach der alten Art die kurtze Octave noch befindlich, und die übrigen Claves so noch fehlen, nicht haben angebracht werden, und dadurch alle 3. Claviere zur Gleichheit kommen können, sondern vielmehr eine deformitè verursachet hätten, so ist höchstnöthig geweßen, daß eine neue verfertiget, die besorgenden baldigen Defecta vermieden, und eine schöne conformitè beybehalten worden: sind also ohne mein Erinnern dem Orgelmacher die über die Contracte noch neu verfertigten Stücke zu verguten, und er also schadloß zu halten . . .

Nun kan schließlichen nicht ohnerinnert laßen, daß 1.) das Fenster, so weit es nehmlich hinter der Orgel in die Höhe steiget vermittelst einer kleinen Mauer, oder eines starck eisernen Bleches von inwendig verwahret, und dadurch der noch mehr zu besorgende Wetter-Schade verhütet werden möchte. 2.) ist gewöhnlich und höchstnöthig, daß der Orgelmacher ein Jahr wenigstens die Gewähre leiste, um die etwa sich noch ereignenden Mängel völlig abzuthun, welches er auch willigst über sich nehmen dürfte, daferne man ihme nur zu baldigster und völligster Satisfaction seiner noch über die Contracte aufgewendeten Kosten beförderlich sein würde.

Dieses wäre also dasienige, so bey Untersuchung der Orgel zu remarquiren vor nöthig gefunden, mich fernerhin Ihrer HochEdlen Magnificenz dem Herrn D. Rechenberg, und sämtlichen Hochlöblichen Collegio zu allen möglichen gefälligen Diensten bestens recommendirend und verharrend Dero gehorsamst-ergebenster Joh: Seb: Bach. Hochfürstlich Anhalt-Cöthenscher Capellmeister. etc.

[Gutachten über die Orgel der Paulinerkirche – Leipzig, 17. 12. 1717 I/87]

In vielen alten Orgeln Deutschlands, z. Ex. in der St. Catharinenkirchen Orgel in Hamburg, und in andern mehr; und noch in vielen neuen herrlichen Orgeln Frankreichs, sind der Rohrwerke eine ziemlich große Anzahl. Der größte Orgelkenner, und Orgelspieler Deutschlands, und vielleicht Europens, der seel. Kapellmeister Bach, war ein großer Freund davon: der mußte doch wol wissen, was und wie darauf gespielet werden könne. Ist die Commodität mancher Organisten und mancher Orgelbauer wol Ursach genug, so schöne Stimmen zu verachten, zu schimpfen, und auszumärzen?

In der St. Catharinenkirchenorgel in Hamburg sind gar 16 Rohrwerke. Der seel. Capelmeister, Hr. J. S. Bach in Leipzig, welcher sich einsmals [1720] 2 Stunden lang auf diesem, wie er sagte, in allen Stücken vortrefflichen Werke hat hören lassen, konnte die Schönheit und Verschiedenheit des Klanges dieser Rohrwerke nicht genug rühmen. Man weis auch, daß der ehmalige berühmte Organist an dieser Kirche, Hr. Johann Adam Reinken, sie beständig selbst in der besten Stimmung erhalten hat.

In den großen Orgeln in Frankreich sind auch sehr viele Rohrwerke.

Der seel. Hr. Kapellmeister Bach in Leipzig, versicherte eine ähnliche gute und durchaus vernehmliche Ansprache bis ins tiefste C, von dem 32füßigen Principale, und der Posaune im Pedale der Catharinenorgel in Hamburg: er sagte aber auch, dies Principal wäre das einzige so groß von dieser guten Beschaffenheit, das er gehöret hätte.

[J. F. Agricola in Adlungs Musica Mechanica Organoedi – Berlin, 1768 III/739]

Als / der Hoch-Wohlgebohrne Herr, / Herr / Statz Hilmor / von Fullen / des heil. röm. Reichs Ritter, / auf Störmthal, Marck-Klebern und Liebert-/Wolckwitz, / Königl. Pohlnischer und Churfürstlicher Sächsischer / Hochbestallter Cammer-Herr und Ober-Hof-/Gerichts-Assessor, etc. / das / durch dero hochrühmliche Sorgfalt, / neuerbauete Orgel-Werck / in der Kirche zu Störm-Thal übernehmen / und examiniren ließe, / wurde / nachfolgende Cantata / bei öffentlichen Gottesdienste und Einweyhung besagter / Orgel aufgeführet / von / Johann Sebastian Bachen, / Hochfürstl. Anhalt-Cöthenischen Capell-Meister auch Directore Chori Musici / Lipsiensis, und Cantore der Schulen zu St. Thomas.

Leipzig, / gedruckt bey Immanuel Tietzen.

[Originaltextdruck von BWV 194 – Leipzig, 2. 11. 1723 II/164]

Es sind 3 Clavire [in der Casparini-Orgel zu St. Peter und Paul] die aber auch jedes vor sich nicht zu trücken sind, ich trückte einige Claves hinab, sie waren aber so hart und zähe und fielen dazu noch so tief hinab, daß ich nichts darauf hätte spielen können. Der alte berühmte Herr Bach von Leipzig hat diesem Werck nicht unrecht gethan, als er davon mit meinem Herrn Vetter [Johann Georg Silbermann] discurirte, und es eine PferdsOrgel hieße, weilen es eine Roßmässige Arbeit ist droben zu spielen.

[J. A. Silbermann, Aufzeichnung über einen Besuch in Görlitz – Ostern 1741 II/486]

Acto melden sich in der Rathsstube der Herr Capellmeister, Bach, und der Orgelbauer, Herr Silberman, welche nach ihrer Vorlaßung nachstehende Relation übergaben, mit der Versicherung, wie sie das gantze Orgelwerck von Stück zu Stück genau durchgangen und examiniret und solches allenthalben düchtig und Contract-mäßig befunden hätten, doch würde nöthig seyn, daß Herr Hildebrandt das gantze Werck nochmahln durchginge, und bey der Clavitur und Intonation eine allenthalbige egalite bewerckstelligte. Dem Ansehen und Befinden nach mögte er sich wohl in dem Contracte zu wehe gethan und zu leichte gehandelt haben, es sey auch noch eine Stimme mehr, als im Contracte enthalten, in das Werck gebracht worden, welches sie hiermit angezeiget haben wolten. Worauff sie hinwieder dimittiret wurden.

[Aktennotiz – Naumburg, 27. 9. 1746 II/547]

Da E: HochEdlen und Hochweisen Rath der Stadt Naumburg hochgeneigt gefallen wollen, uns Endes unterschriebenen die Ehre zu erweisen, Dero von Grund aus reparirtes und von Herrn Hildebrandten fast gantz neu erbautes Orgelwerck in der Kirche zu St. Wenceslai zu visitiren, und nach dem darüber dießfals aufgerichteten und uns überreichten Contract von uns examiniren zu laßen; Als ist solches von uns gewißenhafft und Pflichtmäßig geschehen, und hat sich geäußert, daß alle und jede im Contracte Specificirte und versprochne Stücke, als Claviere, Bälge, Windladen, Canaele, Pedal und Manual Regierung, nebst darzu gehörigen Stücken, Regiestern, und Stimmen, so wohl an offenen und gedackten, als Rohr-Wercken, würcklich darsind, auch überhaupt alles und jedes mit gehörigen Fleiße verfertiget, und die Pfeiffen aus versprochener Materia richtig geliefert worden; da denn zu gleich nicht unerinnert bleiben kan, daß ein Blasebalg mehr, wie auch eine Stimme Unda Maris genandt, so im Contract nicht befindlich, eingebracht worden. Jedoch will nöthig seyn, daß Herr Hildebrandt angehalten werde, das gantze Werck, von Stimmen zu Stimmen, noch mahlen durch zu gehen, und eine beßere egalite, so wohl in der Intonation, als Clavitur, und Registeratur zu beobachten. Habens nochmahlen gewißenhaft und Pflichtmäßig bezeugen, eigenhändig unterschreiben, und mit unsern gewöhnlichen Siegel bekräftigen wollen. Naumburg den 27. Septembr: Anno 1746.

Joh: Sebastian Bach Königlich Pohlnischer u. Churfürstlich Sächsischer HoffCompositeur. etc.

Gottfried Silbermann Königlich Pohlnischer und Churfürstlich Sächsischer hoff und land Orgel bauer

[Gutachten über die Orgel der Wenzelskirche in Naumburg I/90]

Der Herr Concert Meister Graun, den ich als meinen ehmahliegen Meister auf der Violine noch jetzo veneriere, hat auf Ew: HochEdelgebohren Ordre mit zuziehung meines Vaters in Leipzig einen tüchtigen Meister Nahmens Cuntium von hieraus zu einem neuen Orgel-Bau in Vorschlag bringen müßen. Ohngeachtet nun die Sache verschiedene mahl sehr pressant gemacht worden, so ist gleichwohl die letzte Absolution zu einer Abreise von hier ausge-

blieben. Ich habe also per Commission bei Ew: HochEdelgebohren anzufragen, ob wie zu vermuthen, ein andres resolviert worden? wann dem also, so habe nur, melden sollen, daß erwehnter Herr Cuntius, so beständig wegen seiner Geschicklichkeit mit vieler Arbeit überhäuft, gleichwohl auf meines Vaters Schreiben, so sich selbst über die gegebene und hernach ins Stocken gerathene Commission oft genug verwundern können, eine Reise nach Leipzig thun und folglich alle Arbeit indeß damahln bei Seit legen müßen, um wegen der neuen Orgel genauere Abrede zu nehmen, ihr Gutachten, Einrichtung und zu forderndes Preißes einander zu comuniciren, wie auch die von dem Frankfurther Organist nach Leipzig übermachte zwar sehr ungeschickt abgefaßte Disposition der neuen Orgel zu reflectieren.
[W. F. Bach an J. L. Thering in Frankfurt a. d. O. – Halle, 1. 12. 1749 II/589]

Orgelkonzerte

Nachdem neulich der Capell-Director aus Leipzig Mr. Bach anhero kommen, so ist selbiger von hiesigen Hoff- und Stadt-Virtuosen sehr wohl empfangen worden, welcher um seiner Geschicklichkeit und Kunst in der Music von ihnen allerseits sehr admiriret wird, wie er denn gestern und vorgestern in derselben Gegenwart auff dem neuen Orgel-Werck[1] in der St. Sophien-Kirche in Praeludiis und diversen Concerten mit unterlauffender Doucen Instrumental-Music in allen Tonis über eine Stunde lang sich hören lassen.
[Bericht im Hamburger Relationscourier – Dresden, 21. 9. 1725 II/193]

ich möchte wünschen daß er Herrn Bachen auff der Orgel mahl hörete, er wahrhafftig sich vor ihme, wie auch Keiner in Braunschweig, nicht auffdecken darff, ich habe so was noch niemahls gehöret, und ich mus meine Spielart gantz anders ändern, denn es nichts zu rechnen ist, wie auch im General Bass. ich werde so Gott wil und mir gesund läßt, ungemein fleißig [seyn,] denn ich bin recht begierig Herrn Bachen seine art zu lernen.
[G. H. L. Schwanenberger an J. D. Bähre in Braunschweig – Leipzig, 12. 11. 1727 II/239]

Am 14. Sept. nachmittags um 3. Uhr, hat sich der wenig Tage vorhero aus Leipzig allhier angelangte Fürstl. Anhalt-Cöthische Capellmeister und Cantor zu St. Thomas in Leipzig, Hr. Joh. Sebastian Bach, in hiesiger Sophien-Kirche, in Gegenwart derer gesamten Hof-Musicorum und Virtuosen, auf der Orgel spielende also hören lassen, daß jedermann es höchstens admiriren müssen, weswegen eine Poetische Feder in folgende Gedancken gerathen:

> Ein angenehmer Bach kan zwar das Ohr ergötzen,
> Wenn er in Sträuchern hin durch hohe Felsen läufft;
> Allein, den Bach muß man gewiß weit höher schätzen,
> Der mit so hurtger Hand gantz wunderbahrlich greifft.
> Man sagt: Daß, wenn Orpheus die Laute sonst geschlagen,
> Hab alle Thiere er in Wäldern zu sich bracht;
> Gewiß, man muß diß mehr von unserm Bache sagen,
> Weil Er, so bald er spielt, ja alles staunend macht.

[Kern Dreßdnischer Merckwürdigkeiten – Dresden, September 1731 II/294]

Es ist die im hiesigen Stifft St. Martini, oder der so genannten grossen Kirche grosse und Kostbahre Orgel, woran bey nahe 3. Jahr gearbeitet, endlich durch den Orgel bauer Herr Nicolaus Becker von Mühlhausen nach heutiger Art eingerichtet, und zu seiner perfection gebracht worden. Nachdem dann nun dieses Werck auff Hohen Obrigkeitlichen Befehl durch den Berühmten Organisten und Music Directorem Herr Bach von Leipzig mit zuziehung des hiesigen Hoff und Stadt Organisten Herrn Carl Möller examiniret werden wird, in ohngezweiffelter Hoffnung, daß solche die erwünschte probe erhält, so soll diesem selbige künfftigen Sontag geliebts Gott in offentlicher versamlunge vollkommen gespielet und mit einer Musicalischen harmonie inaugurirt werden.

[Casselische Zeitung – Kassel, 22. 9. 1732 II/316]

Der Leipziger Bach, als tiefgründiger Tonsetzer den Erwähnten [Mattheson, Keiser, Telemann] keineswegs unterlegen, verdient, wie Händel in England, das musikalische Wunder in Leipzig genannt zu werden. Wenn er in Stimmung ist, spielt er allein mit den Füßen – wobei die Finger entweder gar nichts oder neue Stimmen hinzufügen – so wunderbar erregend und schnell mehrstimmig-harmonisch auf der Orgel, daß es ihm andere auch mit den Fingern nicht nachtun können. Der Erbprinz Friedrich von Hessen, welcher Bach einst zur Prüfung einer erneuerten Orgel nach Kassel gerufen hatte, bewunderte die Kunst seiner Füße, die so beflügelt über die Pedale eilten, daß die wuchtigsten Klänge wie Blitz und Donner in den Ohren der Hörer widerhallten, so sehr, daß er einen edelsteingeschmückten Ring vom Finger zog und nach Beendigung des gewaltigen Spiels dem Künstler schenkte. Wenn schon Bachs Fußfertigkeit ein solches Geschenk verdiente, was

hätte ihm der Prinz geben müssen, wenn er noch die Hände dazugenommen hätte!
[C. Bellermann, Programma in quo parnassus musarum . . . –
Münden, 1743 II/522 Original lateinisch]

Den 1. Decembr. hat der berühmte Hoch-Fürstlich Sachsen-Weisenfelßische Capell-Meister und Director Musices zu Leipzig, Herr Johann Sebastian Bach, Nachmittags von 2. biß 4. Uhr sich in der Frauen-Kirchen auf der Neuen Orgel[1] in Gegenwarth Seiner Excellenz des Rußisch-Kayserlichen Gesandten, Herrn Baron von Kayserlings, und vieler Procerum auch starcker Frequentz anderer Personen und Künstler, auf der neuen Orgel mit besonderer Admiration hören lassen, weswegen auch Ihro Königliche Majestät denselben wegen seiner großen Annehmlichkeit aufm Clavier, und besonderer Geschicklichkeit in Componiren, zu Dero Componisten allergnädigst ernennet.
[Kern Dreßdnischer Merckwürdigkeiten – Dresden, Dezember 1736 II/389]

Nachruhm

Absonderlich wurde die Kunst die Orgel zu spielen, welche man großen Theils von den Niederländern empfangen hatte, um diese Zeit schon, von den obengenannten und einigen andern geschikten Männern, sehr weit getrieben. Endlich hat sie der bewundernswürdige Johann Sebastian Bach, in den neuern Zeiten, zu ihrer größten Vollkommenheit gebracht. Nur ist zu wünschen, daß dieselbe, nach seinem Absterben, wegen der geringen Anzahl derer, die noch einigen Fleiß darauf wenden, sich nicht wieder dem Abfalle, oder gar dem Untergange nähern möge.
[J. J. Quantz, Versuch einer Anweisung die Flöte traversiere zu spielen – Berlin, 1752 III/651]

Anekdoten

Ein Virtuose reisete, und kam in eine Stadt, wo sich ein sehr geschickter Organist befand, in dessen Kirche zwey Orgeln waren, eine größre und eine kleinere. Er machte mit ihm Bekanntschaft, und sie wurden beyde einig, zu ihrem Vergnügen auf den beyden Orgeln einander zu verführen, (das ist das Schulwort,) und in allerley Arten von Fantasien, Duetten, Trios und Quattuors, fugirt und unfugirt, abwechselnd ihre Kräfte zu versuchen. Der Wettstreit

---

[1] Erbaut von Gottfried Silbermann, eingeweiht am 25. 11. 1736.

wurde eine Zeitlang mit ziemlich gleichen Kräften fortgesetzet; mit der Harmonie, mit welcher der eine auf seiner Orgel absetzte, fieng der andere auf der seinigen wieder an, und führte das harmonische Gewebe fort. Der folgende Spieler vollendete den unvollkommen gelaßnen Rhytmus des vorhergehenden, und es schien, als ob die vier Hände und die vier Füße von einem und ebendemselben Kopfe geleitet würden. Nach und nach fieng der fremde Virtuose an, die versteckten Künste des Contrapunkts und der Modulation zu Hülfe zu nehmen. Er bediente sich der Augmentation und Diminution gewisser Sätze, vereinbarte mehrere Subjecte, versetzte sie in die Gegenbewegung, brachte ein allastretta an, und fiel mit einmal in die allerentfernste Tonart. Der Organist des Orts merkte was der andre machte; er suchte ihn nachzuahmen, und es entstanden harmonische Lücken; er fieng an zu suchen, stolperte und ward von dem Reisenden redreßirt, aber in neue Irrwege geleitet, aus welchen er sich schlechterdings nicht herauswinden konnte. Er stand also von seinem Griffbrett auf, lief zu seinem Gegner, dem er den Kampfpreis zuerkennete; ersuchte ihn, sein künstliches Orgelspielen so lange allein fortzusetzen als es ihm beliebte, bewunderte und umarmte ihn, und sagte zu ihm, daß er entweder Sebastian Bach, oder ein Engel vom Himmel seyn müßte. – In der That war es Sebastian Bach, mit welchem der Organist sich nicht gemessen haben würde, wenn er ihn gekannt hätte.
[F. W. Marpurg, Legende einiger Musikheiligen – Breslau, 1786 III/914]

Diesem Teil der Lobrede [über J. S. Bach] wollen viele nicht zustimmen: da dieser wirklich große Mann in seinen Orgelwerken, von denen ich den Hauptteil besitze, ständig auf der Suche nach etwas Neuem und Schwierigem zu sein scheint, ohne die geringste Beachtung von Natur und Leichtigkeit. Er war in die volle Harmonie so vernarrt, daß er neben einem ständigen und geschäftigen Gebrauch des Pedals solche Tasten mit einem Stöckchen im Mund niedergedrückt haben soll, die weder Hände noch Füße erreichen konnten.
[Ch. Burney, History of Music – London, 1789 III/943 Original englisch]

Um die vokale Kirchenmusik

Unmöglichkeit regelmäßiger Kantatenaufführungen

Wenn auch ich stets den Endzweck, nemlich eine regulirte kirchen music zu Gottes Ehren, und Ihren Willen nach, gerne aufführen mögen, und sonst nach meinem geringen vermögen der fast auf allen Dorfschafften anwachsenden kirchen music, und offt beßer, als allhier fasonierten harmonie möglichst aufgeholffen hätte, und darümb weit u. breit, nicht sonder kosten, einen guthen apparat der auserleßensten kirchen Stücken mir angeschaffet, wie nichts weniger das project zu denen abzuhelffenden nöthigen Fehlern der Orgel ich pflichtmäßig überreichet habe, und sonst aller Ohrt meiner Bestallung mit Lust nachkommen währe: so hat sichs doch ohne wiedrigkeit nicht fügen wollen, gestalt auch zur zeit die wenigste apparence ist, daß es sich anders, obwohl zu dieser kirchen selbst eigenen Seelen vergnügen künfftig fügen mögte, über dießes demüthig anheim gebende, wie so schlecht auch meine Lebensarth ist, bey dem Abgange des Haußzinses, und anderer eüßerst nöthigen consumtionen, ich nothdürfftig leben könne.

Alß hat es Gott gefüget, daß eine Enderung mir unvermuthet zu handen kommen, darinne ich mich in einer hinlänglicheren subsistence und Erhaltung meines endzweckes wegen der wohlzufaßenden kirchenmusic ohne verdrießligkeit anderer ersehe, Wenn bey Ihro HochFürstlichen Durchlaucht [Herzog Wilhelm Ernst] zu Sachsen Weymar zu dero Hoffcapell und Cammermusic das entree gnädigst erhalten habe.

Wannenhero solches Vorhaben meinen Hochgeneigtesten Patronen ich hiermit in gehorsahmen respect habe hinterbringen und zugleich bitten sollen, mit meinen geringen kirchen Diensten vor dießesmahls vor willen zu nehmen, und mich mit einer gütigen dimission förderlichst zu verstehen.
[J. S. Bach, Entlassungsgesuch an die Gemeindevertreter Divi Blasii – Mühlhausen, 25. 6. 1708 I/1]

Das erste Leipziger Jahr

Demnach E. E. Hochweiser Rath dieser Stadt Leipzig mich zum Cantorn der Schulen zu St. Thomas angenommen und einen Revers, in nachgesezten Puncten von mir zuvollziehen begehret, nehmlich:
1.) Daß ich denen Knaben, in einem erbarn eingezogenen Leben und Wandel, mit gutem Exempel vorleuchten, der Schulen fleißig abwarten, und die Knaben treulich informiren,

2.) Die Music in beyden Haupt-Kirchen dieser Stadt, nach meinem besten Vermögen, in gutes Aufnehmen bringen, ...

6.) Damit die Kirchen nicht mit unnöthigen Unkosten beleget werden mögen, die Knaben nicht allein in der Vocal- sondern auch in der Instrumental-Music fleißig unterweisen.

7.) Zu Beybehaltung guter Ordnung in denen Kirchen die Music dergestalt einrichten, daß sie nicht zulang währen, auch also beschaffen seyn möge, damit sie nicht opernhafftig herauskommen, sondern die Zuhörer vielmehr zur Andacht aufmuntere. ...

12.) Ohne des regierenden Herrn Bürgermeisters Erlaubnüß mich nicht aus der Stadt begeben,

13.) In LeichBegängnüßen iederzeit, wie gebräuchlich, so viel möglich, bey und neben denen Knaben hergehen,

14.) Und bey der Universität kein officium, ohne E. E. Hochweisen Raths Consens annehmen solle und wolle;

Alß verreversire und verpflichte ich mich hiermit und in Krafft dieses, daß ich diesen allen, wie obstehet, treulich nachkommen und, bey Verlust meines Dienstes, darwieder nicht handeln wolle.

Zu Uhrkund habe ich diesen Revers eigenhändig unterschrieben und mit meinem Petschafft bekräfftiget. So geschehen in Leipzig, den 5. Maii, 1723. Johann Sebastian Bach.

[Revers zur Übernahme des Thomaskantorats I/92]

Den 30. dito [Mai] als am 1. Sonntag nach Trinitatis führte der neue Cantor u. Collegii Musici Director Hr. Joh. Sebastian Bach, so von dem Fürstlichen Hofe zu Cöthen hieher kommen, mit guten applausu seine erste Music[1] auf.

[Acta Lipsiensium Academica – Leipzig, 1723 II/139]

Anordnung des GottesDienstes in Leipzig
am 1. Advent-Sontag frühe.

(1) Praeludieret. (2) Motetta. (3) Praeludieret auf das Kyrie, so gantz musiciret wird. (4) Intoniret vor dem Altar. (5) Epistola verlesen. (6) Wird die Litaney gesungen. (7) Praeludieret auf den Choral. (8) Evangelium verlesen. (9) Praeludieret auf die Haupt-Music. (10) Der Glaube gesungen. (11) Die Predigt. (12) Nach der Predigt, wie gewöhnlich einige Verse aus einem Liede gesungen. (13) Verba Institutionis. (14) Praeludieret auf die Music. Und nach selbiger wechselsweise praeludieret u. Choräle gesungen, biß die Communion zu Ende et sic porrò.

[J. S. Bach, Aufzeichnung in einer Kantatenpartitur – Leipzig, 28. 11. 1723 I/178]

---

[1] Die Kantate ›Die Elenden sollen essen‹ (BWV 75).

Widmung von Kantatentexten

Gott zu Ehren, dem Verlangen guter Freunde zur Folge und vieler Andacht zur Beförderung habe ich mich entschlossen, gegenwärtige Cantaten zu verfertigen. Ich habe solches Vorhaben desto lieber unternommen, weil ich mir schmeicheln darf, daß vielleicht der Mangel der poetischen Anmuth durch die Lieblichkeit des unvergleichlichen Herrn Capell-Meisters, Bachs, dürfte ersetzet, und diese Lieder in den Haupt-Kirchen des andächtigen Leipzigs angestimmet werden.
[C. F. Henrici, Cantaten auf die Sonn- und Festtage – Leipzig, 24. 6. 1728 II/243]

Kritische Bestandsaufnahme

Kurtzer, iedoch höchstnöthiger Entwurff einer wohlbestallten Kirchen Music; nebst einigem unvorgreiflichen Bedencken von dem Verfall derselben.

Zu einer wohlbestellten Kirchen Music gehören Vocalisten und Instrumentisten.

Die Vocalisten werden hiesigen Ohrts von denen Thomas Schülern formiret, und zwar von vier Sorten, als Discantisten, Altisten, Tenoristen, und Baßisten.

So nun die Chöre derer Kirchen Stücken recht, wie es sich gebühret, bestellt werden sollen, müßen die Vocalisten wiederum in 2erley Sorten eingetheilet werden, als: Concertisten und Ripienisten.

Derer Concertisten sind ordinaire 4; auch wohl 5, 6, 7 biß 8; so mann nemlich per Choros musiciren will.

Derer Ripienisten müßen wenigstens auch achte seyn, nemlich zu ieder Stimme zwey.

Die Instrumentisten werden auch in verschiedene Arthen eingetheilet, als: Violisten, Hautboisten, Fleutenisten, Trompetter und Paucker. Notabene Zu denen Violisten gehören auch die, so die Violen, Violoncelli und Violons spielen.

Die Anzahl derer Alumnorum Thomanae Scholae ist 55. Diese 55 werden eingetheilet in 4 Chöre, nach denen 4 Kirchen, worinne sie theils musiciren, theils motetten und theils Chorale singen müßen. In denen 3 Kirchen, als zu S. Thomae, S. Nicolai und der Neüen Kirche müßen die Schüler alle musicalisch seyn. In die Peters-Kirche kömmt der Ausschuß, nemlich die, so keine music verstehen, sondern nur nothdörfftig einen Choral singen können.

Zu iedweden musicalischen Chor gehören wenigstens 3 Sopranisten, 3 Altisten, 3 Tenoristen und eben so viel Baßisten, damit, so etwa einer unpaß wird (wie denn sehr offte geschieht, und besonders bey itziger Jahres Zeit, da die recepte, so von dem Schul Medico in die Apothecke verschrieben werden, es ausweisen müßen) wenigstens eine 2 Chörigte Motette gesungen werden kan. (Notabene Wiewohln es noch beßer, wenn der Coetus so beschaffen wäre, daß mann zu ieder Stimme 4 subjecta nehmen, und also ieden Chor mit 16. Persohnen bestellen könte.)

Machet demnach der numerus, so Musicam verstehen müßen, 36 Persohnen aus.

Die Instrumental Music bestehet aus folgenden Stimmen; als:

2 auch wohl 3 zur	—	Violino 1.
2 biß 3 zur	—	Violino 2.
2 zur		Viola. 1
2 zur	—	Viola. 2
2 zum		Violoncello.
1 zum	—	Violon.
2 auch wohl nach Beschaffenheit 3 zu denen		Hautbois.
1 auch 2 zum	—	Basson.
3 zu denen	—	Trompetten
1 zu denen	—	Paucken.

summa 18. Persohnen wenigstens zur Instrumental-Music. Notabene füget sichs, daß das KirchenStück auch mit Flöten, (sie seynd nun à bec oder Traversieri), componiret ist (wie denn sehr offt zur Abwechselung geschiehet) sind wenigstens auch 2 Persohnen darzu nöthig. Thun zusammen 20 Instrumentisten.

Der Numerus derer zur Kirchen Music bestellten Persohnen bestehet aus 8 Persohnen, als 4. StadtPfeifern, 3 KunstGeigern und einem Gesellen. Von deren qualitäten und musicalischen Wißenschafften aber etwas nach der Warheit zu erwehnen, verbietet mir die Bescheidenheit. Jedoch ist zu consideriren, daß Sie theils emeriti, theils auch in keinem solchen exercitio sind, wie es wohl seyn solte.

Der Plan davon ist dieser:

Herr Reiche	zur	1 Trompette.
Herr Genßmar	—	2 Trompette.
vacat	—	3 Trompette
vacat	—	Paucken.
Herr Rother	—	1 Violine.
Herr Beyer	—	2 Violine.
vacat	—	Viola.
vacat	—	Violoncello.
vacat	—	Violon
Herr Gleditsch	—	1 Hautbois.
Herr Kornagel	—	2 Hautbois.
vacat	—	3 Hautbois oder Taïlle
Der Geselle	—	Basson.

Und also fehlen folgende höchstnöthige subjecta theils zur Verstärckung, theils zu ohnentbehrlichen Stimmen, nemlich:
2 Violisten zur 1 Violin.

2 Violisten zur 2 Violin.
2 so die Viola spielen.
2 Violoncellisten.
1 Violonist.
2 zu denen Flöten.

Dieser sich zeigende Mangel hat bißhero zum Theil von denen Studiosis, meistens aber von denen Alumnis müßen ersetzet werden. Die Herrn Studiosi haben sich auch darzu willig finden laßen, in Hoffnung, daß ein oder anderer mit der Zeit einige Ergötzligkeit bekommen, und etwa mit einem stipendio oder honorario (wie vor diesem gewöhnlich gewesen) würde begnadiget werden. Da nun aber solches nicht geschehen, sondern die etwanigen wenigen beneficia, so ehedem an den Chorum musicum verwendet worden, succeßive gar entzogen worden, so hat hiemit sich auch die Willfährigkeit der Studiosorum verlohren; Denn wer wird ümsonst arbeiten, oder Dienste thun? Fernerhin zu gedencken, daß da die 2 de Violin meistens, die Viola, Violoncello und Violon aber allezeit (in Ermangelung tüchtigerer subjectorum) mit Schülern habe bestellen müßen: So ist leicht zu erachten was dadurch dem Vocal Chore ist entgangen. Dieses ist nur von Sontäglichen Musiquen berühret worden. Soll ich aber die Fest-Tages Musiquen, (als an welchen in denen beeden HauptKirchen die Music zugleich besorgen muß) erwehnen, so wird erstlich der Mangel derer benöthigten subjecten noch deütlicher in die Augen fallen, sindemahln so dann ins andere Chor die jenigen Schüler, so noch ein und andres Instrument spielen, vollends abgeben, u. mich völlig dern beyhülffe begeben muß.
Hiernechst kan nicht unberühret bleiben, daß durch bißherige reception so vieler untüchtigen und zur music sich gar nicht schikkenden Knaben, die Music nothwendig sich hat vergeringern und ins abnehmen gerathen müßen. Denn es gar wohl zu begreiffen, daß ein Knabe, so gar nichts von der Music weiß, ja nicht ein mahl eine secundam im Halse formiren kan, auch kein musicalisch naturel haben könne; consequenter niemahln zur Music zu gebrauchen sey. Und die jenigen, so zwar einige principia mit auf die Schule bringen, doch nicht so gleich, als es wohl erfordert wird, zu gebrauchen seyn. Denn da es keine Zeit leiden will, solche erstlich Jährlich zu informiren, biß sie geschickt sind zum Gebrauch, sondern so bald sie zur reception gelangen, werden sie mit in die Chöre vertheilet, und müßen wenigstens tact und tonfeste seyn üm beym Gottesdienste gebraucht werden zu können. Wenn nun alljährlich einige von denen, so in musicis was gethan haben, von der Schule ziehen, und deren Stellen mit andern ersetzet werden, so einestheils noch nicht zu gebrauchen sind, mehrentheils aber gar nichts können, so ist leicht zu schließen, daß der Chorus musicus sich vergeringern müße.

Es ist ja notorisch, daß meine Herrn Praeanteceßores, Schell und Kuhnau, sich schon der Beyhülffe derer Herrn Studiosorum bedienen müßen, wenn sie eine vollständige und wohllautende Music haben produciren wollen; welches sie dann auch in so weit haben paestiren können da so wohl einige vocalisten, als: Baßist, u. Tenorist, ja auch Altist, als auch Instrumentisten, besonders 2 Violisten von E. HochEdlen und Hochweisen Raht a parte sind mit stipendiis begnadiget, mithin zur Verstärckung derer Kirchen Musiquen animiret worden.

Da nun aber der itzige status musices gantz anders weder ehedem beschaffen, die Kunst üm sehr viel gestiegen, der gusto sich verwunderens-würdig geändert, dahero auch die ehemalige Arth von Music unseren Ohren nicht mehr klingen will, und mann üm so mehr einer erklecklichen Beyhülffe benöthiget ist, damit solche subjecta choisiret und bestellet werden können, so den itzigen musicalischen gustum assequiren, die neüen Arthen der Music bestreiten, mithin im Stande seyn können, dem Compositori und deßen Arbeit satisfaction zu geben, hat man die wenigen beneficia, so ehe hätten sollen vermehret als veringert werden, dem Choro Musico gar entzogen. Es ist ohne dem etwas Wunderliches, da man von denen teütschen Musicis praetendiret, Sie sollen capable seyn, allerhand Arthen von Music, sie komme nun aus Italien oder Franckreich, Engeland oder Pohlen, so fort ex tempore zu musiciren, wie es etwa die jenigen Virtuosen, vor die es gesetzet ist, und welche es lange vorhero studiret ja fast auswendig können, überdem auch quod notandum in schweren Solde stehen, deren Müh und Fleiß mithin reichlich belohnet wird, praestiren können; man solches doch nicht consideriren will, sondern läßet Sie ihrer eigenen Sorge über, da denn mancher vor Sorgen der Nahrung nicht dahin dencken kan, üm sich zu perfectioniren, noch weniger zu distinguiren. Mit einem exempel diesen Satz zu erweisen, darff man nur nach Dreßden gehen, und sehen, wie daselbst von Königlicher Majestät die Musici salariret werden; Es kan nicht fehlen, da denen Musicis die Sorge der Nahrung benommen wird, der chagrin nachbleibet, auch überdem iede Persohn nur ein eintziges Instrument zu excoliren hat, es muß was trefliches und excellentes zu hören seyn. Der Schluß ist demnach leicht zu finden, daß bey ccßirenden beneficiis mir die Kräffte benommen werden, die Music in beßeren Stand zu setzen.

Zum Beschluß finde mich genöthiget den numerum derer itzigen alumnorum mit anzuhängen, iedes seine profectus in Musicis zu eröffnen, und so dann zu reiferer Überlegung es zu überlaßen, ob bey so bewandten Ümständten die Music könne fernerhin bestehen, oder ob deren mehrerer Verfall zu besorgen sey. Es ist aber nothwendig den gantzen coetum in drey Claßes abzutheilen. Sind demnach die brauchbaren folgende:

(1) Pezold, Lange, Stoll, Praefecti. Frick, Krause, Kittler, Pohl-

reüter, Stein, Burckhard, Siegler, Nitzer, Reichhard, Krebs major u. minor, Schöneman, Heder und Dietel.

Die Motetten Singer, so sich noch erstlich mehr perfectioniren müßen, üm mit der Zeit zur Figural Music gebrauchet werden zu können, heißen wie folget:

(2) Jänigke, Ludewig major und minor, Meißner, Neücke major und minor, Hillmeyer, Steidel, Heße, Haupt, Suppius, Segnitz, Thieme, Keller, Röder, Oßan, Berger, Lösch, Hauptman und Sachse.

Die von lezterer sorte sind gar keine Musici, und heißen also:

(3) Bauer, Graß, Eberhard, Braune, Seyman, Tietze, Hebenstreit, Wintzer, Ößer, Leppert, Haußius, Feller, Crell, Zeymer, Guffer, Eichel und Zwicker. Summa. 17 zu gebrauchende, 20. noch nicht zu gebrauchende, und 17 untüchtige. Leipzig, den 23. Aug. 1730. Joh: Seb: Bach. Director Musices.

[Denkschrift an den Rat der Stadt I/22]

Das Urteil der Nachwelt

Unser grosser Bach hat in dieser Beschäftigung die Kunst, Fleiß und Mühe bis zur Bewunderung angebracht. Ich verehre noch die Asche dieses seligen Mannes, achte mich aber zu wenig, etwas weiteres zu seinem Ruhme allhier zu sagen. . .

Mit einem Worte, es hat uns zu besonderm Vortheile gereichet, daß wir einen Bach und Telemann gehabt, die ihre besonders glücklichen Kräfte zum Lobe GOttes angewendet, und mehrentheils für den Tempel des HErrn gearbeitet; wodurch wir einen vortreflichen Vorrath von Kirchensachen bekommen haben.
[Joh. Ernst Bach in Adlungs Anleitung zu der musikalischen Gelahrtheit – Weimar, 28. 3. 1758 III/691]

. . . Die von dem ehemaligen Capellmeister Bach verfertigten Kirchenarbeiten machen seinem tiefsinnigen Geiste Ehre, und wollen ihren eigenen Liebhaber haben. Diese vorgenannten Männer sind alle tod, und leben nur noch in ihren hinterlassenen Werken: es ist viel Ruhm für sie, daß man sie in der ächten und guten Kirchen schreibart als Muster anpreisen kann.
[J. A. Hiller, Wöchentliche Nachrichten – Leipzig, 15. 8. 1768 III/748]

Missen und Motteten und andre lateinische Kirchenstücke haben die Italiäner, sonderlich die guten ältern eine Menge gesetzt, die aber bey uns sehr selten sind . . . Unter den Deutschen haben Joh. Jos. Fux, Kapellmeister zu Wien, Joh. Seb. Bach, zu Leipzig, Joh. Fr. Fasch, Kapellmeister in Zerbst, Gottfr. Heinr. Stölzel, Kapellmeister in Gotha, und G. P. Teleman viele und vortrefflich gesetzt.

Von den letztern hat man eine große Anzahl Missen, und Sanctus davon die letzten, welche zu seinen besten Compositionen gehören, so wie die von J. S. Bach mit erhabener Pracht und Feuer gesetzt sind.
[C. D. Ebeling, Unterhaltungen – Hamburg, Oktober 1770 III/760]

Dem Himmel sey Dank, daß doch endlich einer einmal aufgestanden ist, der gefühlt hat, daß in des alten J. S. Bachs Chören Feuer und Pracht zu finden sey! Seit Scheibens Invectiven wider diesen großen Mann, haben ihn die Leute, manche Berliner nicht ausgenommen, gar zu sehr für eine Katze angesehen.
[J. F. Agricola an F. Nicolai in Berlin – Berlin, 11. 11. 1771 III/762]

Und was die Chöre betrifft, so könnten die Chöre des alten Bachs als weit erhabenere Muster angeführet werden, wann die Chöre des sel. Grauns, bey aller ihrer Schönheit und Vollkommenheit, nur in den zweyten Rang zu setzen sind.
[Neue Bibliothek der schönen Wissenschaften und der freyen Künste – Leipzig, 1774 III/800]

Hamburg. In den diesjährigen 4 Concerten für das hiesige medicinische Armen-Institut sind unter andern eine Trauer- und eine Krönungsmusik von Hendel, Armida von Salieri, Alceste von Gluck, Magnificat und Heilig von C. P. E. Bach, und ein Credo [aus der h-Moll-Messe] von Johann Sebastian Bach, mit großem Beyfall aufgeführt worden. Man hatte hiebey Gelegenheit, die verschiedene Manier in den Arbeiten der gedachten berühmten Componisten und die Wirkung des Vortrags ihrer Compositionen zu bemerken, und besonders das fünfstimmige Credo des unsterblichen Sebastian Bachs zu bewundern, welches eins der vortrefflichsten musikalischen Stücke ist, die je gehört worden, wobey aber die Singstimmen hinlänglich besetzt seyn müssen, wenn es seine ganze Wirkung thun soll. Unsere brave Sänger zeigten auch hier, vorzüglich bey dem Credo, im Treffen und dem Vortrage der schwersten Stellen ihre bekannte Geschicklichkeit, . . .
[Bericht im Hamburgischen Correspondenten – Hamburg, 11. 4. 1786 III/911]

Der Aufführungsapparat: Studenten–Stadtpfeifer – Thomasschüler

Studenten als Helfer bei der Kirchenmusik und im Collegium musicum

Demnach Vorzeiger dieses Herr Johann Gottlieb Wagner S. S. Theol: Studiosus, mich endesbenahmten ersuchet, Ihme ratione derer in Musicis habenden profectuum einiges attestat mit zutheilen; So habe solches Ihme nicht wollen noch können abschlagen, zumahln, so solches zu deßen weiterer Beförderung etwas beyzutragen, erfordert werden solte. Bezeige demnach hiermit, daß erwehnter Herr Johann Gottlieb Wagner sich nicht allein auf verschiedenen Instrumenten als Clavier, Violin etc: wohl geübet und perfectioniret, sondern auch in arte componendi sich albereit wohl distinguiret habe, dergestalt, daß Er in Beederley albereits gar gute und rühmliche proben abgestattet. Mehrere dicentes zu machen, erachte vor unnöthig, und zweifle nicht, daß erwehnter Herr Wagner den besten ausschlag dieses meines wenigen attestati geben, so Er, sich selbsten zu zeigen, u. die occasion sich hören zu laßen, überkommen werde.
[J. S. Bach, Zeugnis für G. G. Wagner – Leipzig, 20. 11. 1723 I/56a]

Demnach mich Endes-Unterschriebenen, Mr: Friedrich Gottlieb Wild, Cand: jur: und renommirter Musicus freundlich gebethen, Wegen seiner Profectuum in studiis so wohl als wegen der edlen Music, ihm mit einem glaubwürdigem Attestato an die Hand zu gehn; Als habe solches wegen christlicher Schuldigkeit nicht abschlagen, sondern vielmehr mit Bestand der Wahrheit attestiren können, daß wohlgedachter Mons: Wild in die Vier Jahre so er auf hiesiger Universitaet gelebet sich allezeit fleißig und emsig erwießen, solchergestallt, daß er nicht allein Unsere Kirchen Music durch seine wohlerlernte Flaute-traversiere und Clavecin zieren helffen, sondern auch sich bey mir gar speciell in Clavier, General-Bass und denen daraus fließenden Fundamental-Regeln der Composition informiren laßen, daß er sich bey aller Gelegenheit vor verständigen Musicis mit besonderm Applausu hören laßen kan; Achte Ihm dießer, und seiner anderweitigen Conduite wegen, guter Befördrung würdig, mit angehengtem Wunsche, daß Ihm dießes mein aufrichtiges und Schuldiges Attestat zu seinem völligem Avancement gedeyen mögte.
[J. S. Bach, Zeugnis für F. G. Wild – Leipzig, 18. 5. 1727 I/57]

Krebs (Johann Ludewig) der ältere Sohn Herrn Joh. Tobias Krebs, ist gebohren 1713 den 10 Octob. in Buttelstädt, hat von Jugend auf sonderliche Lust zur Music bezeiget, von anno 1726 die St. Thomas-Schule in Leipzig 9 Jahr lang frequentiret, u. dabey die treüe information in musicis Hrn. Joh. Sebast. Bachs, als bey dieser Schule u. Kirche stehenden Music-Directoris genoßen, auch deßen Collegium musicum, als ein membrum davon, fleißig besuchet, u. darinn das Claveçin gespielet. Als seine bestimmte Schul-Jahre daselbst zu Ende, hat er sich noch 2 Jahr auf dasiger Universität als ein civis academicus aufgehalten, u. die Philosophie studiret. . . .
[J. G. Walther, Musicalisches Lexicon, Nachträge – Weimar, um 1740 II/324a]

Da Vorzeiger dieses, Herr Bernhard Dieterich Ludewig, Theol. Candidatus u. der Music gefließener, mich endes benandten ersuchet, Ihme seiner hiesiges Ortes bezeigten Aufführung wegen, ein testimonium zu ertheilen; als habe solches nicht alleine herzlich gerne leisten, sondern auch anbey rühmlichst melden sollen, daß er nicht alleine sein studium thelogicum glücklich absolviret, sondern auch in verschiedenen Jahren mein Collegium musicum fleißig frequentiret; selbigem in tractirung verschiedener Instrumenten unermüdet assistiret, nicht weniger auch sich vielmahln vocaliter hören laßen, und überhaupt sich so signalisiret, daß ich dannenhero bewogen worden, Ihme nicht allein meine kleine Familie zu treüfleißiger Information zu untergeben, sondern auch selbsten in demjenigen, so Ihme etwa noch in Musicis nicht wißend gewesen, fideliter zu instruiren; Dannenhero gar nicht zweifle, Er werde dasjenige, so vom Ihme schrifftlich gemeldet, persöhnlich verificiren.
[J. S. Bach, Zeugnis für B. D. Ludewig – Leipzig, 4. 3. 1737 I/73]

Da Vorzeiger dieses, Herr Bernhard Dieterich Ludewig S. Theol. Studiosus und der Music gefließener mich endes benandten ersuchet, Ihme, wegen der bey meinen Kindern bezeigten treüfleißigen Information, auch geleisteter assistence derer Kirchen und anderer Musiquen so wohl vocaliter als instrumentaliter ein beglaubtes attestat zu ertheilen; als habe solches nicht alleine herzlich gerne bewerckstelligen, und dabey versichern wollen, daß mit Deßen an meinen Kindern bewießenen Fleiße so wohl ein völliges Genügen gehabt, als auch seine Geschicklichkeit in Musicis mir vieles Vergnügen gegeben. Wie denn Deßen specimina so wohl in einem als dem andern, dieses mein attestat völlig bestärcken u. verificiren werden etc. Wünsche sonst zu deßen Vorhaben Göttliche Gnade u. Beystandt.
[J. S. Bach, Zeugnis für B. D. Ludewig – Leipzig, 10. 10. 1737 I/74]

Weil er [Johann Friedrich Agricola] aber von Jugend auf sich vorgenommen hatte, mit der Zeit von der Musik sein Hauptwerk zu
machen; so fing er gleich nach seiner Ankunft in Leipzig [1738]
an, bey dem nunmehr seeligen Herrn Capellmeister Johann Sebastian Bach im Clavier- und Orgelspielen, welches er einige Jahre
her, nur durch eigene Uebung fortgesetzet hatte, Lectionen zu
nehmen. Er hatte dabey Gelegenheit, unter seines Lehrers Anführung, bey der Kirchenmusik, und auch eine Zeitlang im Collegio
musico, daß Erlernte immer auszuüben. Hierauf unterrichtete ihn
gedachter Herr Capellmeister Bach auch in der harmonischen
Setzkunst, mit der ihm eigenen Gründlichkeit und Aufrichtigkeit.
[F. W. Marpurg, Historisch-Kritische Beyträge – Berlin, 1754
III/662]

Daß Vorzeiger dieses Herr Johann Christoph Altnickol seit Mi-
chaelis anno 1745. dem Choro Musico unausgesetzet assistiret, indeme Er bald als Violiste, bald als Violoncelliste, meistens aber als
Vocal-Bassiste sich exhibiret, und also dem Mangel derer auf der
Thomas-Schule sich befindenden Bass-Stimmen (weiln sie wegen
alzu frühzeitigen Abzugs nicht können zur Reiffe kommen) ersetzet; wird hiermit eigenhändig bezeüget. Leipzig. den 25. Maji.
1747. Joh: Sebast: Bach.
[Zeugnis für J. C. Altnickol I/81]

Da Vorzeiger dieses Herr Johann Christoph Altnickol, Candidatus
Musices, mich Endes benanndten ersuchet, Ihm ein beglaubigtes
Attestat seines bey mir bezeigten Fleißes in Arte Musica zu ertheilen; Als habe solches mit Vergnügen bewerckstelligen und hiermit
attestiren wollen, daß besagter Herr Altnickol nicht alleine unserm Choro Musico in die vier Jahre fleißig assistiret, also und
dergestalt, daß er nicht alleine mit seiner Vokal-Stimme, sondern
auch auf verschiedenen Instrumenten dasjenige praestiret, so man
von einem geschickten Musico verlangen kan; wie denn nicht weniger verschiedene wohlgerathene Kirchen-Compositiones seiner
Arbeit unsres Orthes viele Adprobation gefunden. Da Er nun im
Stande sich befindet, einem Directorio Musices oder Organisten-
Ambte rühmlich vorzustehen, als zweifle nicht, der Höchste werde
geneigte Gönner erwecken, so deßen Geschicklichkeit in Betrachtung ziehen und bey sich ereignender Gelegenheit mit Dero hoch-
gültigen Vorspruch seyn Glück auf alle Art und Weise zu befördern, nicht ermangeln werden. En fin. Er ist ein Ecolier, deßen ich
mich nicht zu schämen haben darf.
[J. S. Bach, Zeugnis für J. C. Altnickol – Leipzig, 1. 1. 1748 I/82]

Proponirte der regierende Burgermeister Herr Geheimder Kriegs-
Rath Lange welchergestalt durch Absterben Rothers eine Stadt-
Pfeiffer Stelle vacant worden, darzu sich 5 Personen gemeldet . . .
   Welchen sie nun hierzu nehmen wolten hätten sich Domini zu
erklären. Es hätte zwar der Cantor einen unmaßgeblichen Vorschlag gethan, ob mann Beyern als einen alten Mann den Titul als
StadtPfeiffer beylegen und Kirchhoffen zum blasen gebrauchen
wolte welches sonst auch geschehen. Herr Hoffrath und Pro-
Consul D. Hölzl. Es wären zwar dieser leztern Errinnerung halber Exempel verhanden, weiln aber Beyer eben keine Meriten vor
sich hätte und Kirchhoff bey der Probe bestanden wolte er ihm
sein Votum zur verledigten StadtPfeiffer Stelle geben.
[Ratsprotokoll – Leipzig, 7. 11. 1737   II/405 a]

Auff E. HochEdlen und Hochweisen Raths Verordnung hat derer
StadtPfeiffer bißheriger Geselle, Carl Friedrich Pfaffe in Gegenwart derer anderen Stadt Musicorum seine verlangte Probe abge-
leget; Da sich denn befunden, daß er auf jedem Instrumente, so
von denen StadtPfeiffern pfleget gebrauchet zu werden, als Violine, Hautbois, Flute Travers, Trompette, Waldhorn und übrigen
BassInstrumenten, sich mit Beyfall aller Anwesenden gantz wohl
habe hören laßen, und zu der gesuchten Adjunctur gantz geschickt
befunden worden.
[J. S. Bach, Zeugnis für C. F. Pfaffe – Leipzig, 24. 7. 1745 I/80]

Ein Diskantist

Der damahlige Cantor bey dieser Schule, Hr. Joh. Seb. Bach,
nahm ihn [Christoph Nichelmann], obwohl als einen Ausländer,
dennoch in die Zahl der Alumnorum um desto williger auf, da er
allbereit hinlängliche Fertigkeit im Singen mit dahin brachte, um
bey Aufführung der Musiken, als erster Diskantist dienen zu
können.
   Hier übte er also neben den Schullectionen besonders die Musik, und nahm ausser dem Unterricht, dessen er von besagtem
Hrn. Cantor Bach in den öffentlichen Stunden genoß, auch noch
besonders Anweisung von dessen ältestem Hrn. Sohne, Wilh.
Friedemann Bach im Clavierspielen. Er fieng auch alhier schon
an, unter der Aufsicht seiner vortreflichen Lehrmeister, einige Versuche in der Composition zu machen.
[F. W. Marpurg, Historisch-Kritische Beyträge – Berlin, 1755
III/674]

Thomasschüler als Notenkopisten

Daß die Schüler von allen meinen Vorfahren jederzeit zu Notenschreiben sind gebraucht worden, beruht in der Erfahrung. Ob
ihnen die vorigen Cantores auch außergottesdienstliche Musikalien zu schreiben zugemuthet haben, vermag ich mit weniger Ge-
wißheit zu behaupten, als ich versichern kan, daß sie zu Zeiten des
seeligen Bachs sehr öfter und häufiger mit Notenschreiben sind
heimgesucht worden als zu den meinigen.
[J. F. Doles, Bericht an den Rat der Stadt – Leipzig, 15. 7. 1778
III/832]

Schülerkreis und Lehrmethode

Von seinen Schülern in der Composition und im Klavierspielen
wollen wir nur einige wenige namhaft machen, und zwar solche,
von denen wir überzeugt sind, daß sie ihrem Lehrer Ehre gemacht
haben. Der erste mag sein nachheriger Schwiegersohn, der längst
verstorbene Organist in Naumburg, Altnikol, seyn. Goldberg,
Agricola, Krebs, Kirnberger sind ebenfalls schon todt, so daß uns
unter den noch lebenden jetzt nur der einzige Homilius, jetziger
Cantor und Musikdirektor an der Kreuzkirche in Dresden, beyfällt.
Noch bis auf den heutigen Tag hält man es für Ehre, den Unterricht
dieses großen Mannes genossen zu haben, so daß sich mancher für
einen Schüler desselben ausgiebt, der er doch niemals gewesen ist.
[J. A. Hiller, Lebensbeschreibungen berühmter Musikgelehrten
und Tonkünstler – Leipzig, 1784 III/895]

Schüler der frühen Jahre

Schubart (Johann Martin) eines Müllers Sohn, war gebohren anno
1690 den 8ten Mertz in Gehra, einem eine Stunde von Illmenau
liegenden Gothaischen Dorffe, erlernete bey Hrn. Johann Sebastian Bachen das Clavier-Spielen, und hielte sich bey demselben
von 1707 bis 1717 beständig auf, wurde auch, nach dessen Weg-
zuge von hier, in nurgedachtem Jahre gegen Advent zum Cammer-
Musico und Hof Organisten allhier in Weimar angenommen, und
starb anno 1721 den 2ten April an einem hitzigen Fieber.
[J. G. Walther, Musicalisches Lexicon – Leipzig, 1732 II/324]

Vogler (Johann Caspar) Hoforganist und Bürgermeister zu Weimar, geb. in Haußen, einem im Schwarzburgischen unweit Arnstadt liegenden Orte, im Monat May 1698, war Sebast. Bachs

Schüler. Und nach desselben eigener mehrmaligen Versicherung: der größte Meister auf der Orgel, den er gebildet hatte. Das will mehr sagen, wenn wir alle die großen Schüler Bachs überrechnen; als alle das Lob, was ihm Mattheson in seinem vollkommenen Kapellmeister giebt und geben konnte . . .
[E. L. Gerber, Historisch-Biographisches Lexicon der Tonkünstler – Leipzig, 1792 III/950]

. . . er [Johann Sebastian Bach] ist ein vortrefflicher, dabey auch sehr getreuer Mann sowohl in der Composition und Clavier, als auch in andern Instrumenten, gibt mir den Tag gewiß 6 Stund zur Information, die ich dann absonderlich zur Composition und Clavier, auch bißweilen zu anderer Instrumenten exercirung hoch vonnöthen habe.
[Ph. D. Kräuter an die Kirchenbehörde in Augsburg – Weimar, 30. 4. 1712 II/53 b]

Lehrwerke an der Schwelle zwischen Köthen und Leipzig

Das Wohltemperirte Clavier. / oder / Praeludia, und / Fugen durch alle Tone und Semitonia, / So wohl tertiam majorem oder Ut Re Mi anlan-/gend, als auch tertiam minorem oder Re / Mi Fa betreffend. Zum / Nutzen und Gebrauch der Lehr-begierigen / Musicalischen Jugend, als auch derer in diesem stu-/dio schon habil seyenden besonderem / ZeitVertreib auffgesetzet / und verfertiget von / Johann Sebastian Bach./p.t: HochFürstlich Anhalt-/Cöthenischen Capel-/Meistern und Di-/rectore derer / CammerMu-/siquen. / Anno/ 1722.
[Titelseite des Autographs I/152]

Orgel-Büchlein / Worinne einem anfahenden Organisten / Anleitung gegeben wird, auff allerhand / Arth einen Choral durchzuführen, an-/bey auch sich im Pedal studio zu habi-/litiren, indem in solchen darinne / befindlichen Choralen das Pedal / gantz obligat tractiret wird. / Dem Höchsten Gott allein zu Ehren, / Dem Nechsten, draus sich zu belehren.
    Autore / Joanne Sebast: Bach / p.t. Capellae Magistri / S. P. R. Anhaltini-/Cotheniensis.
[Titelseite des Autographs I/148]

Auffrichtige Anleitung, / Wormit denen Liebhabern des Clavires, / besonders aber denen Lehrbegierigen, eine deüt-/liche Art gezeiget wird, nicht alleine (1) mit 2 Stimmen / reine spielen zu lernen, sondern auch bey weiteren pro-/greßen (2) mit dreyen obligaten Partien richtig / und wohl zu verfahren, anbey auch zugleich gute inventio-/nes nicht alleine zu bekommen, sondern auch selbige wohl / durchzuführen, am allermeisten aber eine cantable / Art im Spielen zu erlangen, und darneben einen / starcken Vorschmack von der Composition zu über-/kommen.

Verfertiget / von / Joh: Seb: Bach. / Hochfürstlich Anhalt-Cöthe-/nischen Capellmeister. / Anno Christi 1723. etc.
[Titelseite des Autographs der zwei- und dreistimmigen Inventionen I/153]

Ein Ausbildungsgang in Leipzig

Da nun auch aus den hiesigen [Sondershausener] Quellen nichts mehr für ihn zu schöpfen war, ging er [Heinrich Nicolaus Gerber] nach Leipzig, um theils die Rechtsgelahrtheit und theils die Musik bey dem großen Sebast. Bach zu studiren. Er wurde daselbst unter dem Rektorat des D. Börner am 8. May 1724 unter die Zahl der akademischen Bürger aufgenommen. Im ersten halben Jahre, da er seine Collegia ordnete, hatte er zwar manche vortrefliche Kirchenmusik und manches Conzert unter Bachs Direktion mit angehört; allein noch immer hatte es ihm an Gelegenheit gefehlet, die ihm Muth genung gemacht hätte, diesem großen Manne sein Anliegen zu eröfnen; bis er endlich einem Freunde, Namens Wilde, nachherigem Organisten zu Petersburg, seinen Wunsch eröfnete, der ihn bey Bachen einführete. Bach nahm ihn, als einen Schwarzburger, besonders gefällig auf und nannte ihn von da beständig Landsmann. Er versprach ihm den erbetenen Unterricht und fragte zugleich, ob er fleißig Fugen gespielet habe? In der ersten Stunde legte er ihm seine Inventiones vor. Nachdem er diese zu Bachs Zufriedenheit durchstudirt hatte, folgten eine Reihe Suiten und dann das temperirte Klavier. Dies letztere hat ihm Bach mit seiner unerreichbaren Kunst dreymal durchaus vorgespielt; und mein Vater rechnete die unter seine seligsten Stunden, wo sich Bach, unter dem Vorwande, keine Lust zum Informiren zu haben, an eines seiner vortreflichen Instrumente setzte und so diese Stunden in Minuten verwandelte. Den Beschluß machte der Generalbaß, wozu Bach die Albinonischen Violinsolos wählete; und ich muß gestehen, daß ich in der Art, wie mein Vater diese Bässe nach Bachs Manier ausführete, und besonders in dem Gesange der Stimmen untereinander, nie etwas vortreflichers gehöret habe. Dies Akkompagnement war schon an sich so schön, daß keine Hauptstimme etwas zu dem Vergnügen, welches ich dabey empfand, hätte hinzuthun können.
[E. L. Gerber, Historisch-Biographisches Lexicon der Tonkünstler – Leipzig, 1790 III/950]

Der »einzige Krebs im Bache«

Denn es hat nicht allein dem allerhöchsten Schöpffer gefallen, mir
ein ziemliches Talent zur Music zu schencken, welches ich, ohne
Prahlerey, nach dem Geständniß der besten Meister und bewehr-
testen Kenner der Music, zu sagen mich erkühnen darf: sondern
ich habe mich auch von Jugend an, theils unter treuer Anweisung
meines lieben Vaters in Buttstädt, theils unter der hochzuschätzen-
den Anführung des weltberühmten Herrn Bachs in Leipzig sieben
Jahr und drüber, dieser Wißenschafft gantz allein ergeben.
[J. L. Krebs an den Rat der Stadt – Naumburg, 25. 8. 1733 II/335]

Da Vorzeiger dieses Herr Johann Ludewig Krebs mich endes benandten ersuchet, Ihme mit einem attestat, wegen seiner aufführ-
rung auf unserm Alumneo, zu assistiren; Als habe Ihme solches
nicht verweigern, sondern so viel melden wollen, daß ich persua-
diret sey aus Ihme ein solches subjectum gezogen zu haben, so besonders in Musicis sich bey uns distinguiret, indeme Er auf dem
Clavier, Violine und Laute, wie nicht weniger in der Composition
sich also habilitiret, daß Er sich hören zu laßen keinen Scheu
haben darff; wie denn deßfals die Erfahrung ein mehreres zu Tage
legen wird. Ich wünsche Ihme demnach zu seinem avançement
Göttlichen Beystand, u. recommendire demselben hiermit noch-
mahligst bestens.
[J. S. Bach, Zeugnis für J. L. Krebs – Leipzig, 24. 8. 1735 I/71]

Seit dem Tode des sel. Kapellmeister Bachs liegt die Orgel
gleichsam an der Schwindsucht darnieder. Wir haben nur noch
etliche brave Schüler von ihm, worunter Herr Krebs in Altenburg
mit der vorzüglichste ist, der seinem Meister sowohl durch seine
schöne Composition, als auch durch seine vortrefliche Spielart auf
der Orgel Ehre macht.
[Unterhaltungen – Hamburg, August 1767 III/736]

Unser Krebs war bekanntlich einer der besten Schüler von Johann
Sebastian Bach, deswegen man bey uns sich mit dem Wortspiele
trug: In diesem großen Bach sey nur ein einziger Krebs gefangen
worden.
[Briefauszug in Cramers Magazin der Musik – Altenburg, 1783
III/874]

Der ehemals große J. Seb. Bach pflegte zu sagen: Es muß alles möglich zu machen seyn, und wollte niemals von nicht angehen etwas wissen. Dieses hat mich jederzeit angespornt, nach meinen geringen Kräften, viele sonst schwere Sachen in der Musik mit Müh und Geduld durchzusetzen.
[J. Ph. Kirnberger an J. G. I. Breitkopf in Leipzig – Berlin, 14. 4. 1781 III/848]

Als Kirnberger sich nach Leipzig begab, um unter der Anweisung des großen Sebastian Bach den Contrapunkt zu studiren, und rein vierstimmig schreiben zu lernen, so griff er sich so heftig an, daß er ein Fieber bekam, und achtzehn Wochen lang die Stube hüten mußte. Er fuhr nichts destoweniger fort, in den guten Stunden, welche ihm das Fieber verstattete, allerhand Themata auszuarbeiten, und da Sebastian diesen außerordentlichen Fleiß bemerkte, so erbot er sich zu ihm auf die Stube zu kommen, weil ihm das Ausgehen nachtheilig seyn könnte, und das Hin- und Herschicken der Papiere etwas mühsam war. Als Kirnberger seinem Meister eines Tages zu verstehen gab, daß er nicht im Stande seyn würde, ihm für seine gütige Bemühungen genug erkenntlich zu seyn, so sagte Bach, der die künftigen Verdienste seines Schülers um die Erhaltung des ächten Satzes ohne Zweifel voraus sahe, und der die Kunst ihrer selbst wegen, und nicht bloß der damit verknüpften Vortheile wegen liebte: »Sprechen Sie, mein lieber Kirnberger, nichts von Erkenntlichkeit. Ich freue mich, daß Sie die Kunst der Töne aus dem Grunde studiren wollen, und es wird nur von Ihnen abhängen, so viel mir davon bekannt geworden, sich ebenfalls eigen zu machen. Ich verlange nichts von Ihnen, als die Versicherung, daß Sie dieses Wenige zu seiner Zeit wieder auf andere gute Subjecte fortpflanzen wollen, die sich nicht mit dem gewöhnlichen Lirumlarum begnügen etc.« Dieses hat Kirnberger auch treulich ausgeübt. Schulz, Vierling, Kühnau und andre Meister unsrer Zeit mögen von seinem glücklichen Eifer zeugen.
[J. F. Reichardt, Musikalische Monathsschrift – Berlin, Oktober 1792 III/975]

Johann Sebastian Bach führt in allen seinen Stücken einen durchgängig reinen Satz, jedes Stück hat bey ihm einen zur Einheit geführten bestimmten Karakter. Rythmus, Melodie, Harmonie, kurz alles, was eine Komposition wirklich schön macht, hat er, nach dem Zeugnisse seiner praktischen Werke, vollkommen in seiner Gewalt. Seine Methode ist die beste, denn er geht durchgängig Schritt vor Schritt vom leichtesten bis zum schwersten über, eben dadurch ist der Schritt zur Fuge selbst nicht schwerer, als ein Uebergang zum andern. Aus diesem Grunde halte ich die Johann Sebastian Bachsche Methode für die einzige und beste.

Es ist zu bedauren, daß dieser große Mann über die Musik nie etwas theoretisches geschrieben hat, und seine Lehren nur durch seine Schüler auf die Nachwelt gekommen sind.
[J. Ph. Kirnberger, Gedanken über die verschiedenen Lehrarten in der Komposition – Berlin, 1782 III/867]

Ich habe von Kindheit auf die Musik zu meinem Haupt-Studio erwehlet. Ich habe in Leipzig, drey und ein halbes Jahr, unter Anführung des Capellmeister Bachs, das Clavierspielen weiter geübet, und von demselben die Composition erlernet. Seit dieser Zeit habe ich mich beständig in Berlin aufgehalten.
[J. F. Agricola an den Hof von Sachsen-Gotha – Berlin, 5. 1. 1750 II/596]

Aus dem, was bisher gesaget worden, folget auf das natürlichste, daß, wer das Generalbaßspielen lehren will, zuerst wenigstens die praktische Harmonie vollständig lehren müsse.

So lehrte, um auch ein merkwürdiges Beyspiel zum Beweise dieser Behauptung zu geben, den Generalbaß der größte bis jetzo bekannte Meister der Harmonie, der sel. Kapellmeister Johann Sebastian Bach, welcher nach wohl erklärten Regeln, seine Schüler, die bey dem Generalbaßspielen anzubringenden Töne, in vier reinen Stimmen zu Papiere bringen ließ. Der Vortheil davon war dieser, daß seine Schüler, nach geendigten Lectionen, wenn sie anders Achtsamkeit genug bewiesen hatten, so ziemlich sicher in Setzung einer reinen vierstimmigen Harmonie und also mit wichtigen Gründen der Composition selbst bekannt waren. Es ist überhaupt lächerlich, Accompagnirungskunst und Kunst zu componiren, von einander trennen und Gränzen zwischen ihnen bestimmen zu wollen. Die Regeln des Accompagnements, lehren ja den rechten Gebrauch der con- und dissonirenden Intervalle. Folglich sind sie schon Composition, oder wenigstens das ABC derselben.
[J. F. Agricola, Allgemeine deutsche Bibliothek – Berlin, 1774 III/796]

In Leipziger Ämtern: Doles und Schneider

In der Musik nutzte er [Johann Friedrich Doles] Joh. Sebast. Bach, bey dem er viel in der contrapunkt. Setzart gearbeitet hat. Er beobachtete jedoch bey dieser Setzart die gehörigen Schranken, und

vergaß dabey die sanfte und rührende Melodie nicht, in der er sich Hasse und Graun zu Mustern wählte. Nach 4 Jahren, die er in Leipzig höchst vergnügt zugebracht hatte, empfahl ihn Bach zu dem erledigten Cantorate in Salzwedel. Die von ihm abgelegte Probe fiel rühmlich aus und er war entschlossen die Stelle anzunehmen.
[J. F. Doles, Autobiographie – Leipzig, vor 1797 III/1004]

Zu den oben genannten will ich noch zween brave Organisten beysetzen. Der eine ist Herr Schröter in Nordhausen, der nicht nur ein guter practischer, sondern auch ein gelehrter Componist u. Organist ist, der andere Herr Schneider, Organist bey der Nickelskirche in Leipzig, dessen Vorspiele auf der Orgel von so gutem Geschmacke, daß man in diesem Stücke, ausser Herr Bachen, dessen Schüler er gewesen, in Leipzig nichts bessers hören kann. Nur Schade, daß an einem so berühmten Orte, da die Musen ihren Sitz aufgeschlagen haben, gleichwohl so gar wenig Kenner u. Liebhaber einer wahren Musik sind.
[L. Mizler, Musikalische Bibliothek – Leipzig, 1747 II/565]

Schüler der letzten Jahre

Ich erinnere mich noch mit dem grösten Vergnügen des gütigen Vertrauens, welches Ein Hoch Edler und Hochweiser Rath der Stadt Naumburg in meine Wenigkeit gesetzt: einmahl da mein geringes Gutachten bei Reparirung Dero Orgel erfordert, und so dann auch gütigst vor genehm gehalten wurde; das andremahl, als ich auf gütiges Verlangen der Übernehmung und Probe dieser Orgel in Person beywohnen muste. Dieses Vertrauen zu mir machet mich so kühn, daß ich mir schmeichle, von Deroselben unschätzbahren Gewogenheit gegen mich die Gewährung einer Bitte zu erhalten. In Abwesenheit nehmlich meines ehmaligen lieben Ecoliers, Herrn Johann Christoph Altnickols, nunmehrigen Organisten und Schul-Collegens in Greiffenberg, unterstehe mich in Nahmen Seiner, und vor Ihn, Dero vacante und nun wieder zu besetzende Organisten Stelle ergebenst auszubitten. Ich versichere, daß Sie Hoch Edle und Hoch Weise Herren, an erwehnten Herrn Altnickol ein solches Subject finden werden, welches Dero Wünschen vollkommne Gnüge leisten wird. Denn da er bereits ein Orgel-Werck geraume Zeit unter Händen gehabt, und die Wißenschafft solches gut zu spielen und zu dirigiren besitzet, auch besonders ein Werck wohl zu tractiren und behörig zu conserviren vollkommen verstehet, welche Eigenschafften unumgänglich zu einem guten Organisten erfordert werden; da über dieses seine gantz besondre Geschicklichkeit in der Composition, im Singen

118

und auf der violine noch dazu kommt: als bin ich überzeigt, Sie, Hoch Edle und Hochweise Herren, werden sich niemahlen gereuen laßen, mit Dero Wahl erwehntes Subjectum beehret, und mich meiner Bitte gewähret zu haben. Ich selbst werde diese Ihm erzeigte Wohlthat, als mir selbst geschehen rechnen, und mich Zeit Lebens mit der grösten Hochachtung nennen, . . .
[J. S. Bach an den Rat der Stadt Naumburg – Leipzig, 24. 7. 1748 I/47]

Ew Hoch-Wohlgebohren Excellenzen und HochEdelgebohren geruhen gnädig und hochgeneigt sich vorstellig machen zu laßen, daß ich mich unter Anweisung des bekant- und berühmten Bachs in Leipzig in der musicalischen Composition, besonders aber in den Clavier dergestalt perfectioniret, daß ich seit verschiedenen Jahren zu Langensaltza in der Stadt-Kirche St. Bonifacii das Organisten Dienst ohne Ruhm zu melden mit vieler Distinction verwaltet habe.
[J. C. Kittel an das Zeitzer Konsistorium – Erfurt, 6. 11. 1756 III/684]

Seine [Johann Gottfried Müthels] Hauptabsicht war, bey dem grossen Seb. Bach in Leipzig, sowohl im Spielen als in der Komposition noch ein Mehres zu erlernen, und sich die zur Musik erfoderlichen Wissenschaften zu erwerben. Zu diesem Ende erhielt er von seinem Fürsten und Herrn, ein sehr gnädiges Empfehlungsschreiben. Der Kapellmeister Bach, nahm ihn sehr freundschaftlich auf, räumte ihm eine Wohnung in seinem Hause ein, und Herr Müthel machte sich seines Unterrichts mit der grössesten Aufmerksamkeit zu nutze. Zu gleicher Zeit machte er auch die Bekanntschaft mit den würdigen Söhnen dieses Mannes, die ihm durch ihre Unterredungen und Kompositionen vielen Vortheil schaften. Nach Sebastian Bachs Tode, hielt sich Herr Müthel noch einige Zeit bey dessem Schwiegersohne in Naumburg, Herrn Altnicol (welcher ein Scholar des seligen Seb. Bachs, und ein starker Orgelspieler war) mit vielem Nutzen auf.
[Ebeling/Bode, Anmerkung zu Burneys Tagebuch seiner musikalischen Reisen – Hamburg, 1773 III/777]

Zur Lehrmethode

Es ist also besser, daß ein geschickter Lehrmeister seine Schüler nach und nach an schwerere Sachen gewöhnet. Es beruht alles auf der Art zu unterweisen und auf vorhero gelegten guten Gründen, hierdurch empfindet der Schüler nicht mehr, daß er an schwerere Stücke gebracht worden ist. Mein seliger Vater hat in dieser Art

glückliche Proben abgelegt. Bey ihm musten seine Scholaren gleich an seine nicht gar leichte Stücke gehen.
[C. Ph. E. Bach, Versuch über die wahre Art das Clavier zu spielen – Berlin, 1753 III/654]

Mein Gott! warum will man den alten Bach mit Gewalt in einen Streit mischen, an welchem er, wenn er noch lebte, gewiß keinen Theil genommen haben würde? Man wird doch niemanden überreden, daß derselbe die Lehre von der Harmonie nach Art des Herrn Kirnbergers erkläret habe. Ich glaube, daß dieser große Mann sich mehr als einer einzigen Methode bey seinem Unterricht bedienet, und solche allezeit nach der Sphäre eines jeden Kopfs, nachdem er solchen mit mehrern oder wenigern Naturgaben ausgerüstet, geschmeidiger oder steifer, voller Seele oder hölzern fand, eingerichtet hat. Aber ich bin auch zugleich versichert, daß, wenn noch irgendwo Anleitungen zur Harmonie in Manuscript von diesem Mann existiren, man nirgends gewisse Dinge finden wird, die uns der Hr. Kirnberger für Bachische Lehrsätze verkaufen will. Sein berühmter Hr. Sohn zu Hamburg müßte doch auch ein Wort davon wissen.
[F. W. Marpurg, Versuch über die musikalische Temperatur – Berlin, 1776 III/815]

Komponist und Verleger

Die vier Teile der Klavierübung

Da der Hochfürstlich Anhalt-Cöthensche Capell-Meister und Director Chori Musici Lipsiensis, Herr Johann Sebastian Bach ein Opus Clavier Suiten zu ediren willens, auch bereits mit der ersteren Partitae den Anfang gemachet hat, und solches nach und nach, bis das Opus fertig, zu continuiren gesonnen; so wird solches denen Liebhabern des Claviers wissend gemacht. Wobey denn zur Nachricht dienet, daß der Autor von diesem Wercke selbst Verleger sey.
[Leipziger Zeitungen – Leipzig, 1. 11. 1726 II/214]

Daß die 2 und 3te Partita der Bachischen Clavir-Ubung nunmehro auch fertig, solches wird denen Liebhabern des Clavieres wissend gemacht, auch anbey benachrichtiget, daß solche nicht allein bey dem Autore, sondern auch 1) bey Herr Petzolden, Königlich Pohlnischer und Churfürstlich Sächßischer Cammer-Organist in Dreßden; 2) bey Herr Zieglern, Direct. Musices und Organisten zu St.

Ulrich in Halle; 3) bey Herr Böhmen, Organisten zu St. Johann in Lüneburg; 4) bey Herr Schwanebergen, Fürstl. Braunschweigischen Cammer-Musico in Wolffenbüttel; 5) bey Herr Fischern, Stadt- und Raths-Musico in Nürnberg, und dann 6) bey Herr Rothen, Stadt- und Raths-Musico in Augspurg, zu bekommen seyn. Die Continuation wird alle Messen geschehen.
[Leipziger Zeitungen – Leipzig, 19. 9. 1727 II/224]

Clavir Ubung / bestehend in / Praeludien, Allemanden, Couranten, Sarabanden, Giguen, / Menuetten, und andern Galanterien; / Denen Liebhabern zur Gemüths Ergoetzung verfertiget / von / Johann Sebastian Bach / Hochfürstlich Sächsisch-Weisenfelsischen würcklichen Capellmeistern / und / Directore Chori Musici Lipsiensis. / Opus 1. / In Verlegung des Autoris. / 1731
[Originaldruck – Leipzig, 1731 I/165]

Bach (Joh. Sebastian) Hrn. Joh. Ambrosii Bachs, gewesenen Hof- und Raths-Musici zu Eisenach Sohn, gebohren daselbst anno 1685 den 21 Martii, hat bey seinem ältesten Bruder, Hrn. Johann Christoph Bachen, gewesenen Organisten und Schul-Collegen zu Ohrdruff, die ersten Principia auf dem Clavier erlernet; wurde erstlich anno 1703 zu Arnstadt an der Neuen-Kirche, und anno 1707 zu Mühlhausen an der S. Blasii-Kirche Organist; kam anno 1708 nach Weimar, wurde hieselbst Hochfürstlicher Cammer-Musicus und Hof-Organist, anno 1714 Concert-Meister; anno 1717 zu Cöthen Hochfürstlicher Capell-Meister, und anno 1723 nach des seel. Hrn. Kuhnauens Tode, Music-Director in Leipzig, auch Hochfürstlich Sachsen-Weißenfelsischer Capell-Meister. Von seinen vortrefflichen ClavierSachen sind in Kupffer heraus gekommen: anno 1726 eine Partita aus dem B dur, unter dem Titul: Clavier-Ubung, bestehend in Praeludien, Allemanden, Couranten, Sarabanden, Giquen, Menuetten, etc. Dieser ist gefolgt die Zweyte, aus dem C moll; die 3te aus dem A moll; die 4te aus dem D dur; die 5te aus dem G dur, und die 6te aus dem E moll; wormit vermuthlich das Opus sich endiget. Die Bachische Familie soll aus Ungern herstammen, und alle, die diesen Nahmen geführet haben, sollen so viel man weiß, der Music zugethan gewesen seyn; welches vielleicht daher kommt: daß so gar auch die Buchstaben b̲a̲c̲h̲ in ihrer Ordnung melodisch sind. (Diese Remarque hat den Leipziger Hrn. Bach zum Erfinder.)
[J. G. Walther, Musicalisches Lexicon – Leipzig, 1732 II/323]

Zweyter Theil / der / Clavier Ubung / bestehend in / einem Concerto nach Italiaenischen Gusto / und / einer Overture nach Fran-

zösischer Art, / vor ein / Clavicymbel mit zweyen / Manualen. /
Denen Liebhabern zur Gemüths-Ergötzung verferdiget, / von /
Johann Sebastian Bach / Hochfürstlich Saechßisch Weißenfelßi-
schen Capellmeistern / und / Directore Chori Musici Lipsiensis. /
in Verlegung / Christoph Weigel Junioris.
[Originaldruck – Leipzig, 1735 I/168]

Notabene. Bey Christoph Weigel, des Jüngern, in der neuen Gas-
sen allhier ist zu haben: Zweyter Theil, der Clavier-Ubung, bestehend in einem Concerto nach Italienischen Gusto, und einer Overture nach Französischer Art, vor ein Clavicymbel mit zweyen
Manualen. Denen Liebhabern zur Gemüths-Ergötzung verfertiget, von Johann Sebastian Bach, Hoch-Fürstlich Sachsen-Weissen-
felsischen Capell-Meistern, und Directore Chori Musici. Lipsiensis. In Folio.
[Friedens- und Kriegs-Courier – Nürnberg, 1. 7. 1735 II/366]

So ist es auch an dem, daß mein Herr Vetter einige Clavier Sachen,
die hauptsächlich vor die Herrn Organisten gehören u. überaus
gut componirt sind, heraus wird geben, welche wohl auf kommende
Oster Meße mögten fertig werden, u. bey der 80 Blatten ausmachen,
kan der Herr Bruder etliche Praenumeranten darzu verschaffen, so
will er sie gegen Bezahlung [Preisangabe fehlt] annehmen, da alsdenn die andern ein mehreres werden zahlen müßen.
[Joh. Elias Bach an J. W. Koch in Ronneburg – Leipzig, 10. 1. 1739
II/434]

Denen Liebhabern der Bachischen Clavier-Ubung dienet zur
freundlichen Nachricht, daß der dritte Theil derselben fertig, und
nunmehro bey dem Autore in Leipzig zu haben sey, à 3. thl.
[Leipziger Zeitungen – Leipzig, 30. 9. 1739 II/456]

Dritter Theil / der / Clavier Übung / bestehend / in / verschiedenen
Vorspielen / über die / Catechismus- und andere Gesaenge, / vor
die Orgel: / Denen Liebhabern, und besonders denen Kennern /
von dergleichen Arbeit, zur Gemüths Ergezung / verfertiget von
/ Johann Sebastian Bach, / Koeniglich Pohlnischen, und Churfürstlich Saechs. / Hoff-Compositeur, Capellmeister, und / Directore Chori Musici in Leipzig.
    In Verlegung des Authoris.
[Originaldruck – Leipzig, 1739 I/169]

Clavier Ubung / bestehend / in einer / Aria / mit verschiedenen Veraenderungen / vors Clavicimbal / mit 2 Manualen. / Denen Liebhabern zur Gemüths-/Ergetzung verfertiget von / Johann Sebastian Bach / Königlich Pohlnischen u. Churfürstlich Saechsischen Hoff-/Compositeur, Capellmeister, u. Directore / Chori Musici in Leipzig.

Nürnberg in Verlegung / Balthasar Schmids.
[Originaldruck – Nürnberg, nach 1741 I/172]

Drucke der Spätzeit: Musikalisches Opfer und Kanonische Veränderungen

Da das unterm 11 May anni currentis in denen Leipziger- Berliner- Franckfurter- und andern Gazetten versprochene Königl. Preußische Fugen-Thema nunmehro die Presse paßiret; Als wird hierdurch bekannt gemacht, daß in bevorstehender Michaelis-Messe solches so wohl bey dem Autore, Capellmeister Bachen, als auch bey dessen beyden Herren Söhnen in Halle und Berlin, zu bekommen seyn werde, a 1. thl. Die Elaboration bestehet 1.) in zweyen Fugen, eine mit 3. die andere mit 6. obligaten Stimmen; 2.) in einer Sonata, a Traversa, Violino e Continuo; 3.) in verschiedenen Canonibus, wobey eine Fuga canonica befindlich.
[Leipziger Zeitungen – Leipzig, 30. 9. 1747 II/558 a]

Mit dem verlangten exemplar der Preußischen Fuge kan voritzo nicht dienen, indem justement der Verlag heüte consumiret worden; (sindemahlen nur 100 habe abdrucken laßen, wovon die meisten an gute Freünde gratis verthan worden). Werde aber zwischen hier u. neüen Jahres Meße einige wieder abdrucken laßen; wenn denn der Herr Vetter noch gesonnen ein exemplar zu haben, dürffen Sie mir nur mit Gelegenheit nebst Einsendung eines Thalers davon part geben, so soll das verlangte erfolgen.
[J. S. Bach an Joh. Elias Bach in Schweinfurt – Leipzig, 6. 10. 1748 I/49]

Einige canonische Veraenderungen / über das / Weyhnacht-Lied: / Vom Himmel hoch da / komm ich her. / vor die Orgel mit 2. Clavieren / und dem Pedal / von / Johann Sebastian Bach / Königlich Pohlnischen und Chur-Saechß: Hoff Compositeur / Capellm. u. Direct. Chor. Mus. Lips.

Nürnberg in Verlegung Balth: Schmids. / N. XXVIII.
[Originaldruck – Nürnberg, um 1748 I/176]

Mitarbeit an einem Gesangbuch

Die in diesem Musicalischen Gesangbuche befindlichen Melodien, sind von Sr. Hochedl. Herrn Johann Sebastian Bach, Hochfürstlich Sächßischen Capellmeister und Directore Chori Musici in Leipzig, theils ganz neu componiret, theils auch von Ihm im General-Baß verbessert, und beym Anfange eines jeden Liedes gleich eingedrucket worden. Man hätte deren noch mehrere beyfügen können, wenn man nicht bedencken müssen, daß hiedurch manchem das Buch zu theuer werden mögen. Indem man aber vor dießmal keine große Auflage gemachet, und daher zu hoffen ist, daß die vorhandenen Exemplarien dieses musicalischen Gesangbuches bald abgehen dörften; so ist der Verleger gesonnen, bey 200 Melodien, die zum Stechen bereits fertig liegen, noch hinzu zu thun:
[F. Schultze, Vorrede zum Schemelli-Gesangbuch – Zeitz, 24. 4. 1736 II/379]

Vertrieb fremder Kompositionen

Bey Herrn Capellmeister Bachen allhier sind für 3. und einen halben Thlr. auf Französisch Regal-Papier accurat und sauber in Kupfer gestochen zu bekommen: Compositioni musicali per il Cembalo divise in due Parti di Corrado Federigo Hurlebusch, Maestro di sua Maestà Rè di Suezia stampate a spese dell' Autore. In Hamborgo.
[Leipziger Zeitungen – Leipzig, 5. 5. 1735 II/363]

Habent sua fata . . .: Quellenüberlieferung und Bildnisse

Handschriftenaustausch im Freundeskreis

Jetzo habe nur noch zu berühren: daß, . . . von Teütschen Organisten, sonderlich mit des berühmten Buxtehudens und Bachs Arbeit, einem Liebhaber, auf schon gemeldte Art, dienen kan, weil von beyden sehr viele, ja über 200 Stücke zusammen ohngefehr besitze. Die erstern habe mehrentheils von dem seeligen Herrn Werckmeister, und des Herrn Buxtehudens eigner Hand in Teütscher Tabulatur; die zweyten aber von dem Herrn Auctore selbst, als welcher 9 Jahr Hof-Organist alhier gewesen, mein Vetter u. Gevatter ist, bekommen.
[J. G. Walther an H. Bokemeyer in Wolfenbüttel – Weimar, 6. 8. 1729 II/263]

Beykommende Resolution des ehemahls überschickten Bachischen Canonis[1] ist des Herrn Auctoris eigene Hand, u. von Selbigem mir, auf Verlangen, zugesendet worden.
[J. G. Walther an H. Bokemeyer in Wolfenbüttel – Weimar, 24. 1. 1738 II/410]

Ich muß aber zugleich von Herzen bedauren, daß gegenwärtige Zeilen ganz solo anmarschirt kommen, indem ich von meinem Herrn Vetter [Johann Sebastian Bach] u. deßen Haus ein ergebenstes compliment u. gegenseitigen Wunsch zu dem neuen Jahr an das Kochische Haus zumachen, u. in schuldigster Nachricht zuvermelden habe, daß der Herr Bruder[2] das verlangte Solo zwar bekommen soll, es muß aber vorher ausgeschrieben werden, weil es etwas undeutlich geschrieben, . . .
    Denn auf das erste angenehme Schreiben welches mir ein Abläder brachte, wollte mit allem Fleiß nicht antworten, weil ich weder das verlangte Basso Solo, noch auch das collegium Russian. mitschicken konnte, zu ienen machte mir mein Herr Vetter Hoffnung, daß er es wollte ausschreiben laßen, allein da dieses bis dato nicht geschehen, kan den Herrn Bruder leider auch jezo noch nicht damit erfreuen, meinem Herrn Vetter kan ich es auch nicht verdencken, indem er die ausgeschriebene Stimmen einem Bassisten, Nahmens Büchner geliehen, der sie ihm noch nicht zurücke geschickt, die partitur aber will er nicht aus den Händen geben, weil er auf solche Art schon um viele Sachen gekommen ist, indeßen soll von demselben ein ergebenstes compliment machen, u. zugleich die communicirten canones mit allem Danck remittiren, es soll nach seiner Außage keine Hexerey darbey seyn, u. hat er zu den großen eine Anmerkung geschrieben, sie sind auch durch Versehen des FuhrManns etwas naß geworden, indem es am selbigen Tage scharff regnete, welches der Herr Bruder nicht ungütig nehmen wird . . .
[Joh. Elias Bach an J. W. Koch in Ronneburg – Leipzig, 2./28. 1. 1741 II/484]

Wanderungen einer Luther-Ausgabe

Diese Teütsche und herrliche Schrifften des seeligen D. M. Lutheri, (so aus des großen Wittenbergischen General-Superintendentens u. Theologi D. Abrah: Calovii Bibliothec, u. woraus Er vermuthlig seine große Teütsche Bibel colligiret; so auch nach deßen Absterben in des gleichfals großen Theologi D. J. F. Mayers Hände

---

[1] Vermutlich BWV 1074 (1727, Widmung an Ludwig Friedrich Hudemann).
[2] J. E. Bach und J. W. Koch hatten offensichtlich Brüderschaft geschlossen, vielleicht während der Studienzeit in Jena.

kommen) habe in einer auction erstanden pro 10 thl. anno 1742. mense Septembris. Joh: Sebast: Bach.
[Eigenhändige Quittung – Leipzig, September 1742 I/123]

Künstlerisches Vermächtnis: Die Kunst der Fuge

Es wird hiermit zu wissen gemacht, daß von der Kunst der Fuga in 24. Exempeln, entworfen durch Joh. Seb. Bach, ehemahligen Capellmeister und Music-Director zu Leipzig, in den meisten und vornehmsten Buchhandlungen Teutschlands Avertissements zu haben. Es wird auf dieses Werk, welches in denen Avertissements genauer beschrieben, in den vornehmsten Buchhandlungen wie auch in Leipzig bey der Frau Wittbe Bachin, in Halle bey dem Hrn. Music-Director [Wilhelm Friedemann]Bach, in Berlin bey dem König̣l. Cammer-Musicus [Carl Philipp Emanuel] Bach, und in Naumburg bey dem Organist Altnicol, 5. thlr. Pränumeration angenommen, weil das Werk auf die 70. Platten beträgt, und also viele Unkosten dazu erfordert werden. Der Pränumerations-Termin darauf ist bis künftige Leipziger-Michaelis-Messe, und wird alsdenn das Werk ohne fernern Nachschuß gegen den Schein ausgeliefert werden.
[Leipziger Zeitungen – Leipzig, 1. 6. 1751 III/639]

Joh. Sebast. Bachs so genannte Kunst der Fuge, ein praktisches und prächtiges Werk von 70 Kupfern in Folio, wird alle französische und welsche Fugenmacher dereinst in Erstaunen setzen; dafern sie es nur recht einsehen und wohl verstehen, will nicht sagen, spielen können. Wie wäre es denn, wenn ein jeder Aus- und Einländer an diese Seltenheit seinen Louis d'or wagte? Deutschland ist und bleibet doch gewiß das wahre Orgel- und Fugenland.
[J. Mattheson, Philologisches Tresespiel – Hamburg, 1752 III/647]

Es wird hiermit bekannt gemacht, daß das Bachische Werk, die Kunst der Fuge genannt, fertig ist, und diejenigen, welche darauf pränumeriret haben, ihre Exemplaria ietzige Woche gegen Einsendung des Pränumeration-Scheins abhohlen lassen können. Es sind auch noch Exemplaria gegen baare Bezahlung zu bekommen.
[Leipziger Zeitungen – Leipzig, 3. 5. 1752 III/649]

40 [Thaler] Herrn Johann Sebastian Bachens, gewesenen Cantoris zu St: Thomas hinterlaßener Witbe, Annen Magdalenen, wegen Überreichung einiger Exemplarien von besondern musicalischen, von gedachten ihrem Ehemanne bey seinem Leben componirten und nach deßen Tode abgedruckten Stücken, die Kunst der Fuge

genannt, auch sonst in Ansehung deren Dürfftigkeit, den 19. Maji, laut Verordnung und Quittung.
[Ratsrechnungen – Leipzig, 19. 5. 1752 III/650]

Berlin. Den Herren Verlegern practischer musikalischen Werke wird hiemit bekannt gemacht, wie ich gesonnen, die saubre und accurat gestochne Kupfertafeln zu dem vor einigen Jahren angemeldtem Fugenwerke meines sel. Vaters, des Capellmeisters Joh. Sebast. Bach, für einen billigen Preiß aus der Hand zu verkauffen. Es belauft sich die Anzahl derselben auf etliche sechzig, und sie betragen am Gewicht an einen Centner. Von dem innern Werthe dieses Werks wird es unnöthig seyn, viel zu sagen, da das Andenken der Kunst meines sel. Vaters, besonders in der Fuge, von was für einer Art und Gattung sie auch seyn mogte, bey den Kennern dieser Arbeit noch nicht erloschen ist. So viel wird mir davon anzumerken erlaubt seyn, daß es das vollkommenste practische Fugenwerk ist und daß jeder Schüler der Kunst, mit Zuziehung einer guten theoretischen Anweisung, dergleichen die Marpurgische ist, nothwendig daraus lernen muß, eine gute Fuge zu machen, und also keinen mündlichen Lehrmeister, der sich das Geheimniß der Fuge oft theuer genung bezahlen lässet, zu seinem Unterrichte bedarf. Dieses Werk wurde bisher 4 Rthlr. das Exemplar verkauft. Es sind aber nur ungefähr dreyßig Exemplare davon abgesetzet worden, weil es noch nicht überall bekannt ist; und, da mir meine Verrichtungen im Dienste Sr. Majestät nicht gestatten, mich in viele und weitläuftige Correspondenzen einzulassen, um es gehörig überall bekannt zu machen: so ist dieses die Ursache, warum ich mich entschlossen, mich davon gänzlich loß zu sagen. Die Herren Liebhaber können sich schriftlich allhier nach Berlin an mich adreßiren, und versichert seyn, daß ich auf das erste annehmliche Gebot, das jemand thun wird, ihm ohne alle fernere Weitläuftigkeit und Umstände, die Tabellen überlassen werde, damit durch desselben weitläuftigere Bekanntschaften, zum Besten des Publici, das Werk überall bekannt werde. Berlin den 14 Sept. 1756.

Carl Philipp Emanuel Bach.
[F.W. Marpurg, Historisch-Kritische Beyträge Berlin, 1756 III/683]

Nachlaß des Bach-Schülers Johann Caspar Vogler

Ingleichen ist vorgemeldten Herrn Hoforganistens sämtlicher Vorrath an Musicalien, von J. S. Bach und andern berühmten Musicis, um einen billigen Preis zu verkaufen, und kan den Herren Liebhabern auf Verlangen mit dem darüber gefertigten Catalogo gedient werden.
[Weimarische Frag- und Anzeigen – Weimar, 16. 7. 1766 III/728]

Bachiana im Benediktinerkloster auf dem Monte Cassino

Auf eine so unterhaltende Art brachten wir den Abend heran, besuchten noch einige der Herren Paters, und am Ende den Bruder Organisten, der auf seinem Pulte Musikalien von unsern alten Teutschen Bach liegen hatte.
[C. T. Weinlig, Tagebuchaufzeichnung in Briefform – Neapel, 14. 10. 1768 III/750]

Die ältesten Söhne im Verkehr mit Interessenten

Ich besitze von der Hand meines seeligen Vaters geschrieben und componirt 60 ausgeführte Choräle, worunter keiner von denen ist, welche Birnstiel druckt. Diese 60 Choräle sind manualiter und pedaliter eigentlich für die Orgel gesetzt, ob man sie gleich recht gut auf dem Claviere spielen kann. Sie sind alle auf 2 Systeme oder 2 Reihen Linien gebracht. Die mehresten sind nur kurz ausgeführt, indem der cantus firmus in einer von den Stimmen gerade durchgeführt ist. Zwischen jedem Absatze kommen zuweilen im Cantu firmo kleine Pausen, da unter deßen die übrigen Stimmen fortgehen. Viele von diesen Chorälen sind weitläuftig durchgearbeitet, indem einige vielleicht kaum auf 2 Bogen Platz haben. Alle zusammen sind bloß für die Orgel, ohne daß ein anderes Instrument oder Singestimme darbey ist. Sie sind noch nicht bekannt: Jedoch, da ich weiß, daß sie in gute u. für meinen lieben seeligen Vater freundschaftliche Hände gerathen sollen, (wenn sie anders verlanget werden); so will ich damit herausrücken, u. sie sauber abgeschrieben ablaßen. Es sind sämtlich Meisterstücke, und noch von mehrerer Kunst u. Arbeit, als die überschickten Proben. Ich verlange, aus Freundschaft, für die Communication u. für die Copie nicht mehr zusammen, als 40 rthl. im guten Golde, oder 8 Louis d'or. Hat denn der gute Freund die Kunst der Fuge meines seeligen Vaters?
[C. Ph. E. Bach an C. G. v. Murr in Nürnberg – Berlin, nach 1765 III/725]

Meines seeligen Vaters Bildniß kostet nichts. Die erhaltene Musicalien von ihm können nach Ihrer Bequemlichkeit wieder zurückkommen, weil ich sie so nothwendig nicht brauche. Von meines seeligen Vaters Kupfersachen sind keine Exemplare mehr zu haben; auch die Platten sind nicht mehr da. Was ich davon habe, nehmlich den ersten u. 3tten Theil [der Clavier-Übung], will ich Ihnen gebunden zur beliebigen Abschrift, oder gar käuflich überlaßen. Die Materie von beyden kostete ehemahls 6 rthl., wenn Sie sie nicht abschreiben wollen, so will ich beyde Theile Ihnen, sauber

gebunden, u. sehr gut conservirt, für 8 rthl. überlaßen. Ich habe des seeligen Mannes manuscript u. damit will ich mich behelfen, u. sie haben das Exemplar, was er ehedem selbst für sich hatte. Doch müßen Sie Sich gar nicht genieren.
[C. Ph. E. Bach an J. N. Forkel in Göttingen – Hamburg, 9.8.1774 III/792]

Hierbey erhalten Sie die 2 Bücher, für deren richtige Bezahlung ich Ihnen bestens danke. Bey dem einen finden Sie die 6 gestochenen Choräle hinten mit gebunden. Die dabey geschriebene Anmerckungen sind von der Hand des seeligen Autors. Außerdem erhalten Sie noch 6 Stücke von J. S. u. eben so viele von W. F. Unter den erstern sind 6 angenehme Vorspiele für Anfänger sehr nutzbar, und unter den lezteren ist das verlangte Stück mit 2 Claviren. Bey nahe ein Duzend Trii von J. S. u. noch einige Pedalstücke von ihm, stehen zu Dienste. Dies ist alles, was ich habe. Es ist ärgerlich, daß die Sachen vom seeligen Vater so herumflattern, ich bin zu alt, u. zu sehr beschäftigt um sie zusammen zu treiben.[1]
[C. Ph. E. Bach an J. N. Forkel in Göttingen – Hamburg, 26. 8. 1774 III/793]

In Eil habe ich das Vergnügen Ihnen, bester Freund, den Rest meiner Sebastianoren zu schicken, nehmlich 11 Trii, 3 Pedalstücke u. Vom Himmel hoch etc. Sollten Sie diesen lezteren Choral bereits haben, so schicken Sie ihn gelegentlich wieder zurück. Die 6 Clavirtrio, die unter ihren Numern zusammengehören, sind von den besten Arbeiten des seeligen lieben Vaters. Sie klingen noch jetzt sehr gut, u. machen mir viel Vergnügen, ohngeacht sie über 50 Jahre alt sind. Es sind einige Adagii darin, die man heut zu Tage nicht sangbarer setzen kann. Da sie sehr zerlästert sind, so belieben Sie solche gut in acht zu nehmen.
[C. Ph. E. Bach an J. N. Forkel in Göttingen – Hamburg, 7. 10. 1774 III/795]

Herr [Carl Philipp Emanuel] Bach zeigte mir zwey geschriebene Bücher von seines Vaters Komposition, die er schon lange für seine Schüler gemacht hatte. Jedes Buch enthielt vier und zwanzig Vorspiele und vier und zwanzig Fugen aus allen Tonarten, worunter einige fünfstimmig und sehr schwer waren.[2] Er schenkte mir verschiedene von seinen eignen Sachen, und drey oder vier seltne

<hr>

[1] Mit den »2 Büchern« sind Drucke der Klavierübung I und III gemeint, mit den »6 gestochenen Chorälen« die sogenannten Schübler-Choräle BWV 645–650, mit den »Vorspielen für Anfänger« wohl die Präludien BWV 933–938.
[2] Wohltemperiertes Klavier I und II.

alte Bücher und Abhandlungen über die Musik, aus seines Vaters Sammlung, und versprach mir dabey, in Zukunft mir allemahl mit mehrern an die Hand zu gehen, wenn ich ihm nur schreiben wollte, was ich nötig hätte.
[Ch. Burney, Tagebuch seiner Musikalischen Reisen – Hamburg, 1773 III/778]

A propòs Haben Ew. Hoch Edelgeb. Dero Musicalia verauctionirt? Meine Abreise aus Braunschweig war so eilfertig, daß ich keinen Catalogue von meinen hinterlassenen Musikalien und Büchern machen konte, auf die Kunst der Fuge von meinem Vater und Quanzens Anweisung auf der Flöte kan mich noch besinnen, die andern Kirchen Musiquen und Jahrgänge wie auch Bücher haben Ew. Hoch Edelgeb. en honethomme aufgehoben und mir versprochen mit Zuziehung eines verständigen Musici sie lege auctionis in Geld zu versetzen.
[W. F. Bach an J. J. Eschenburg in Braunschweig – Berlin, 4. 7. 1778 III/831]

Ungewißheit nach dem Tode der Söhne

Wer erinnert sich nicht an diesem Tag mit fühlbarer Theilnehmung des großen Verlusts, den Deutschland an demselben 1750 durch den Tod des großen Johann Seb. Bachs erlitt? – Sein ist die Erfindung der Viola pomposa – sein sind eilf gedrukte Werke, wie sie in unsern verfeinerten Jahrzehenten wohl keiner mehr schreiben wird. – Mit Schmerzen denke ich daran, was nun wohl in wenigen Jahren aus der Menge seiner Manuscripten, wovon gewiß jedes ein Meisterstük ist, werden kann, nachdem nun auch sein würdiger Sohn [Carl Philipp Emanuel] tod ist.
[Musikalische Real-Zeitung – Speyer, 29. 7. 1789 III/939]

Pastellbildnis in Hamburg – Oelportrait in Halle

Bey Ueberschickung dieser Psalmen, welche, so bald ich sie mit der Meße kriege, so gleich geschehen soll, werde ich Ihnen einen kürzlich verfertigten saubern u. ziemlich ähnlichen Kupferstich[1] von meines lieben seeligen Vaters Portrait zu überschicken, das Vergnügen haben. Meines Vaters Portrait, welches ich in meiner musicalischen Bildergallerie, worin mehr als 150 Musicker von Profeßion befindlich sind, habe, ist in pastell gemahlt. Ich habe es von Berlin hieher zu Waßer bringen laßen, weil dergleichen Gemählde

---

[1] Von Samuel Gottlieb Kütner nach dem Portrait von E. G. Haußmann.

mit trocknen Farben das Erschüttern auf der Axe nicht vertragen können: außerdem würde es ich Ihnen sehr gerne zum Copieren überschickt haben.[1]

[C. Ph. E. Bach an J. N. Forkel in Göttingen – Hamburg, 20. 4. 1774 III/785]

Über zwei merkwürdige Bildnisse von J. S. Bach und Gluck. Aus dem Briefe eines deutschen reisenden Künstlers.

Leipzig – – Wir besuchten auf diesem Wege den Kapellmeister Reichardt in seinem gar lieben schön gelegnen Landhause bei Gibichenstein, . . . ich wollte Dir ein Wort über zwei sehr charakteristische Bilder, die ich in seinem Museum sah, sagen. Das Eine war J. S. Bach's Bild nach dem Leben gemalt,[2] das Andre Gluck's Bild von Duplessis. Gluck schickte es wenig Jahre vor seinem Tode an Reichardt. Bach, der große Grammatiker und Contrapunktist, steht da mit voller Wange, runzlicher Stirne, breiten Schultern in stattlicher Bürgerkleidung, und hält ein musikalisches Kunststück einen canon triplex a. 6. V. in der Hand, den er uns zum Auflösen vorhält. Gluck sitzt im Schlafrocke am Flügel und spielt, den Kopf geniealisch fein gehoben, die Stirne heiter, den Himmel im Auge, und holde Freundlichkeit auf den Lippen, im ganzen Gesichte den schönsten wärmsten Kunstgenuß. – Ich kann es Dir nicht ausdrücken, wie die so äußerst bedeutende Verschiedenheit in der Darstellung dieser beiden Männer mich traf und durchdrang. –

[J. F. Reichardt, Musikalisches Wochenblatt – Berlin, 12. 11. 1791 III/964]

Untaugliche Vergleiche: Händel und Marchand

Die vermeintlichen Dioskuren

Auch bin ich des Glaubens, daß die besten von seinen [Händels] italienischen Opernarien, in Abwechselung der Schreibart und Erfindsamkeit der Begleitung, die Arien aller vorigen und gleichzeitigen Komponisten in ganz Europa übertreffen; daß er in seinen Violinsachen mehr Feuer hat, als Corelli, und mehr Rhythmus, als Geminiani; daß er in seinen vollen, meisterhaften und herrlichen Orgelfugen, wozu das Thema jedesmal höchst natürlich und gefällig ist, den Frescobaldi, und selbst Johann Sebastian Bach und

---

[1] Der Verbleib des Pastells ist unbekannt.
[2] Von Elias Gottlob Haußmann.

andre Deutsche übertroffen hat, die in dieser schweren und mühsamen Setzart am berühmtesten sind.
[Burney/Eschenburg, Nachricht von G. F. Händel's Lebensum-
ständen – Berlin, 1785 III/905]

Ein so großer Componist Händel in jedem Betracht war; ja sogar:
ein so großer Contrapunktist und Spieler auf Clavierinstrumenten
er vielleicht gegen jeden andern war; so steht er doch gerade in
diesen beyden Stücken gar sehr weit unter Joh. Seb. Bach, der hierinn vielleicht ein ewig unerreichbares Muster seyn und bleiben
wird. Jedem das Seine. Händel wird deswegen nicht kleiner, weil
er als Contrapunktist und Spieler nicht größer ist, als Joh. Seb.
Bach.* Er hat der großen Seiten so viele, daß sein Künstlerruhm
demohngeachtet fest stehen wird.
[J. N. Forkel, Gelehrte Anzeigen und Musikalischer Almanach –
Göttingen, 1786 und 1789 III/912]

Mit Herrn Burney bin ich an verschiedenen Orten unzufrieden.
Bey Händeln trift das auch zu, was andern wiederfährt, wenn man
sie vergöttern will, so leiden sie gemeiniglich Schaden. Vergleiche
sind schwehr u. müßen auch nicht seyn. Kayser hier zu Händels
Zeiten übertraf den leztern weit im Gesange u. Händel würde auch
nie ein Haße, Graun etc. etc. darin geworden seyn, wenn er auch zu
den lezteren ihren Zeiten gelebt hätte. Es war auch nicht nöthig;
er war, in seinen Oratorien besonders, groß genug. Aber vom
Orgelspielen zu schreiben: daß er meinen Vater etc. etc. übertroffen habe; dies kann kein Mann sagen, der in Engelland ist, wo
unbedeutende Orgeln Notabene alle ohne Pedal sind, der folglich
keine Einsicht in das auszeichnende des Orgelspielens hat, der
keine Orgelsachen vielleicht gesehen oder gehört hat, der endlich
meines [Vaters] Clavier- u. besonders Orgelsachen gewiß nicht
kennt u. unter den lezteren den durchaus obligaten Gebrauch des
Pedals, ihm bald den Hauptgesang, bald den Alt, bald den Tenor
zu geben, allezeit in Fugen, wo niemahls eine Stimme verlaßen
wird, und die schwehrsten Paßagien vorkommen, auch außerdem
mit dem größten Feuer u. Glanze die Füße beschäftiget, en fin un-
zählige Sachen, von denen Burney nichts weiß etc. etc. etc.

---

* Als Händel in seinen beßten Jahren einmal von London nach Halle kam, um seine
Familie daselbst zu besuchen, freute sich Joh. Seb. Bach, der damals [1729] in Leipzig
stand, so sehr über seine Ankunft, daß er ihn durch seinen ältesten Sohn, den nunmehr
verstorbenen Wilhelm Friedemann sogleich bekomplimentiren und zu sich nach Leipzig
einladen ließ. Verschiedene angesehene Musikfreunde lauerten mit Schmerzen auf diese
Zusammenkunft, um ein kleines freundschaftliches Certamen unter zwey so großen
Männern zu veranlassen; aber Händel vermied, mehrerer Einladungen ungeachtet, jede
Gelegenheit dazu. Reces. hat diese Geschichte nebst nähern Umständen aus dem Munde
Wilhelm Friedemann Bachs selbst.

Haße, die Faustina, Quanz u. a. mehr, welche Händeln gut gekannt u. gehört haben, sagten anno 1728 oder 1729, als mein Vater sich in Dreßden öffentlich hören ließ:[1] Bach hat das Orgelspielen aufs Höchste gebracht. vide in Quanzens Anweisung. Im Ernste, hierin kan der Unterschied kaum größer seyn. Hat Händel je Trios mit 2 Manualen und Pedal gemacht? Hat er fürs bloße Clavier 5 u. 6 stimmige Fugen gemacht? Gewiß nicht. Folglich kan hierin gar kein Vergleich stattfinden; der Abstand ist zu groß. Man besehe beyder Männer Clavier- und Orgelsachen.
[C. Ph. E. Bach an J. J. Eschenburg in Braunschweig – Hamburg, 21. 1. 1786 III/908]

Claviersachen von Bachen und Händeln erschienen zu gleicher Zeit in den zwanziger Jahren dieses Sekulums im Druck. Aber welche Verschiedenheit! In Händels Suiten ist viel Copie nach der damaligen Art der Franzosen, und nicht viel Verschiedenheit; in Bachs Theilen der Clavierübung ist alles Original und verschieden. Der Gesang der Arien mit Veränderungen in Händels Suiten ist platt und für unsere Zeiten viel zu einfältig; Bachs Arien mit Veränderungen sind noch jetzt gut, sind Original, und werden deswegen nicht leicht veralten. Welcher Reichthum, besonders in Bachs gedruckten Arie mit Veränderungen fürs Clavizimbel mit zwey Manualen![2] Welche Mannichfaltigkeit! Welche Fertigkeit der Hände und des Vortrages erfordernde Kunst!

Der erste Theil von Händels Claviersuiten ist bis auf die Arien sehr gut. Der zweyte Theil soll galanter seyn, aber er ist mehrentheils gemein und elend.

Händels Fugen sind gut, nur verläßt er oft eine Stimme. Bachs Clavierfugen kann man für so viele Instrumente aussetzen, als sie vielstimmig sind; keine Stimme geht leer aus, jede ist gehörig durchgeführt. Händels Fugen erstrecken sich nicht weiter, als höchstens auf vier Stimmen. Bach hat in seinen Sammlungen des so betitelten wohl temperirten Claviers fünfstimmige Fugen, und zwar durch alle vier und zwanzig Thonarten gemacht. Sogar hat man eine Fuge von ihm über das Königlich Preußische Thema mit sechs Stimmen und zwar manualiter.[3] Wenn von harmonischer Kunst die Rede ist, von dem Genie des Meisters, das viele Theile eines großen Werkes erfand, vollkommen ausarbeitete, und zu einem großen schönen Ganzen bildete, und in einander paßte, das Mannichfaltigkeit und simple Größe vereinigte, und zwar so, daß selbst der Liebhaber, der nur einigermaassen die Sprache der Fuge verstand, (andere haben über Fugen kein Urtheil) dadurch entzückt

[1] Gemeint ist Bachs Dresdener Aufenthalt im September 1731.
[2] Die Goldberg-Variationen, BWV 988.
[3] Ricercar aus dem Musikalischen Opfer, BWV 1079.

wurde: so zweifele ich, ob je Händels Fugen mit den Bachischen die Vergleichungen aushalten.

Was haben aber Bachs übrige Claviersachen nicht für Vorzüge! Wie viel Leben, Neuheit und gefällige Melodie noch itzt, da alles im Gesange so verfeinert ist! Wie viel Erfindung, welche Mannichfaltigkeit in allerley Geschmack, der kunstreichen und galanten, der gebundenen und freyen Schreibart, wo Harmonie oder Melodie herrscht; dort äußerste Schwierigkeit für Meisterhände, und hier Leichtigkeit, selbst für etwas geübte Liebhaber! Wie viel brave Clavierspieler haben seine Stücke nicht hervorgebracht! War er nicht der Schöpfer einer ganz andern Behandlungsart der Clavierinstrumente? Gab er ihnen nicht vorzüglich Melodie, Ausdruck und Gesang im Vortrage? Er, der tiefste Kenner aller Kontrapunktischen Künste, (und Künsteleyen sogar) wußte der Schönheit die Kunst unterthan zu machen. Und welch eine große Menge von Claviersachen hat er gesetzt! . . .

In Bachs Orgelsachen kommen mehrentheils, und bey Stücken mit zwey Manualen und Pedal allezeit drey Systeme übereinander vor. Das Pedal ist allezeit vom Manuale frey und eine Stimme für sich. Zuweilen kommen auch zwey obligate Stimmen im Pedal vor. Die linke Hand ist nichts weniger, als Baßspielerin, sie muß alle Fertigkeit und Geläufigkeit der Rechten haben, um die ihr vorgeschriebenen Stimmen, die so oft voll lebhafter Melodie sind, gehörig ausführen zu können.

Nach Beschaffenheit der Registrirung giebt Bach dem Pedal zuweilen die prachtvolle, und dennoch manchmal nicht langsame noch leichte Hauptmelodie, wobey die beyden Hände das Glänzende haben; zuweilen hat es die oberste Mittelstimme, zuweilen die unterste. Alle diese Aufgaben und Veränderungen müssen sich die Hände auch gefallen lassen.

Das Pedal hat zuweilen viel Glänzendes und Geschwindes, welches freylich nur geübte Meister auszuführen im Stande sind, und dergleichen in England wohl nie mag erhört worden seyn. Wenn man nun hinzusetzt, daß Bach nicht allein mit der Feder allen diesen Forderungen ein Genüge gethan habe, sondern auch aus dem Stegereife im Stande war es zu thun, und zwar so regelmäßig als möglich: welche Größe gehört nicht hierzu!

Außer den vielen von J. S. gesetzten, ausgeführten und variirten Chorälen und Vorspielen dazu (auch die finden bey den Engländern wenig Statt, da ihre Art des Kirchengesangs wenig Gelegenheit dazu giebt) außer andern Trios für die Orgel sind besonders 6 dergleichen für zwey Manuale und das Pedal bekannt,[1] welche so galant gesetzt sind, daß sie jetzt noch sehr gut klingen, und nie veralten, sondern alle Moderevoluzionen in der Musik überleben werden. Ueberhaupt genommen, hat noch niemand so viel schönes für die Orgel gesetzt, als J. S. Bach.

[1] Die Orgeltriosonaten, BWV 525–530.

Quanz sagt an einem Orte seiner gedruckten Anweisung die Flöte traversier zu spielen, nämlich im XVIII. Hauptstück §. 83. daß unser bewunderungswürdige J. S. Bach in den neuern Zeiten die Kunst die Orgel zu spielen, zu ihrer größten Vollkommenheit gebracht habe. Und Quanz war doch unstreitig Kenner der Kunst und Mann von Geschmack, den er auf langen Reisen durch Deutschland, Italien, Frankreich, Holland und England, wo er alle große Tonkünstler oft hörte, ausgebildet hatte. Namentlich kannte er Händeln sehr genau und verehrte ihn. Quanz war nebst Hassen und der Faustina, welche alle Händeln lange gekannt und oft auf dem Clavier und der Orgel gehört hatten, in Dresden gegenwärtig, als sich J. S. Bach in den Dreyßigern dieses Jahrhunderts vor dem Hofe und vielen Kennern auf der Orgel hören ließ; diese bekräftigten das angeführte Urtheil über ihn, als den ersten und fertigsten aller Orgelspieler und Komponisten für dies Instrument. Dies Urtheil lebt auch noch in dem allgemeinen Rufe in Deutschland und auswärtigen Ländern . . .

Und unter allen den Händelschen Orgelsachen, die ich kenne, (und ich setze wohlbedächtlich hinzu, was Hr. D. Burney bey Bachen ausläßt: so viel ich ihrer von Händeln auch kenne,) finde ich keines, das die oben an den Bachischen gerühmten Vorzüge hätte. Allenthalben giebt das Pedal Trumpf zu, das ist, es thut nichts weiter, als den Baß verstärken, und kann auch bloß manualiter, ohne daß die Wirkung geschwächt würde, gespielt werden . . .

Oder war diese große erhabnere Arbeit, diese Bachische Kunst, (welche die alten finstern Grübeleyen mit dem hellern Geschmack und schönern Ausdruck der Neuern so glücklich und unerreichbar vereinte,) war diese selbst des großen Händels Sache nicht? Ein sonderbarer Umstand in seiner Lebensgeschichte macht es wahrscheinlich, daß er sich nicht getrauete, in diesem Stücke gegen J. S. B. aufzukommen. Im ersten Bande von Marpurgs Beyträgen zur Geschichte der Musik, S. 450, ist eine Stelle, welche das bestätigt, nur bedarf sie eines kleinen Kommentars. Die Stelle lautet so: hat nicht ein großer Händel alle Gelegenheiten vermieden, sich mit dem seligen Bach, diesem Phönix im Satze und der Ausführung aus dem Stegereife, zusammenzufinden, und sich mit ihm einzulassen? u. s. w., und der Kommentar ist folgender: Händel ist dreymal aus England in Halle gewesen, das erstemal ungefähr um 1719, das zweytemal in den Dreyßigern, und das letztemal 1752 oder 1753.[1] Beym erstenmale war J. S. B. damals Kapellmeister in Köthen, vier kleine Meilen von Halle. Er erfuhr Händels Anwesenheit in letztgedachtem Orte, sogleich setzte er sich auf die Post, und fuhr nach Halle. Denselben Tag, wie er da ankam, reisete Händel weiter. Beym zweytenmale hatte J. S. B. zum Unglück das Fieber. Weil er nun selbst nach Halle zu reisen außer Stande war, so schickte er sogleich seinen ältesten Sohn, Wilhelm Friedemann,

[1] Händel besuchte Halle 1719, 1729 und 1750.

dahin, um Händeln aufs höflichste einzuladen. Friedemann besuchte Händeln, und erhielt zur Antwort, daß er nicht nach Leipzig kommen könnte, und es sehr bedauerte. J. S. B. war nämlich schon damals in Leipzig, auch nur vier Meilen von Halle. – Beym drittenmale war J. S. schon todt. Händel war also nicht so neugierig, wie J. S. B., welcher einmal in seiner Jugend wenigstens 50 Meilen zu Fuße lief, um den berühmten Lübeckschen Organisten Buxtehude zu hören. Um so viel mehr schmerzte es J. S. B., daß er Händeln, diesen wirklich großen Mann, den er besonders hochachtete, nicht persönlich hatte kennen lernen.

Vielleicht fällt aber jemanden hiebey die bekannte Geschichte mit dem nicht ohne Verdienst berühmten französischen Orgelspieler Marchand ein, der nach Dresden kam, um mit Bachen um die Wette zu spielen, und ohne Sieg bescheiden sich in sein Vaterland zurückezog, nachdem der König mit einer großen und glänzenden Gesellschaft beym Marschall Grafen von Flemming deswegen ihn erwartete. Er ließ eine Besoldung von einigen 1000 Thalern im Stiche, und war mit Extrapost fort. Vielleicht hält man daher Bachen für einen herausfordernden musikalischen Renommisten, dem der friedfertige Händel wohl hätte aus dem Wege gehen müssen? Nein, Bach war nichts weniger, als stolz auf seine Vorzüge, und ließ seine Uebermacht niemand empfinden. Im Gegentheil war er ungemein bescheiden, tolerant und sehr höflich gegen andere Tonkünstler. Die Geschichte mit Marchand wurde hauptsächlich durch andere bekannt, er selbst hat sie nur selten erzählt, wenn man in ihn drang. Nur ein Beyspiel zum Beweise seiner Bescheidenheit, wovon ich Zeuge gewesen bin. Bach kriegte einsmals einen Besuch von Hurlebusch, einem Clavier- und Orgelspieler, welcher damals sehr berühmt war. Dieser letztere setzte sich auf Ersuchen an den Flügel; und was spielte er Bachen vor? Eine gedruckte Menuet mit Veränderungen. Hierauf spielte Bach ganz ernsthaft nach seiner Art. Der Fremde von Bachs Höflichkeit und freundlicher Aufnahme durchdrungen, machte Bachs Kindern mit seinen gedruckten Sonaten ein Geschenk, damit sie daraus, wie er sagte, studiren sollten, ohngeachtet Bachs Söhne schon damals ganz andere Sachen zu spielen wußten. Bach lächelte für sich, blieb bescheiden und freundlich.

[C. Ph. E. Bach (?), Allgemeine deutsche Bibliothek – (Berlin), 27. 2. 1788   III/927]

Händel war vielleicht der einzige große Fugist ohne Pedanterie. Er bearbeitete selten trockene oder schwerfällige Themen; seine Themen waren stets natürlich und gefällig. Im Gegensatz dazu verachtete Sebastian Bach, wie Michelangelo in der Malerei, Leichtigkeit so sehr, daß sein Genius sich nie zum Leichten und Anmutigen herabließ. Niemals habe ich eine Fuge dieses gelehrten und mächtigen Autors über ein natürliches und singendes Thema gesehen; oder nur eine leichte und einleuchtende Passage, die nicht mit schwerfälligen und schwierigen Begleitungen überhäuft ist . . .

Unter den Organisten des gegenwärtigen Jahrhunderts sind Händel und Sebastian Bach die berühmtesten. Noch können viele Lebende sich an die Erhabenheit, Erfahrenheit und Vollendung von Händels Ausführung erinnern und Sebastian Bach soll nach den Worten von Hrn. Marpurg die Eigenschaften vieler großer Musiker in sich vereinigt haben: gründliche Wissenschaft, fruchtbare Einbildungskraft und einen leichten und natürlichen Geschmack. [Ch. Burney, History of Music – London, 1789   III/942, 943 Original englisch]

Der nicht zustande gekommene Wettstreit

Marchand hat sich nicht weniger durch seine sonderliche Aufführung als durch seine Geschicklichkeit, bey uns in Deutschland aber besonders durch seine Catastrophe in Dresden bekannt gemacht. Es war der seel. Capellmeister Bach, der ihm den Preiß daselbst abspielte, nachdem Marchand denselben in ganz Italien und sonsten überall, wo er gewesen war, erhalten hatte. Wer aus dieser Niederlage des Marchand in Dresden schliessen wollte, es müsse ein schlechter Tonkünstler gewesen seyn, würde schlecht schliessen. Hat nicht ein grosser Händel alle Gelegenheiten vermieden, sich mit dem seel. Bach, diesem Phönix in dem Satze und der Ausführung aus dem Stegereif, zusammen zu finden, und sich mit ihm einzulassen? Pompejus war deswegen kein schlechter General, ob er gleich die Pharsalische Schlacht wider den Cäsar verlohr, und ist jedermann hernach ein Bach? Ich habe selbsten von dem seel. Capellmeister die Geschicklichkeit des Marchand sehr rühmen hören, und es würde übrigens dem erstern wenig Ehre gemacht haben, einen Menschen von einer sehr gemeinen Fähigkeit zu besiegen. Dazu hätte man ihn nicht dürfen mit der Extrapost von Weymar kommen lassen. Es hätten sich ja wohl in der Nähe dazu Leute gefunden. [F. W. Marpurg, Historisch-Kritische Beyträge – Berlin, 1755 III/675]

Es würde vergeblich seyn allhier weitläuftig zu erzehlen, wie er [Johann Sebastian Bach] durch seine Stärke nicht etwa Deutschland, sondern Europa in Verwunderung gesetzt; indem ich etwas schreiben würde, welches jedermann bewust. Sondern ich setze nur einige Umstände hieher, welche vielleicht nicht jedem offenbar; . . . Es wird §. 345 Marchand, ein Franzos, zu nennen seyn, welcher sich einstens mit unserm Kapellmeister zu gleicher Zeit in

Dresden befand, und durch allerhand Discurse gerieth man auf den Einfall, daß diese beyden Männer mit einander certiren sollten, um zu sehen, ob die deutsche Nation, oder die französische, den besten Claviermeister aufzuweisen hätte. Unser Landsmann ließ sich zur bestimmten Zeit also hören, daß sein Gegner seine schlechte Lust, es mit ihm anzunehmen, dadurch zu erkennen gab, daß er sich unsichtbar machte. Als Herr Bach zu einer gewissen Zeit bey uns in Erfurt war, trieb mich die Begierde, alles genau zu wissen, an, ihn darum zu fragen, da er dann mir alles erzelte, welches zum Theil hier nicht statt hat, zum Theil ist es mir wieder entfallen.
[J. Adlung, Anleitung zu der musikalischen Gelahrtheit – Erfurt, 1758 III/693]

Marchand, ein pariser Organist, hat 2 Bücher oder vielmehr 2 Piecen vor das Clavier in Kupfer heraus gegeben 1718 in längl. 4 (*).
   (*) Er ändert die Schlüssel sehr oft, so wohl vor die rechte als linke Hand. Nur einmal haben sie mir gefallen; nehmlich als ich mit dem Kapellm. Bach bey seinem Hierseyn von dem Streit redete, (s. oben §. 356) und ihm sagte, daß ich diese Suiten hätte, so spielte er sie mir vor nach seiner Art, das ist, sehr flüchtig und künstlich.
[J. Adlung, Anleitung zu der musikalischen Gelahrtheit – Erfurt, 1758 III/696]

Die Fama berichtet, daß unser Sieger, nachdem er seinen Widersacher im Extemporespiel aus dem Sattel gehoben hatte, seine Stärke auch im Vomblattspiel versuchen wollte und ein selbst komponiertes Musikstück vor sich hinstellte, das er aus Weimar mitgebracht hatte und das – wie wir vermuten dürfen – keines von den leichtesten war, Marchand aber, der es nicht spielen konnte, bald aufgab, er des Franzosen Komposition nahm und sie, obwohl er sie nie zuvor gesehen hatte, auf den Kopf stellte und mit der größten Leichtigkeit zum Erstaunen aller Anwesenden und auch Marchands selbst spielte.
[J. C. Heck, The Musical Library – London, um 1775 III/811 a Original englisch]

Marchand kam während seiner Verbannung aus Frankreich, im Jahre 1717 nach Dresden, ließ sich vor dem Könige von Pohlen mit besonderm Beyfall hören, und war so glücklich, daß ihm ein königlicher Dienst von etlichen tausend Thalern angeboten ward. Bey der Capelle dieses Prinzen befand sich damals ein französischer Concertmeister, Nahmens Volumier, der entweder über das seinem

Landsmann bevorstehende Glück scheel zu sehen anfieng, oder von ihm zufälliger Weise indisponiret worden war. Selbiger stellte den Kammermusikern vor, wie Marchand allen deutschen Clavieristen Hohn spräche, und hielte mit ihnen Rath, wie man den Stolz dieses Goliath wenigstens etwas demüthigen könnte, wenn es nicht möglich wäre, ihn vom Hofe wegzubringen. Auf die Versicherung, daß der Kammer- und Hoforganist in Weymar Sebastian Bach ein Mann wäre, der es alle Tage mit dem französischen Hoforganisten aufnehmen könnte, wenn er ihn nicht überträfe, schrieb Volumier sofort nach Weymar, und ladete den Herrn Bach ein, ohne Verzug nach Dresden zu kommen, und mit dem berühmten Herrn Marchand eine Lanze zu brechen. Bach kam, und wurde mit Genehmigung des Königs, ohne daß es Marchand wußte, in dem nächsten Concert bey Hofe als Zuhörer zugelaßen. Als sich Marchand in selbigem unter andern mit einem vielfach veränderten französischen Liedchen hören laßen, und sowohl wegen der in den Veränderungen angebrachten Künste als wegen seiner netten und feurigen Ausführung sehr applaudiret worden war, so wurde der neben ihm stehende Bach aufgefordert, den Flügel zu versuchen. Er genügte der Aufforderung, präludirte kurz, doch mit Meistergriffen, und ehe man es sich versah, so wiederhohlte er das vom Marchand gespielte Liedchen, und veränderte es, mit neuer Kunst, auf eine noch nicht gehörte Art ein Dutzend mal. Marchand, der bisher allen Organisten Trotz geboten hatte, mußte ohne Zweifel die Superiorität des gegenwärtigen Antagonisten erkennen. Denn da Bach sich die Freyheit nahm, ihn zu einem freundschaftlichen Wettstreit auf der Orgel einzuladen, und ihm zu dem Ende ein auf ein Blättchen Papier mit einem Bleystift entworfnes Thema, zur Ausarbeitung aus dem Stegreif, präsentirte und sich dagegen eines von ihm ausbat, so erschien der Herr Marchand so wenig auf dem erwählten Kampfplatz, daß er vielmehr für dienlich erachtet hatte, sich mit Extrapost von Dresden zu entfernen. – Auf diese Art ist mir diese Anekdote, die man verschiedentlich erzälet, von dem Herrn Sebastian Bach selber erzählet worden. Uebrigens ließ derselbe der Geschicklichkeit des französischen Virtuosen alle mögliche Gerechtigkeit widerfahren, und bedauerte, daß er ihn nicht auf der Orgel gehöret hatte.
[F. W. Marpurg, Legende einiger Musikheiligen – Breslau, 1786 III/914]

Fuge

Bedenken Sie einmal, wie vielmal man den Hauptsatz in einer Fuge hören muß. Wenn man ihn nun noch dazu in eben denselben Tonarten, es sey gleich höher oder tiefer, ohne was anders dazwischen, immer in einem weg hören muß, ist es alsdenn möglich, den Ekel zu verbeissen? Wahrlich, so dachte der größte Fugenmacher unserer Zeiten, der alte Bach, nicht. Sehen Sie seine Fugen an. Wie viel künstliche Versetzungen des Hauptsatzes in andere Tonarten, wie viel vortreflich abgepassete Zwischengedanken finden Sie da nicht! Ich habe ihn selbst einsmals, als ich bey meinem Aufenthalte in Leipzig mich über gewisse Materien, welche die Fuge betrafen, mit ihm besprach, die Arbeiten eines alten mühsamen Contrapunktisten für trocken und hölzern, und gewisse Fugen eines neuern nicht weniger großen Contrapunktisten, in der Gestalt nämlich, in welcher sie aufs Clavier appliciret sind, für pedantisch erklären hören, weil jener immer bey seinem Hauptsatze, ohne einige Veränderung, bleibt; dieser aber, wenigstens in den Fugen, wovon die Rede war, nicht Feuer genug gezeiget hatte, das Thema durch Zwischenspiele aufs neue zu beleben. Mich dünkt, die Beyspiele und die Urtheile eines so großen Mannes, als der alte Bach war, welcher auch alle die papiernen Künsteleyen, so zu sagen, aus dem Aermel schüttelte, über deren einer allein mancher viele Tage, und doch noch dazu wohl vergeblich, schwitzen muß, des alten Bachs Urtheile, sage ich, tragen zur Bestärkung eines durch die Empfindung selbst bestärkten musikalisch-praktischen Grundsatzes ein Ansehnliches bey.
[F. W. Marpurg, Kritische Briefe über die Tonkunst – Berlin, 9. 2. 1760 III/701]

Oper

Ich kenne einen alten sehr künstlichen Doppelcontrapunktisten, der ehedessen zu Dresden bey den vortreflichsten Opern von Haßen gegähnt hat, vermuthlich mit eben der Artigkeit als der vermuthlich bloß dem galanten Styl zugethane Franzos[1] bey einem Doppelcontrapunkt gegähnet hat.
[Litteratur- und Theater-Zeitung – Berlin, 20. 9. 1783 III/881 a]

---

[1] Die Bezeichnung »Franzos« zielt auf eine anonyme französische Kritik an dem Komponisten und Kontrapunktlehrer G. B. Martini.

Choralvorspiel

Man hat eine Menge neuer und alter Vorspiele, mit und ohne Choral. Mit dem Choral bleiben die Waltherischen, die nie alt werden, und die selbst der Vater der Harmonie, J. Sebastian Bach, nach seinem schriftlichen Bekenntnisse, höher als seine eigne Arbeit schätzte, allemal die vorzüglichsten, und so zu sagen, Meisterstücke.
[J. M. Rempt, Vierstimmiges Choralbuch, Vorrede – Weimar, 1. 8. 1799   III/1018]

Improvisation

Johann Sebastian Bach trat einst in eine große Gesellschaft, als eben ein Musikliebhaber am Flügel saß und phantasirte. In dem Augenblicke, daß dieser den großen Meister gewahr wird, springt er auf und endet mit einem dissonirenden Akkorde. Bach, der das hört, wird durch den musikalischen Übelstand so beleidigt, daß er dem ihm entgegen kommenden Wirthe vorbeiläuft, zum Flügel eilt, den dissonirenden Akkord auflößt und gehörig schließt. Dann erst tritt er zum Wirthe, und macht ihm seine Eintrittsverbeugung.
[J. F. Reichardt, Musikalischer Almanach – Berlin, 1796 III/997]

Besucher und Bewunderer

Gewichtige Anerkennungen

Ich habe von dem berühmten Organisten zu Weimar/ Hrn. Joh. Sebastian Bach/ Sachen gesehen/ so wohl vor die Kirche als vor die Faust/ die gewiß so beschaffen sind/ daß man den Mann hoch aestimiren muß.
[J. Mattheson, Das Beschützte Orchestre – Hamburg, 1717 II/83]

. . . Telemann . . . Dieser berühmte Mann ist einer von den dreyen musicalischen Meistern die heute zu Tage unserm Vaterlande Ehre machen. Hendel wird in Londen von allen Kennern bewundert, und der Herr Capellmeister Bach ist in Sachsen das Haupt unter seines gleichen. Sie breiten auch ihre Sachen nicht nur in Deutschland aus, sondern Italien, Franckreich und Engelland lassen sich dieselben häufig zuschicken und vergnügen sich schon darüber.
[J. C. Gottsched, Der Biedermann – Leipzig, 20. 12. 1728 II/249]

An den Herrn Capell-Meister J. S. Bach.

Wenn vor gar langer Zeit des Orpheus Harfen-Klang
Wie er die Menschen traf, sich auch in Thiere drang;
So muß es, grosser Bach, weit schöner Dir gelingen:
Es kan nur deine Kunst vernünftge Seelen zwingen.
Und dieses trifft gewiß mit der Erfahrung ein:
Oft sieht man Sterbliche den Thieren ähnlich seyn,
Wenn ihr zu blöder Geist nicht dein Verdienst erreichet,
Und in der Urteils-Kraft dem dummen Viehe gleichet.
Kaum treibst du deinen Schall an mein geschäfftig Ohr,
So tönet, wie mich deucht, das ganze Musen-Chor.
Ein Orgel-Griff von Dir muß selbst den Neid beschämen,
Und jedem Lästerer die Schlangen-Zunge lähmen.
Apollo hat Dich längst des Lorbeers wehrt geschätzt,
Und deines Namens Ruhm in Marmor eingeätzt.
Du aber kanst allein durch die beseelten Säyten
Dir die Unsterblichkeit, vollkommner Bach, bereiten.

[L. F. Hudemann, Proben einiger Gedichte – Hamburg, 1732 II/325]

Bekanntschaften mit Meistern von erstem Range

Ich, Carl Philip Emanuel Bach, bin 1714 im März, in Weimar gebohren. Mein seliger Vater war Johann Sebastian, Kapellmeister
einiger Höfe, und zuletzt Musikdirektor in Leipzig. Meine Mutter
war Maria Barbara Bachin, jüngste Tochter, von Johann Michael
Bachen, einen gründlichen Komponisten. Nach geendigten Schul-
studien auf der leipziger Thomasschule, habe ich die Rechte sowohl in Leipzig als nachher in Frankfurt an der Oder studirt, ...
In der Komposition und im Clavierspielen habe ich nie einen andern Lehrmeister gehabt, als meinen Vater. ... Ich bin also beständig in Deutschland geblieben und habe nur in diesem meinem
Vaterlande einige Reisen gethan. Dieser Mangel an auswärtigen
Reisen, würde mir bey meinem Metier mehr schädlich gewesen
seyn, wenn ich nicht von Jugend an das besondre Glück gehabt
hätte, in der Nähe das Vortreflichste von aller Art von Musik zu
hören und sehr viele Bekanntschaften mit Meistern vom ersten
Range zu machen, und zum Theil ihre Freundschaft zu erhalten.
In meiner Jugend hatte ich diesen Vortheil schon in Leipzig, denn
es reisete nicht leicht ein Meister in der Musik durch diesen Ort,
ohne meinen Vater kennen zu lernen und sich vor ihm hören zu
lassen. Die Grösse dieses meines Vaters in der Komposition, im
Orgel und Clavierspielen, welche ihm eigen war, war viel zu bekannt, als daß ein Musikus vom Ansehen, die Gelegenheit, wenn
es nur möglich war, hätte vorbey lassen sollen, diesen grossen
Mann näher kennen zu lernen.

[C. Ph. E. Bach, Selbstbiographie – Hamburg, 1773 III/779]

Hierauf nahm er [Johann Georg Pisendel] in Anspach seinen Abschied, und begab sich im März 1709. nach Leipzig, um allda der Musik und dem Studiren noch weiter obzuliegen ... Seine Hinreise gieng durch Weimar, wo er sich dem damals allda in Diensten stehenden Herrn Johann Sebastian Bach bekannt machte.
[J. A. Hiller, Wöchentliche Nachrichten – Leipzig, 3. 3. 1767 III/735]

... mich wundert, daß alles so en general gesprochen wird als: die Bache, die Bendas etc. Wer der alte Bach geweßen weiß ich wol, aber auch daß seine Söhne außer dem in Berlin [Carl Philipp Emanuel], der auch sehr gut, ihm nicht das Waßer reichen.
[J. G. Pisendel an G. Ph. Telemann in Hamburg – Dresden, November 1750 II/629]

Die schöne Dreßdner Capelle hatte einen zu starken Eindruck in ihm [Johann Christian Hertel] gemacht, als daß er sie nicht noch einmal zu hören hätte wünschen sollen. Er beschloß also damahls [Ende 1726] von Weimar aus eine Reise dahin zu thun, und nahm seinen Weg durch Leipzig, wo er den Herrn Capellmeister Bach seiner Person und Geschicklichkeit nach zu kennen das Vergnügen hatte; ...
[J. W. Hertel in Marpurgs Historisch-Kritischen Beyträgen – Berlin, 1757 III/688]

Ich hatte sehr viel von einem grossen Meister der Musik ehemahls theils gesehen, theils gehöret. Ich fand einen ausnehmenden Gefallen an dessen Arbeit. Ich meine den nunmehro seligen Herrn Capellmeister Bach in Leipzig. Mich verlangte nach der Bekanntschaft dieses vortreflichen Mannes. Ich wurde auch so glüklich, dieselbe zu geniesen. Ausser diesem, habe ich auch den berühmten Herrn Händel, zu hören, und ihm, nebst noch andern lebenden Meistern in der Musik bekannt zu werden, das Vergnügen gehabt.
[J. P. Kellner, Selbstbiographie – Gräfenroda, 1. 11. 1754 III/663]

Er [Kellner] war ein sehr fertiger Spieler und großer Fugiste auf der Orgel. Er rühmt sich den großen Händel und Seb. Bach gehört und ihre Bekanntschaft genossen zu haben. Man erzählt die Anekdote von ihm: daß, als er gemerkt, daß Bach in die Kirche getreten sey, er auf der Orgel das Thema zu einer Fuge intonirt, b, a, c, h, und es nach seiner Manier, das ist sehr künstlich, durchgeführet habe.
[E. L. Gerber, Historisch-Biographisches Lexicon der Tonkünstler – Leipzig, 1790 III/950]

Anno 1725. hatte ich von neuem grosse Lust, das berühmte Leipzig zu sehen: reisete demnach, auf erhaltene Erlaubniß, in Begleitung eines hiesigen Kauffmanns, dahin, und langte in der Ostermesse daselbst an. Ich hatte das Glück, den berühmten Hrn. Capellmeister Bach kennen zu lernen, und aus dessen Geschicklichkeit meinen Nutzen zu ziehen.
[J. Francisci, Selbstbiographie – Neusohl, 11. 1. 1740 II/469]

Unter dieser Zeit bin ich, auf Kosten eines vornehmen Gönners allhier in Hirschberg, nach Leipzig gereiset, um den berühmten Joh. Sebast. Bach spielen zu hören. Dieser grosse Künstler nahm mich liebreich auf, und entzückte mich dermaassen durch seine ungemeine Fertigkeit, daß mich die Reise niemahls gereuet hat.
[J. B. Reimann, Selbstbiographie – Breslau, Februar 1740 II/471]

Worauf ich das Glück hatte, den weltberühmten Herrn Bachen zu hören. Ich meinte, der Italiänische Frescobaldi hätte alle Clavir-Kunst allein gefressen, und Carissimi wäre ein allertheuerster und allerliebster Organist; Allein wenn man die 2. Italiäner in eine Wagschale zusammen mit ihrer Kunst, und den Teutschen Bachen in die andere setzen solte, so würde dieser sehr praeponderiren, und die andere 2. in die Lufft marchiren.
[M. H. Fuhrmann, Satans-Capelle – Berlin, 1729 II/268]

Anbey melde, daß ich ein Scholar von dem berühmten Herrn Bachen, der jetzo in Leipzig Direktor Musices ist, welcher zwar, wie er mir gleich selber sagt, persöhnlich noch nicht in Görlitz gewesen, doch vielleicht allda per Renomee bekand wäre, und bin in der Virtu auf der Orgel und Geschwindigkeit in Händen und Füßen diesem hier in Sachsen der nechste, welches sich in würklicher That am besten zeigen würde.
[J. C. Vogler an den Magistrat in Görlitz – Leipzig, 25. 12. 1729 II/266]

Herr Benda reisete also im März 1734. dahin. [nach Bayreuth] ...
Auf der Hinreise hatte Herr Benda in Leipzig das Vergnügen den Herrn Kapellmeister Bach, und seine Herrn Söhne kennen zu lernen.
[J. A. Hiller, Wöchentliche Nachrichten – Leipzig, 16. 12. 1766 III/731]

... so gewiß hoffte die Ehre zu haben, den Herrn Bruder bald zu sprechen, welches um desto sehnlicher wünschte, da eben zu der Zeit etwas extra feines von Music passirte, indem sich mein Herr Vetter [Wilhelm Friedemann Bach] von Dreßden, der über 4 Wochen hier zugegen gewesen, nebst den beyden berühmten Lautenisten, Herrn Weisen u. Herrn Kropffgans etliche mal bey uns haben hören laßen, ...
[J. Elias Bach an J. W. Koch in Ronneburg – Leipzig, 11. 8. 1739 II/448]

Nachklang der Potsdamer Reise

Auf meiner Rückreise über Leipzig habe Herrn Capellm. Bach gesprochen, welcher mir seine Berlinische Reise u. Geschicht von der Fuge, die er vor dem König gespielt, erzählt, welche nächstens in Kupfer wird gestochen werden, u. in dem Packet der Societät ein Exemplar zum Vorschein kommen. Ich habe den Anfang schon davon gesehen.
[L. Mizler an M. Spieß in Irsee – Końskie, 1. 9. 1747 II/557]

Unter anderem sprach er [Friedrich II.] mit mir von Musik und von einem großen Organisten namens [Wilhelm Friedemann] Bach, der sich gerade in Berlin aufhält. Dieser Künstler besitzt eine hervorragende Gabe in bezug auf alles, was ich an Tiefe der harmonischen Kenntnisse und Stärke der Ausführung gehört habe oder mir vorstellen kann. Indessen finden diejenigen, die seinen Vater gekannt haben, daß er an ihn nicht heranreiche. Der König ist derselben Ansicht, und um sie mir zu beweisen, sang er mit lauter Stimme das Thema einer chromatischen Fuge, das er dem alten Bach gegeben hatte, der auf der Stelle eine Fuge daraus machte mit 4, dann 5, schließlich mit 8 obligaten Stimmen.
[G. v. Swieten an Fürst Kaunitz in Wien – Berlin, 26. 7. 1774 III/790 Original französisch]

Der Einzige in der Welt

Ich habe neulich einen Meister-Schluß gelesen, der so lautet: Wozu ich [Johann Sebastian Bach] es selbst, durch Fleiß und Uibung habe bringen können, dazu muß es ein ander, der nur halbwege Naturell und Geschicke hat, auch bringen. Dabey dachte ich, wenn das wahr wäre, wie könnte denn ein solcher Meister der einzige in der Welt seyn, und ihm keiner gleich kommen?
[J. Mattheson, Der Vollkommene Capellmeister – Hamburg, 1739 II/464]

145

Insgesamt habe ich erhalten eine Toccata, Allemande, Corrente und Fuge für Cembalo von Herrn Joh. Sebastian Bach; eine Cembalofuge, Fuge des Preußenkönigs genannt, vom selben Bach; dieselbe Fuge a 6.; eine Sonate für Violine, Flöte traversiere und Baß; einige Kanons von demselben; zwei Cembaloduette, alles vom obenerwähnten Herrn Bach. Ich halte es für überflüssig, das besondere Verdienst des Herrn Bach beschreiben zu wollen, weil er nicht allein in Deutschland, sondern auch in unserem ganzen Italien zu sehr bekannt und bewundert ist, nur sage ich, daß ich es für schwierig halte, einen Lehrer zu finden, der ihn übertrifft, weil er sich heutzutage mit Recht rühmen kann, einer der ersten zu sein, die es in Europa gibt.
[G. B. Martini an G. B. Pauli in Fulda – Bologna, 14. 4. 1750 II/600 Original italienisch]

Eine Widmung leichter Klavierstücke an Bach

Es werden sich vielleicht viele verwundern, daß mich der Kühnheit unterfangen, Ew: HochEdlen als einen so grossen und Welt berühmten Virtuosen und Fürsten der ClavierSpieler gegenwärtige Sonatinen zu dediciren. Allein solche werden etwa noch nicht wissen, daß die grosse musicalische Virtu so Ew. HochEdlen besitzen, mit der vortreflichen Virtu der Leutseligkeit und ungeheuchelten Liebe des Nechsten gezieret ist . . . . Und vielleicht ist auch in diesen leichten Stücken noch ein Gang oder Satz so Ew: HochEdlen zum freundlichen Schmunzel-Lachen bewegen wird. Weiter habe davon nichts zu gedencken, sondern nur Ew: HochEdlen gehorsamst zu bitten, dieses kleine Werkgen als ein Zeichen meiner gantz besonderen Hochachtung vor Dero geehrteste Person und unvergleichliche Composition mit geneigten Händen anzu nehmen und mit Dero hochgeschätzten Wohlwollen mir ferner zu gethan zu verbleiben.
[G. A. Sorge, Drittes halbes Dutzend Sonatinen – Lobenstein, vor 1745 II/526]

Beifall für Katechismus-Choräle und Italienisches Konzert

Hier hat auch der Herr Capellmeister Bach herausgegeben: Dritter Theil der Clavier Uebung bestehend in verschiedenen Vorspielen über die Catechismus und andere Gesänge vor die Orgel, denen Liebhabern und besonders denen Kennern von dergleichen Arbeit zur Gemüths Ergetzung verfertiget von Johann Sebastian Bach, Königl. Polnischen und Churfürstl. Sächs. Hof Compositeur, Capellmeister und Directore chori musici in Leipzig. In Verlegung des Autoris.

Das Werk bestehet aus 77 Kupfertafeln in Fol. welche sehr sauber gestochen und reinlich auf gutes starkes Papier abgedruckt sind. Der Preiß ist 3 Rthlr. Der Herr Verfasser hat hier ein neues Exempel gegeben, daß er in dieser Gattung der Composition vor vielen andern vortrefflich geübet und glücklich sey. Niemand wird es ihm hierin zuvor thun, und gar wenige werden es ihm nachmachen können. Dieses Werk ist eine kräfftige Widerlegung derer, die sich unterstanden des Herrn Hof Compositeurs Composition zu critisiren.
[L. Mizler, Musikalische Bibliothek – Leipzig, Oktober 1740 II/482]

Vornehmlich aber ist unter den durch öffentlichen Druck bekannten Musikwerken ein Clavierconcert befindlich, welches den berühmten Bach in Leipzig zum Verfasser hat, und aus der großen Tonart, F, geht. Da dieses Stück auf die beste Art eingerichtet ist, die nur in dieser Art zu setzen anzuwenden ist: so glaube ich, daß es ohne Zweifel allen großen Componisten, und erfahrnen Clavierspielern so wohl, als den Liebhabern des Claviers und der Musik, bekannt seyn wird. Wer wird aber auch nicht so fort zugestehen, daß dieses Clavierconcert als ein vollkommenes Muster eines wohleingerichteten einstimmigen Concerts anzusehen ist? Allein, wir werden auch noch zur Zeit sehr wenige, oder fast gar keine Concerten von so vortrefflichen Eigenschaften, und von einer so wohlgeordneten Ausarbeitung aufweisen können. Ein so großer Meister der Musik, als Herr Bach ist, der sich insonderheit des Claviers fast ganz allein bemächtiget hat, und mit dem wir den Ausländern ganz sicher trotzen können, mußte es auch seyn, uns in dieser Setzart ein solches Stück zu liefern, welches den Nacheifer aller unserer großen Componisten verdienet, von den Ausländern aber nur vergebens wird nachgeahmet werden.
[J. A. Scheibe, Der Critische Musikus – Leipzig, 1745 II/463]

Letzte Huldigungen

Sonnet auf weyland Herrn Capellmeister Bach.

Laßt Welschland immer viel von Virtuosen sagen,
    Die durch die Klingekunst sich dort berühmt gemacht:
Auf Deutschen Boden sind sie gleichfalls zu erfragen,
    Wo man des Beyfalls sich nicht minder fähig acht't.
Erblichner Bach! Dir hat allein dein Orgelschlagen
    Das edle Vorzugs-Wort des Großen längst gebracht;
Und was für Kunst dein Kiel aufs Notenblatt getragen,
    Das wird von Meistern selbst nicht ohne Neid betracht't.

So schlaf! dein Nahme bleibt vom Untergange frey:
Die Schüler deiner Zucht und ihrer Schüler Reyh
Dient, durch ihr Wissen, dir zur schönen Ehrencrone;
    Auch deiner Kinder Hand setzt ihren Schmuck daran;
    Doch was insonderheit dich schätzbar machen kan,
Das zeiget uns Berlin in einem würdgen Sohne.
[G. Ph. Telemann in Curiosa Saxonica – Dresden, Januar 1751
III/636]

    Und wie viel der größten Geister umringen die Muse,
    Welche für ihre besondere Kunst den Lorbeer verlangen!
    Von der Orgel bis auf die Flöte sind Meister vorhanden,
    Die kein andres Volk in solcher Volkommenheit darstellt.
    Welche Namen sind Bach, und seine melodischern Söhne,
    Die der sonst lahmen Hand zum Klaviere mehr Finger gegeben.
[F. W. Zachariä, Die Tageszeiten – Braunschweig, 1756 III/678]

Die künstlerische Hinterlassenschaft

Wenn ich mich gegen die resp. Erben des seel. Herrn Capell-
meisters Bach verbindlich gemacht, gegenwärtiges Werk mit einer
Vorrede zu begleiten: So geschieht dieses mit desto mehrerm Vergnügen, weil ich dadurch Gelegenheit bekomme, meine Hochachtung gegen die Asche dieses berühmten Mannes öffentlich zu erneuern. Ich verrichte dieses zugleich mit der grösten Bequemlichkeit, weil ich mir die Mühe ersparen kann, zu den gewöhnlichen
Zierrathen aus der Redekunst meine Zuflucht zu nehmen. Der
Nahme des Verfassers ist zur Empfehlung eines Werks von dieser
Beschaffenheit genung. Man müste in die Einsichten der Musikverständigen ein Mißtrauen setzen, wenn man ihnen sagen wolte,
daß darinnen die verborgensten Schönheiten von dem, was nur in
dieser Kunst möglich ist, enthalten wären. Ein vortreflicher Tonkünstler seyn, und die Vorzüge des seel. Bach nicht zu schätzen
wißen, ist ein Wiederspruch. Es schwebet noch allen, die das Glück
gehabt, ihn zu hören, seine erstaunende Fertigkeit im Erfinden und
Extemporisiren im Gedächtnis, und sein in allen Tonarten sich
ähnlicher glücklicher Vortrag in den schwersten Gängen und
Wendungen ist allezeit von den grösten Meistern des Griffbrets
beneidet worden. Thut man aber einen Blick in seine Schriften:
so könte man aus allen, was jemahls in der Musik vorgegangen
und täglich vorgehet, den Beweiß hernehmen, daß ihn keiner in der
tiefen Wissenschaft und Ausübung der Harmonie, ich will sagen,
einer tiefsinnigen Durcharbeitung sonderbarer, sinnreicher, von
der gemeinen Art entfernter und doch dabey natürlichen Gedanken übertreffen wird; ich sage natürlicher Gedanken, und rede von
solchen, die in allen Arten des Geschmacks, er schreibe sich her aus

was für einem Lande er wolle, ihre Gründlichkeit, Verbindung und Ordnung wegen Beyfall finden müßen. Eine Melodie, die nur blos mit dem Geschmacke der Zeit dieses oder jenen Gebietes überein-kömmt, ist nur so lange gut, als dieser Geschmack herrschet. Kommt es dem Eigensinne ein, an einer andern Art von Wendung mehr Vergnügen zu haben: so fält dieser Geschmack über Hauf-fen. Natürliche und bündige Gedancken behaupten allezeit und durchgängig ihren Wehrt. Solche Gedanken finden sich in allen Sachen, die jemahls aus der Feder des seel. Herrn Bach gefloßen. Vorstehendes Werk bezeuget es aufs neue. . . . Daß alle hier vor-kommende verschiedene Gattungen von Fugen und Contrapunc-ten über eben denselben Hauptsatz aus dem D moll, oder dem D la Re über die kleine Terz gesetzt sind, und daß alle Stimmen darinnen durchgehends singen, und die eine mit so vieler Stärke, als die andern, ausgearbeitet ist, fällt einem jeden Kunstverstän-digen so gleich in die Augen. Ein besonderer Vorzug dieses Werkes ist, daß alles darinnen befindliche in der Partitur stehet. Die Vor-theile einer guten Partitur aber sind längstens ausgemacht . . . . Es wäre zu wünschen, daß Gegenwärtiges Werk einige Nacheiferung erweckete, und den lebendigen Exempeln so vieler rechtschaffenen Leute, die man hin und wieder am Ruder einer Capelle und darin-nen siehet, Vorschub thäte, die Ehre der Harmonie bey der hüp-fenden Melodienmacherey so vieler heutigen Componisten in etwas wieder herzustellen.
[F. W. Marpurg, Vorrede zur Kunst der Fuge – Berlin, Frühjahr 1752 III/648]

Er hat schöne Chorale gesetzt, da er noch Hoforganist in Weimar war; solches auch nach der Zeit als Kapellmeister in Köthen, und zuletzt als Musikdirector in Leipzig, auch Hofcomponist des Kö-nigs in Polen und Churfürstens von Sachsen, fleißig fortgesetzt. . . . Wie er noch lebe in seinen Kindern, . . . kann hier nicht anders, als mit wenig Worten angemerkt werden, damit ich nicht die Haupt-sache aus der Acht lasse. Nehmlich es herrscht in seinen Choralen sehr viel Kunst, deren die meisten geschrieben ausgegeben worden; aber in den letzten Jahren sind doch einige in Kupfer heraus kom-men; als 6 Chorale von verschiedener Art auf einer Orgel mit 2 Clavieren und Pedal; im Verlag Jo. Georg Schüblers, zu Zelle, am Thüringer Walde; ferner: Vom Himmel hoch da komm ich her, 2 Clav. und Ped. 4 Blat in fol. in Schmids Verlag zu Nürnberg u.s.f. Ich breche ab, und sage mehr nicht, als daß diejenigen Recht zu haben scheinen, welche viel Künstler gehört, aber doch alle be-kennen, es sey nur ein Bach in der Welt gewesen; und ich thue noch hinzu, daß die bachischen Schuhe wenigen gerecht sind.
[J. Adlung, Anleitung zu der musikalischen Gelahrtheit – Erfurt, 1758 III/693]

Kritiker und Verteidiger

Scheibe contra Birnbaum: Mangel der Annehmlichkeit?

Der Herr = = ist endlich in = = der Vornehmste unter den Musicanten. Er ist ein ausserordentlicher Künstler auf dem Clavier und auf der Orgel, und er hat zur Zeit nur einen angetroffen, mit welchem er um den Vorzug streiten kan. Ich habe diesen grossen Mann unterschiedene mahl spielen hören. Man erstaunet bey seiner Fertigkeit, und man kan kaum begreifen, wie es möglich ist, daß er seine Finger und seine Füsse so sonderbahr und so behend in einander schrencken, ausdehnen, und damit die weitesten Sprünge machen kan, ohne einen einzigen falschen Thon einzumischen oder durch eine so heftige Bewegung den Körper zu verstellen.

Dieser grosse Mann würde die Bewunderung gantzer Nationen seyn, wenn er mehr Annehmlichkeit hätte, und wenn er nicht seinen Stücken durch ein schwülstiges und verworrenes Wesen das Natürliche entzöge, und ihre Schönheit durch allzugrosse Kunst verdunkelte. Weil er nach seinen Fingern urtheilt, so sind seine Stücke überaus schwer zu spielen; denn er verlangt die Sänger und Instrumentalisten sollen durch ihre Kehle und Instrumente eben das machen, was er auf dem Claviere spielen kan. Dieses aber ist unmöglich. Alle Manieren, alle kleine Auszierungen, und alles, was man unter der Methode zu spielen verstehet, druckt er mit eigentlichen Noten aus; und das entziehet seinen Stücken nicht nur die Schönheit der Harmonie, sondern macht auch den Gesang durchaus unvernehmlich. Alle Stimmen sollen mit einander, und mit gleicher Schwierigkeit arbeiten, und man erkennet darunter keine Hauptstimme. Kurtz: Er ist in der Music dasjenige, was ehemahls der Herr von Lohenstein in der Poesie war. Die Schwülstigkeit hat beyde von dem natürlichen auf das künstliche, und von dem erhabenen auf das Dunkle geführet; und man bewundert an beyden die beschwerliche Arbeit und eine ausnehmende Mühe, die doch vergebens angewendet ist, weil sie wider die Natur streitet.
[J. A. Scheibe, Der Critische Musicus – Hamburg, 14. 5. 1737 II/400]

Bachische Kirchen-Stücke sind allemahl künstlicher und mühsamer; keineswegs aber von solchem Nachdrucke, Überzeugung, und von solchem vernünfftigen Nachdencken, als die Telemannischen und Graunischen Wercke.
[J. A. Scheibe, Sendschreiben an Herrn Capellmeister Mattheson – Hamburg, Januar 1738 II/411]

Es schreibt der verfasser ferner; der Herr Hof-Compositeur habe zur zeit nur einen angetroffen, mit welchem er um den vorzug streiten könne. Wer hiedurch gemeinet werde ist mir, und noch vielen andern unbekannt. Der verfasser würde sich sehr viele verpflichtet, und deren billige neugierigkeit vergnügt haben, wenn er von demselben nähere nachricht ertheilen wollen. Ich zweifle aber, ob er solches iemahls wird zu thun im stande seyn. Zielt er etwan damit auf einen gewissen grossen meister der Music eines auswärtigen reiches, der wie man sagt, seiner gantz besondern geschicklichkeit wegen, nach dem gebrauch des landes, die Doctor würde in der Music zur würdigen belohnung erhalten hat; so beruffe ich mich auf das zeugniß einiger unpartheyischen kenner der Music, die auf ihren reisen, diesen grosen mann [Georg Friedrich Händel] ebenfalls zu hören das glück gehabt, dessen geschicklichkeit ungemein gerühmet, dem allen ohngeachtet aber ungeheuchelt versichert haben: es sey nur ein Bach in der welt, und ihm komme keiner gleich. Bey sogestallten sachen dürffte der Herr Hof-Compositeur wohl noch keinen angetroffen haben, mit welchem er um den vorzug streiten könnte.

Nunmehr entdeckt der verfasser etwas genauer, was er an diesen grossen manne, da er ihn selbst verschiedene mahl spielen hören, ruhm und bewunderungswürdiges gefunden habe. Er bewundert die ungemeine fertigkeit seiner hände und füsse . . . Warum rühmt er nicht die erstaunende menge seltener und wohlausgeführter einfälle; die durchführungen eines einzigen satzes durch die thone, mit den angenehmsten veränderungen; die gantz besondere geschicklichkeit auch bey der grösten geschwindigkeit, alle thone deutlich und mit durchgängiger gleichheit auszudrücken; die ungemeine fertigkeit aus den schwehrsten thonen, mit gleicher geschwindigkeit und accuratesse, als aus den leichtesten zu spielen; und überhaupt eine allenthalben mit kunst verbundene annehmlichkeit . . .

Ubrigens ist gewiß, daß die stimmen in den stücken dieses grossen meisters in der Music wundersam durcheinander arbeiten: allein alles ohne die geringste verwirrung. Sie gehen mit einander und wiedereinander; beydes wo es nöthig ist. Sie verlassen einander und finden sich doch alle zu rechter zeit wieder zusammen. Jede stimme macht sich vor der andern durch eine besondere veränderung kenntbar, ob sie gleich öfftermahls einander nachahmen. Sie fliehen und folgen einander, ohne daß man bey ihren beschäfftigungen, einander gleichsam zuvorzukommen, die geringste unregelmäßigkeit bemercket. Wird dieses alles so, wie es seyn soll, zur execution gebracht; so ist nichts schöners, als diese harmonie. Verursachet aber die ungeschicklichkeit, oder nachläßigkeit, der instrumentalisten oder sänger hierbey eine verwirrung; so urtheilet man gewiß sehr abgeschmackt, wenn man deren fehler dem componisten zurechnet. Es kommt ohne dem in der Music alles auf die execution an . . .

Ich gebe zu; daß die von dem Herrn, Hof-Compositeur gesetzten stücke sehr schwehr zu spielen sind, aber nur denen, die ihre finger zu einer fertigen bewegung und richtigen applicatur nicht gewöhnen wollen. Indessen handelt er nicht unrecht, wenn er bey setzung derselben nach seinen fingern urtheilet. Sein schluß kann kein anderer als dieser seyn: wozu ich es durch fleiß und übung habe bringen können, dazu muß es auch ein anderer, der nur halwege naturell und geschick hat, auch bringen. Und eben aus diesem grunde fällt auch die vorgeschützte unmöglichkeit weg. Es ist alles möglich wenn man nur will, und die natürlichen fähigkeiten durch unermüdeten fleiß in geschickte fertigkeiten zu verwandeln eyfrigst bemühet ist. Ist es dem Herrn Hof-Compositeur nichts unmögliches, mit zwey händen sachen auf dem clavier vollkommen wohl und ohne den geringsten fehler zu spielen, da sowohl haupt- als mittelstimmen das ihrige rechtschaffen zu thun haben: wie sollte das einem gantzen Chore, welches aus so viel persohnen besteht, davon jede nur auf eine stimme achtung zu geben hat, unmöglich seyn? . . .

Jedoch hiermit ist der von dem verfasser vorgewendeten unmöglichkeit die Bachischen stücke zu spielen oder zu singen noch nicht abgeholffen. Er setzt an denselben noch weiter aus: daß der Herr Hof-Compositeur, alle manieren, alle kleine auszierungen, und alles was man unter der methode zu spielen versteht, mit eigentlichen noten ausdrucke. Entweder merckt der verfasser dieses an, als etwas, das dem Herrn Hof-Compositeur allein eigen seyn soll: oder er hält es vor einen fehler überhaupt. Ist das erstere; so irrt er sich gewaltig. Der Herr Hof-Compositeur ist weder der erste, noch der einzige, der also setzet. Unter einer zahlreichen menge componisten, so ich dißfalls anführen könnte, berufe ich mich nur auf den GRIGNY und Du MAGE welche in ihren Livres d'orgue sich eben dieser methode bedient haben. Ist das letztere, so kann ich doch die ursache nicht finden, warum es den nahmen eines fehlers verdienen sollte.
[J. A. Birnbaum, Unpartheyische Anmerckungen – Leipzig, Januar 1738 II/409]

Daß im 6sten Stück dieses Journals an einer Stelle der Hr. Bach in Leipzig gemeynet sey, solches habe mir gleich beym ersten Anblick eingebildet, und gestern bin darinne bestärcket worden, da ein gewißer von einer kleinen Reise wieder gekommener Freünd allhier, mir ein sine die et consule herausgekommenes Scriptum mitgebracht, deßen Titul also lautet: ›Unpartheyische Anmerckungen über eine bedenckliche Stelle in dem 6ten Stück des Critischen Musicus. Gedruckt in diesem Jahre.‹ Es bestehet aus 2 Bogen in 8. Die Zuschrifft ist folgende: »Dem HochEdlen Herrn, Herrn Joh. Sebastian Bachen, Sr. Königlichen Maj. in Pohlen u. Churfürst-

lichen Durchlaucht zu Sachsen hochbestalten Hof-Compositeür u.
Capell-Meister, wie auch Directoren der Music u. Cantorn an der
Thomas Schule in Leipzig widmet diese Ihn selbst angehende Blät-
ter mit vieler Ergebenheit der Verfaßer.« Am 7 Blat stehen diese
Worte: »Zum wenigsten zeigten einige besondere Umstände des
gedachten Briefs gantz deütlich, daß man nicht lange nach der
Scheibe zielen dürffe, wenn man das schwartze treffen wolle.« Ich
bin begierig zu wißen, wer die andern Herren u. Örter wol seyn
mögen, die an besagter Stelle characterisirt, u. nicht genennet worden sind. ich hoffe von MHerrn nähere Nachricht sub rosa zu erlangen.
[J. G. Walther an H. Bokemeyer in Wolfenbüttel – Weimar, 24. 1.
1738 II/410]

... andern theils aber bin ich auch als ein ehrlicher Mann verbunden, nicht nur meine eigene, sondern auch aller andern rechtschaffenen Musicanten Ehre zu retten, die man mit nicht geringen An-
züglichkeiten in einer kurzen Schrift angetastet hat, die im Anfange dieses Jahres in Leipzig von einem Ungenannten herausgegeben worden.
    Diese Schrift aber führet folgenden Titel: Unpartheyische An-
merkungen über eine bedenkliche Stelle in dem sechsten Stück des
critischen Musicus. Sie ist dem Herrn Capellmeister Bach zugeeignet, weil sie ihm selbst vornehmlich angehet, und auch vielleicht
durch seine Veranstaltung von einem seiner Freunde ausgefertiget
worden. Wenigstens hat sie der Herr Hofcompositeur seinen Freunden und Bekannten am achten Jenner dieses Jahres mit nicht geringem Vergnügen selbst ausgetheilet.
    ... Wer sich nur einigermassen in der musicalischen Welt um-
gesehen hat, wird ohne Zweifel mehr als einen gefunden haben,
der mit diesem grossen Manne zu vergleichen stehet ...
    Niemand wird aber deßwegen dem Herrn Hofcompositeur den
Ruhm absprechen, daß er auf dem Clavier und Orgel so groß ist,
daß es kaum zu glauben stehet, wenn man ihn nicht selbst gesehen
und gehöret hat. Mein Briefsteller hat ihm dahero auch keinen
würdigern Mann, als den berühmten Herrn Händel entgegen gesetzt. Der Beyfall, welchen dieser letztere von allen Kennern noch
täglich erhält, und seine sonderbahre Annehmlichkeit zu spielen,
wodurch er die Herzen seiner Zuhörer auf das zärtlichste rühret,
können auch den besten Musicverständigen ungewiß machen, wer
von diesen beyden grossen Männern dem andern vorzuziehen ist...
    Weil aber niemand zu finden ist, der in einer Wissenschaft bey
seiner Grösse nicht auch gewisse Mängel besitzen sollte, wie solches der Herr Verfasser im Anfange seiner Anmerkungen selbst
gestehet, was Wunder! wenn also der Herr Hofcompositeur auf
dem Clavier und Orgel zwar ein ausserordentlicher Künstler ist, in

der Composition musicalischer Stücke aber gewisse nicht geringe Fehler begehet.

Die Grundursache aber dieser Fehler ist werth, daß ich etwas ausführlicher davon rede. Es hat sich dieser grosse Mann nicht sonderlich in den Wissenschaften umgesehen, die eigentlich von einem gelehrten Componisten erfodert werden. Wie kan derjenige ganz ohne Tadel seyn in seinen musicalischen Arbeiten, welcher sich durch die Weltweisheit nicht fähig gemacht hat, die Kräfte der Natur und Vernunft zu untersuchen und zu kennen? Wie will derjenige alle Vortheile erreichen, die zur Erlangung des guten Geschmacks gehören, welcher sich am wenigsten um critische Anmerkungen, Untersuchungen und um die Regeln bekümmert hat, die aus der Redekunst und Dichtkunst in der Music doch so nothwendig sind, daß man auch ohne dieselben unmöglich rührend und ausdrückend setzen kan; zumahl da daraus die Eigenschaften der guten und schlechten Schreibarten, so wohl überhaupt als auch insbesondere fast ganz allein fliessen.

Folglich gehöret mehr zu einem ausserordentlichen, geübten und gelehrten Componisten, als etwan die Geschicklichkeit ein Instrument auf das stärkste zu spielen und die künstlichsten Regeln der musicalischen Composition auszuüben. Das Zusammensetzen, Uebereinandersetzen, Verbinden und Auflösen der Dissonanzen und Consonanzen, die Fertigkeit eine Fuge, Doppelfuge und alle andere ausgesuchte, künstliche und schwere Gattungen musicalischer Stücke zu verfertigen, machen noch lange nicht einen grossen Componisten aus . . .

Es dürfte allso der so genannte neumodische Geschmack, der nach dem reifen Urtheil des unpartheyischen Herrn Verfassers der Anmerkungen, zwar verdorben ist, weit gegründeter und natürlicher seyn, als der altfränkische Geschmack derjenigen, welche, mit dem Herrn Verfasser, den Zwang der Natur vorziehen. Und so wird denn der Tadel meines Briefstellers nicht ohne Grund seyn, weil er an den Bachischen Stücken mit Recht den Mangel der Annehmlichkeit bemerket, der sich nothwendig in allzuchromatischen und dissonirenden Sachen befindet . . .

Ich muß aber noch den Verdiensten des Herrn Hofcompositeurs Gerechtigkeit wiederfahren lassen, die so groß sind, daß sie auch seine Fehler weit übergehen. Seine ausnehmende Geschicklichkeit und seine ausserordentliche Erfahrung in der Music sind der grösten Verehrung würdig. Er macht unserm Vaterlande keine gemeine Ehre, und Deutschland besitzet an ihm einen Mann, dessen Ruhm auch bey den Ausländern in der grösten Hochachtung stehet.
[J. A. Scheibe, Beantwortung der unpartheyischen Anmerkungen J. A. Birnbaums – Hamburg, März 1738 II/417]

Ew. WohlEdlen soll von meinem Herrn Vetter [Johann Sebastian Bach] u. Magister Birnbaum ein ergebenstes compliment u. zugleich beygehenden Tractat übermachen, worbey man sich aber folgendes ausbittet: 1) daß er auf die innenstehende OsterMeße gewiß fertig ist. 2) daß er correctt gedruckt u. die orthographie ja wohl observirt wird, zumahlen in den nominibus substant., welche mit kleinen Buchstaben müßen gedruckt werden. 3) daß 200 exemplaria davon aufgelegt werden, worzu aber kein schlechtes sondern gut mittel Pappier muß genommen werden. 4) daß mit dem Buchdrucker soviel möglich genau gehandelt wird, worbey zur Nachricht dient, daß man sonsten vor einen Ballen 15 rthl. giebt, weil aber der Herr Buchdrucker wegen der wenigen exemplarien hierauf den contract nicht wohl mögte eingehen, so muß man nur gleich den Handel auf 200 Stück mit ihm machen, da denn bekannt, daß man vor einen Bogen nicht mehr, als 1 rthl. zugeben pflegt, welches denn, wenn das Werk auf 8 Bogen käme, 8 rthl. ausmachte, hingegen der Nachschuß kostet mehrentheils nur 8 gr., daß es sich also zusammen auf 10 rthl. 16. gr. beliefe. Doch kurz, das ganze Werk wird hiermit dem Herrn Bruder übergeben, u. man ist versichert, daß du die Sache nach Gelegenheit der Umstände nach deiner bekannten Gütigkeit u. accuratesse sehr wohl besorgen wirst, da alsdann auf erhaltene Nachricht die Zahlung sogleich folgen soll. Die Herrn interessenten sind inzwischen dem Herrn Bruder in antecessum vielmahls obligirt u. versichern, bey gegebener Gelegenheit mit vielem plaisir wieder zu dienen, . . .
[J. Elias Bach an J. W. Koch in Ronneburg – Leipzig, 7. 3. 1739 II/438]

Da dieser große Mann sich selbst niemals die Mühe nehmen wird, seiner eigenen Person halber, mit jemand einen Federkrieg anzufangen; war es nicht höchstwahrscheinlich, daß sich einer von seinen Freunden regen, und einem unbesonnenen Tadler sein begangenes Unrecht vorhalten würde? . . .

Wie wenn ich auf mein Gewissen versicherte, daß die guten Freunde des Herrn Hofcompositeurs Mühe genug gehabt haben, ihn dessen zu überführen? Er war viel zu bescheiden, als daß er das ihm noch zugetheilte, obgleich unvollkommene Lob, auf sich hätte deuten wollen. Er glaubte nicht, daß der strenge Tadel ihn angehen könne, da ihn von den vorgerückten Fehlern, sein Gewissen und die Wahrheit, frey sprachen. . . .

Und sollte wohl selbst der Herr Hofcompositeur darum zu verdenken seyn, wenn er denjenigen für einen unbilligen und ungeschickten Richter erkläret, der vor nicht gar langer Zeit bey einer hiesigen Organistenprobe zu dem vorgelegten Führer einer Fuge nicht einmal den Gefährten finden, geschweige dieselbe regelmäßig ausführen können? . . . Es wird zwar dem Herrn Hofcompositeur der Herr Capellmeister Händel ausdrücklich entgegen gesetzt. Allein ich habe in meinen unparteyischen Anmerkungen die Ursachen zulänglich angeführt, welche mich bewogen haben, dem erstern vor dem letztern ein Vorrecht zu gönnen. Das daselbst befindliche Urtheil ist nicht meine Erfindung. Es gehöret denenjenigen unparteyischen Kennern der Musik zu, die beyde große Männer gehört haben, und von beyden ein gründliches Urtheil zu fällen im Stande waren. Deren Worte habe ich, so, wie ich sie gehöret, aufrichtig und ohne Zusatz, daselbst mitgetheilet. Mein Gegner aber, der den Herrn Capellmeister Händel wohl niemals, den Herrn Hofcompositeur hingegen niemals ohne vorgefaßte Meynungen, spielen hören, scheint nicht undeutlich dem erstern vor den letztern, wegen der Annehmlichkeit, das Vorzugsrecht zuzueignen, wenn er vorgiebt: »Daß des Herrn Händels sonderbare Annehmlichkeit zu spielen, wodurch er die Herzen seiner Zuhörer auf das zärtlichste rühre, auch den besten Musikverständigen ungewiß machen könnte, wer von diesen beyden großen Männern dem andern vorzuziehen sey.« Daß der Herr Hofcompositeur nicht weniger die Geschicklichkeit besitze, zugleich durch künstliches und annehmliches Spielen die Herzen seiner Zuhörer auf das zärtlichste zu rühren, bekräftiget das Zeugniß so vieler fremden und einheimischen Musikverständigen, welche die Verbindung zweyer so wichtigen Eigenschaften an demselben fast täglich bewundern. Es bekräftigen solches dessen jedermann vor Augen liegende Claviersachen, in denen man mit vielem Vergnügen nicht gemeine, sondern seltene Einfälle und Gedanken antrifft, welche allerdings gefallen und rühren . . .

Frankreich, sagt er [Johann Adolph Scheibe], werde insonderheit Männer aufweisen, die sowohl auf der Orgel, als dem Clavier, keine gemeine Geschicklichkeit besitzen. Das kann wohl seyn. Allein ich mögte die Namen dererjenigen gerne wissen, welche den Herrn Hofcompositeur in beyden übertreffen sollten. So lange davon keine gewisse Nachricht gegeben wird, beweiset eine solche Möglichkeit nichts. Wie, wenn ich ihm aber einen nennete, der zu seiner Zeit für den größten Meister auf dem Clavier und der Orgel in ganz Frankreich gehalten wurde, wider welchen der Herr Hofcompositeur vor nicht eben gar zu langer Zeit die Ehre der Deutschen und seine eigene völlig behauptet hat. Es war solches Mons. Marchand, welcher bey seiner Anwesenheit in Dreßden, und da sich der Herr Hofcompositeur ebenfalls daselbst befand, auf Veranlassen und Befehl einiger Großen des dasigen Hofs, von dem letztern zum Versuch und Gegeneinanderhaltung beyderseitiger Stärke auf dem Clavier, durch ein höfliches Schreiben aufgefordert wurde, sich auch anheischig machte, verlangtermaßen zu erscheinen. Die Stunde, da zwey große Virtuosen eins mit einander wagen sollten, erschien. Der Herr Hofcompositeur benebst denenjenigen, so bey diesem musikalischen Wettstreite Richter seyn sollten, erwarteten den Gegenpart ängstlich, aber vergebens. Man brachte endlich in Erfahrung, daß selbiger bey früher Tageszeit mit der geschwinden Post aus Dreßden verschwunden war. Sonder Zweifel mogte der sonst so berühmte Franzose seine Kräfte zu schwach befunden haben, die gewaltigen Angriffe seines erfahrnen und tapfern Gegners auszuhalten. Er würde ausserdem nicht gesucht haben, durch eine so schnelle Flucht sich in Sicherheit zu setzen. So sahe es vor einigen Jahren aus . . .

Mein Gegner ist im übrigen viel zu wenig, als daß er sich unterstehen darf, dem Herrn Hofcompositeur auf das unverschämteste vorzurücken, daß er sich in denen zur Composition nöthigen Wissenschaften nicht sonderlich umgesehen hätte. Wer die Ehre hat, den Herrn Hofcompositeur genauer zu kennen; wer sich das Vergnügen machet, mit unparteyischern Augen und Ohren, als der critische Musikus, seine praktischen Arbeiten durchzusehen und anzuhören; der muß von seiner Einsicht ein weit billigers Urtheil fällen. Die Theile und Vortheile, welche die Ausarbeitung eines musikalischen Stücks mit der Rednerkunst gemein hat, kennet er so vollkommen, daß man ihn nicht nur mit einem ersättigenden Vergnügen höret, wenn er seine gründlichen Unterredungen auf die Aehnlichkeit und Uebereinstimmung beyder lenket; sondern man bewundert auch die geschickte Anwendung derselben, in seinen Arbeiten. Seine Einsicht in die Dichtkunst ist so gut, als man sie nur von einem großen Componisten verlangen kann. Denn, zu geschweigen, daß mein Gegner viel zu unvermögend ist, ihn eines Fehlers zu überführen, den er wider die Regeln derselben, in Setzung seiner Singestücken jemals begangen hat: so weis er über dieses ganz genau, welches Dichters Arbeit zur Composition geschickt sey, oder nicht. Es ist ihm was Leichtes, die Ursachen dieses Unterschieds auf das gründlichste anzugeben. Daß endlich der Herr Hofcompositeur rührend, ausdrückend, natürlich, ordentlich, und nicht nach dem verderbten, sondern besten Geschmack setze, beweist insbesondere unwidersprechlich die von ihm verwichene Ostermesse vor unserer allerdurchlauchtigsten hohen Landesherrschaft bey Dero höchsten Anwesenheit in Leipzig öffentlich aufgeführte Abendmusik,[1] welche mit durchgängigem Beyfall angenommen worden . . .

Der Herr Hofcompositeur setzet, nach seiner Meynung, nicht mit gehöriger Behutsamkeit. Er setzt nur für große Virtuosen, und überlegt dabey nicht, daß man in einem musikalischen Chore niemals lauter Virtuosen antreffe. Ich sollte meynen, daß dieser letztere Satz in wohl eingerichteten Capellen, auch so gar unter einigen so genannten Banden der Musikanten, eine starke Ausnahme litte. Allein, da freylich der Herr Hofcompositeur so glücklich nicht ist,

---

[1] Die Kantate ›Willkommen, ihr herrschenden Götter der Erden‹ (BWV Anh. 13, Musik verschollen).

seine Stücke allezeit lauter Virtuosen vorlegen zu können, so bemüht er sich doch zum wenigsten, theils, die es noch nicht sind, durch Angewöhnung an etwas schwere Stücke, dazu zu machen: theils bedient er sich, wo dieses nicht möglich ist, allerdings der nöthigen Behutsamkeit, seine Arbeit nach der Fähigkeit derer, die sie aufführen sollen, einzurichten ...

Mein Gegner verbannet ebenfalls, mit diesen musikalischen Scribenten die Manieren gänzlich aus den Mittelstimmen; in den Hauptstimmen läßt er etwas weniges davon zu; nur will er nicht, daß alle kleine Vorschläge, Accente, Läufer, und wie sie Namen haben mögen, weder in die Haupt- noch Nebenstimme, sollen gesetzt werden. Mit einem Worte, er verwirft den Misbrauch. Den misbilliget auch der Herr Hofcompositeur, und also wird mein Gegner nimmermehr erweisen können, daß er darinnen der Sache zu viel thue. Scheinet es auch, als wenn er dießfalls etwas mehr thäte, als man sonst insgemein zu thun gewohnt ist: so habe ich bereits in meinen Anmerkungen die Ursachen angezeiget, die ihn darzu berechtigen, und welche mein Gegner stillschweigend zugestanden hat.
[J. A. Birnbaum, Vertheidigung seiner unpartheyischen Anmerkungen – Leipzig, 1739 II/441]

Von eben dieser Gattung ist auf der 45sten Seite der Vorwurf: Ich habe vor nicht gar langer Zeit bey einer Organistenprobe in Leipzig zu dem vorgelegten Führer einer Fuge, nicht einmal den Gefährten finden, geschweige dieselbe regelmäßig ausführen können ... Doch was brauche ich diese Beschuldigung weitläuftig abzulehnen? Herr Bach in Leipzig wird das Gegentheil des Birnbaumischen Vorwurfs selbst darthun, wenn er nach Wissen und Gewissen urtheilen will und kann. Dieser berühmte Mann war bey der damaligen Organistenprobe[1] mit zum Richter ernennet. Man muß mich aber nicht mit einem andern Helden verwechseln, der das vom Hn. Capellmeister Bach ihm vorgelegte Thema nicht spielen wollte, sondern statt dessen ein selbst beliebiges erwählte, und der, als ihm noch ein Thema aufgegeben ward, endlich gar unsichtbar geworden war.
[J. A. Scheibe, Der Critische Musicus – Hamburg, 30. 6. 1739 II/446]

Schröter contra Biedermann: Eine unglücklich veränderte Rezension

Als Hr. Magister Biedermann sein Programma de Vita musica herausgegeben hatte, überschickte, einige Zeit darnach, der sel. Kapellmeister Bach aus Leipzig ein Exemplar davon an den Herrn

---

[1] Die Organistenprobe fand im Dezember 1729 in der Leipziger Nikolaikirche statt.

Organisten Schrötern in Nordhausen, und bat denselben, daß er solches recensiren und widerlegen mögte, weil er hiesiger Gegend niemand dazu geschickter wüste, noch finden könnte.

Hr. Schröter fand sich hiezu alsobald bereit, verfertigte eine Recension, und übersandte dieselbe dem Hrn. Bach nach Leipzig; stellte ihm auch frey, ob er solche in die gelehrten Zeitungen, oder in eine andre Wochenschrift, mit einschalten lassen wollte. Hr. Bach schrieb hierauf den 10. Dec. 1749. folgendes an mich:

»Die schröterische Recension ist wohl abgefaßt, und nach meinem gout, wird auch nächstens gedruckt zum Vorschein kommen – – – Herrn Matthesons Mithridat hat eine sehr starke Operation verursacht, wie mir glaubwürdig zugeschrieben worden. Sollten noch einige Refutationes, wie ich vermuthe, nachfolgen, so zweifle nicht, es werde des Auctoris Dreckohr gereiniget, und zur Anhörung der Musik geschickter gemacht werden.«

Einige Zeit hierauf überschickte der Hr. Kapellmeister Bach etliche gedruckte Exemplarien von besagter Recension; doch in solcher Gestalt, daß dieselbe dem Original des Hrn Schröters, wie dessen Abschrift hiebeygehet, im geringsten nicht mehr ähnlich sahe, sondern vieles theils hinzugethan, theils auch geändert worden war. Herr Schröter, als er diese grausame Vermischung sahe, und darüber nicht anders, als empfindlich seyn könnte, bat mich schriftlich, unterm 9. April 1750, dem Herrn Bach zu berichten:

»daß die gewaltsame Veränderung seiner Recension ihm sehr empfindlich gefallen sey. Ferner: Sein Trost hiebey wäre dieser, daß kein Leser, welcher seine Denk- und Schreib-Art, aus andern Umständen, kennen gelernet, ihn für den Verfasser einer solchen Vermischung halten könne; des unglücklich gerathenen Rubri: Christliche Beurtheilung etc. zu geschweigen. Denn ob wohl sein flüchtiger Aufsatz nichts unchristliches in sich enthalte, so schicke sich doch solches epitheton keinesweges zur vorhabenden Sache.«

Dieses überschrieb ich dem Hrn. Kapellmeister von Wort zu Wort, welcher darauf unterm 26. May 1750 mir folgende Antwort ertheilte:

»An Hrn. Schrötern bitte mein Compliment zu machen, bis daß ich selber im Stande bin zu schreiben, da ich mich alsdenn, der Veränderung seiner Recension wegen, entschuldigen will, weil ich gar keine Schuld daran habe; sondern solche einzig demjenigen, der den Druck besorget hat, zu imputiren ist.«

Hierauf folgte des Hrn. Schröters Antwort vom 5. Junii, 1750.

»Der Hr. Kapellmeister Bach bleibet in culpa, er mag sich itzt krümmen und künftig drehen, wie er will. Er kann aber auf eine kluge Art, dieser Sache bald ein Ende machen, wenn er

1) öffentlich bekennet, daß er der Urheber der christlichen Gedanken sey. N B. mut.mut.

2) Den Herrn Rector Biedermann überführet, daß dessen Hauptabsicht, besage seines Rubri, keinesweges auf das Lob der

Musik und derselben Verwandten gezielet, und daß dessen bey-
gebrachte drittehalb Flosculi in laudem Musices nur eine zerris-
sene Decke vorstellen, durch welche jedoch seine üble Gesinnung
gegen die unschuldige Musik klar zu sehen ist.

3) Müste zugleich der unbekannte Verfasser der aufrichtig genannten Gedanken herausgefordert werden, um sich zu nennen.

Wahrhaftig eine solche Kapellmeister-That würde dem Hrn.
Bach zur sonderbahren Ehre, unserm Herrn Mattheson zu einem
unvermutheten und wohlverdienten Vergnügen, und der edlen
Musik zu mehrerm Wachsthum gereichen. Diesen wohlgemeynten
Vorschlag bittet, unter gehorsamsten Compliment, nach Leipzig
zu berichten   C. G. Schröter.«

Meiner Schuldigkeit gemäß konte nicht anders, als dem Herrn
Kapellmeister Bachen solches zu melden. Weil aber dessen Tod so
bald hierauf folgte, hatte die Ehre nicht ferner, eine Antwort von
demselben zu erhalten.

[G. F. Einicke in Matthesons Sieben Gesprächen der Weisheit und
Musik – Frankenhausen, 8. 1. 1751   II/592]

Finazzi contra Marpurg: Eine so schwere Harmonie

Daß Sie [Friedrich Wilhelm Marpurg] mit Herrn Bach pralen, dazu haben Sie Ursache, und ich würde ein Thor seyn, wenn ich diesem großen Manne den Vorzug streitig machen wollte; aber man
muß auch gestehen, daß zum Vergnügen allein desselben Musik
nicht diene, und ein Liebhaber, der aber die Musik nicht verstehet,
wird niemahls an einer so schweren Harmonie Geschmack bekommen.

[F. Finazzi, Freye Urtheile und Nachrichten – Hamburg, 12. 5.
1750 II/604]

Der Briefsteller will nun auch dem berühmten und nun verstorbenen Hn. Bach noch zu guter Letzt seinen Ruhm abschneiden. Er
stellet sich, als wenn er ihn für einen großen Mann so aus Gnaden
mitlaufen liesse, aber auch dieses ist sein Ernst nicht. Er entziehet
seiner Musik die Wirkungen des Vergnügens bey den Zuhörern,
die an einer so schweren Harmonie keinen Geschmack bekämen.
Doch gesetzt, die Harmonien dieses großen Mannes wären so
schwer, daß sie nicht allezeit die gehoffte Wirkung thäten: so dienen sie doch den Kenne[r]n der Musik zu einem wahren Ergetzen.
Nicht alle Gelehrte sind vermögend einen Neuton [Isaac Newton]
zu verstehen; aber diejenigen, die es in den tiefsinnigen Wissenschaften so weit gebracht haben, daß sie ihn verstehen können,
finden hingegen ein desto größeres Vergnügen und einen wahren

Nutzen, wenn sie seine Schriften lesen. Kurz! Bach ist eine wahre Zierde der Deutschen gewesen, und sein Andenken, das seine Werke unsterblich machen, wird bey den Kennern der Musik unserm Vaterlande zum beständigen Ruhme gereichen; ein italienischer Kastrate mag auch dagegen sagen, was er wolle.
[J. F. Agricola, Sendschreiben an die Herren Verfasser der freyen Urtheile – Berlin, 28. 8. 1750 II/620]

Die Einwendungen, die der Herr Neustädter wider die Schriften des seeligen Herrn Baches macht, befremden mich im geringsten nicht. Solche Sachen sind über den Bezirk eines Italieners. Es wäre schimpflich, sich dieserwegen in einen Streit einzulassen.
    Uns gilt das kleinste Werk, darinn man Bachen schmeckt,
    Mehr, als was Welschlands Kiel noch jemahls ausgeheckt.
Es ist nicht so leichte, durch Vorurtheile verhärteten Ohren Vergnügen zu erwecken. Gesellet sich noch eine eifersüchtige Unwissenheit hiezu, so haben wir sofort die beyden Ursachen, die selbiges gänzlich verhindern. Doch wie Griechenland nur einen Homer, und Rom nur einen Virgil gehabt: So wird Deutschland wohl nur einen Bach gehabt haben, dem in der vorigen Zeit, es sey in der Setz- oder Spielkunst auf der Orgel und dem Flügel in ganz Europa keiner gleich gekommen ist, und den in der Folgewelt keiner übertreffen wird. Die so gerühmte Harmonie und Kunst des Paters Martini, der Geist und die Erfindung des Marcello, der Gesang und Geschmack eines Geminiani, und die Hand eines Aleßandro zusammengebracht, machen noch lange keinen Bachen aus.
[F. W. Marpurg, Gedanken über die welschen Tonkünstler – Halberstadt, 1751 III/642]

Das letzte Jahr

Graf Brühls Protegé als designierter Nachfolger

HochEdelgebohrner Hochgeehrter Herr Vice-Canzler. Überbringer dieses, der Compositeur bey meiner Cappelle, Harrer, ist dasjenige Subjectum, so ich Ew: HochEdelgebohrnen bey meiner Anwesenheit in Leipzig zu künfftiger remplacirung der dasigen Cappell-Director-Stelle, bey sich dereinst ereignenden Abgang Herrn Bachs, recommendiret habe.
Da nun derselbe eine Probe-Music von seiner Composition daselbst aufzuführen, und dadurch seine habilité in der Music zu zeigen willens ist; So habe Ew: HochEdelgebohrnen hiedurch bestens ersuchen wollen, bemeldeten Harrer nicht nur hierzu die Er-

laubniß zu ertheilen, sondern auch sonst zu Erlangung seines Ent-
zweckes allen gütigen Vorschub zu thun.
[Graf Brühl an Bürgermeister Born in Leipzig – Dresden, 2. 6. 1749
II/583]

Den 8. ward auf Befehl E. Edlen Hochweisen Raths, dieser Stadt,
welche meistens zugegen waren, auf dem großen musicalischen
Concert-Saale im drey Schwanen aufm Brühl, durch Ihro Excellenz des Geheimbden Raths und Premier Ministres Grafens von
Brühl Capell Director Herrn Gottlob Harrern, Proba zum künfftigen Cantorat zu St. Thom:, wenn der Capellmeister und Cantor
Herr Sebast: Bach versterben sollte, mit größten Applausu abge-
leget. vid beygehendes Kirchen Stuck auf den 1. Sonnt. nach Trinitatis.
[J. S. Riemer, Handschriftliche Stadtchronik – Leipzig, 8. 6. 1749
II/584]

Augenoperation, Blindheit und Tod

Am verwichenen Sonnabende und gestern abends hat der Herr
Ritter Taylor auf dem Concertsaale, in Gegenwart einer ansehn-
lichen Gesellschaft von Gelehrten und anderer Personen von
Stande, öffentliche Vorlesungen gehalten. Es ist ein erstaunlicher
Zulauf von Leuten bey ihm, welche seine Hülfe suchen. Unter andern hat er dem Herrn Capellmeister Bach, welcher durch den
häufigen Gebrauch der Augen sich desselben beynahe ganz beraubet hatte, operiret, und zwar mit dem erwünschtesten Erfolge,
so daß er die völlige Schärfe seines Gesichts wieder bekommen
hat; welches unschätzbare Glück diesem weltberühmten Componisten viel tausend Menschen von Herzen gönnen und dem Herrn
Taylor nicht genug verdanken werden. Wegen der vielen Verrichtungen, die dieser allhier gefunden, wird er sich nicht eher, als bis
zu Ende dieser Woche, nach Berlin begeben können.
[Bericht der Berlinischen Privil. Zeitung – Leipzig, 1. 4. 1750
II/598]

Aber, um fortzufahren, so habe ich eine große Menge merkwürdi-
ger Tiere, wie Dromedare, Kamele u. a. gesehen, insbesondere in
Leipzig, wo ich einem gefeierten Musiker, der schon sein 88. [66.]
Jahr erreicht hatte, das Augenlicht wiedergab. Es war dies derselbe Mann, mit dem der berühmte Händel anfangs zusammen er-
zogen worden war. Ich hoffte, bei dem letzteren den gleichen Erfolg
zu erzielen, da alle Umstände, Beweglichkeit der Pupille, Einwir-
kung des Lichts usw. günstig zu sein schienen, aber bei näherer

Untersuchung stellte sich heraus, daß ein Schlagfluß das Auge zerstört hatte.
[J. Taylor, History of the Travels and Adventures – London, 1761 III/712 Original englisch]

Hier haben sie eine gegründete und unpartheiische Nachricht von des Ritter Taylors nachgelassenen Patienten; Denn so oft mir schwarz verbundene Augen oder solche Personen vorgekommen, die sich seiner Cur unterworfen, habe ich mich ihrer Umstände wegen erkundiget. Verschiedene aber sind bis jezzo noch nicht zum Vorschein gekommen. Darunter Hr. B--, welchen er am Stahr operirt, und etliche tage drauf in den öffentlichen Zeitungen gerühmt, daß er vollkommen sehen könte: da doch derselbe wegen wieder aufgetretenen Stahrs des Gesichts beraubet gewesen, bis er ihn zum andern mahl wieder operiret, von welcher Zeit an er doch immer Zufälle von Entzündungen und dergleichen erlitten.
[S. Th. Quellmaltz an C. E. Eschenbach in Rostock – Leipzig, Mai 1750 II/601]

Den 28 Julii nach Mittage um 8 Uhr, gieng aus der Zeitlichkeit Herr Johann Sebastian Bach, Seiner Königlichen Majestät in Pohlen, und Churfürstlichen Durchlaucht zu Sachsen hochbestallter Hof-Compositeur, Hochfürstlich Anhältisch-Cötischer und Hochfürstlich Sächsisch-Weißenfelsischer würcklicher Capell-Meister, wie auch Director der Music und Cantor an der Thomas Schule in Leipzig. Eine übel ausgeschlagene Augen-Cur raubte diesen Mann der Welt, welcher sich durch seine ungemeine Kunst in der Music einen unsterblichen Ruhm erworben hat, und welcher solche Söhne hinterläßet, die gleichergestalt in der Music berühmt sind.
[A. Kriegel, Nützliche Nachrichten von denen Bemühungen derer Gelehrten – Leipzig, 1750 II/607]

Leipzig, vom 31. Julii. Verwichenen Dienstag, als den 28sten dieses, ist allhier der berühmte Musicus, Herr Johann Sebastian Bach, Königlich Pohlnischer Churfürstlich Sächsischer Hof-Compositeur, Hochfürstlich Sachsen-Weissenfelsischer und Anhalt-Cöthenscher Capellmeister, Director Chori musici und Cantor der St. Thomas-Schule allhier, im 66sten Jahre seines Alters, an den unglücklichen Folgen der sehr schlecht gerathenen Augen-Operation eines bekannten Englischen Oculisten, verstorben. Der Verlust dieses ungemein geschickten Mannes wird von allen wahren Kennern der Music sehr bedauert.
[Bericht der Berlinischen Nachrichten – Berlin, 6. 8. 1750 II/612]

Es ist in Gott sanfft und seelig entschlaffen, der WohlEdle und Hochachtbahre Herr Johann Sebastian Bach, Seiner Königlichen Majestät in Pohlen und ChurFürstlichen Durchlaucht zu Sachßen HoffComponist wie auch HochFürstlich Anhald Köthenscher CapelMeister und Cantor der Schule zu St: Thomae allhier am Thomas Kirchhoffe, Deßen entseelter Leichnamb ist heutiges Tages Christlichen Gebrauch nach zur Erden bestattet worden.
Ist am andern Buß-Tage als den 31 Julii. 1750 abgekündiget worden.
[Abkündigungszettel – Leipzig, 31. 7. 1750 II/611]

Nachricht. Der selige Herr Verfasser dieses Werkes wurde durch seine Augenkrankheit und den kurz darauf erfolgten Tod ausser Stande gesetzet, die letzte Fuge, wo er sich bey Anbringung des dritten Satzes namentlich zu erkennen giebet, zu Ende zu bringen; man hat dahero die Freunde seiner Muse durch Mittheilung des am Ende beygefügten vierstimmig ausgearbeiteten Kirchenchorals, den der selige Mann in seiner Blindheit einem seiner Freunde aus dem Stegereif in die Feder dictiret hat, schadlos halten wollen.
[Vorwort zum Erstdruck der Kunst der Fuge – Leipzig, 1751(?) III/645]

Ein großer Musicus, aber kein Schulmann

Wäre nach des Cantoris in der Thomas Schule Herrn Bachs Absterben ebenfalls auf die Besezung solcher Stelle zu dencken, darzu sich 6 Personen angemeldet, unter welchen die Herren Seniores auf Herrn Gottlob Harrern, welcher bey des Herrn Premier Ministre Grafens von Brühl Excellenz Capelle Director sey und sich nicht allein einmahl hören laßen, sondern auch von hochgedachten Ministre Recommendation gebracht, hierüber geraume Zeit in Italien gewesen und darinnen die Composition erlernet, auch die Information, so einen Cantori zukäme, verrichten wolte, gefallen. Die übrigen wären zwar alle auch geschickte Musici, ob sie aber zur Information tüchtig, wäre zu zweifeln . . .
Herr Geheimder KriegsRath und Burgermeister D. Stigliz . . . Herr Bach wäre zwar wohl ein großer Musicus aber kein Schulmann gewesen, müste dahero bey Ersezung deßen Diensts, als Cantor in der Thomas Schule auf eine Person gesehen werden, die zu beyden geschickt sey. und glaubte Er, daß bey Herrn Harrern beydes anzutreffen seyn werde, . . .
[Ratsprotokoll – Leipzig, 8. 8. 1750 II/615]

Unauffindbarkeit der Grabstätte

Selbst an den Orten, wo am frühesten einige Kultur für die Tonkunst erwachte, und der Geschmack für die Werke derselben sich
am schnellesten bildete, findet man schwerlich Etwas, das das Andenken solcher verdienten Männer erhielte – außer, wodurch es
sich von selbst erhält: ihre Werke. So ist es z. B. umsonst, selbst
des mit Recht tief verehrten, ja schon bey seinen Lebzeiten tief
verehrten Sebastian Bachs Ruhestätte, oder irgend Etwas, das sein
Andenken erhalten sollte – in Leipzig ausforschen zu wollen.
[J. F. Rochlitz, Allgemeine Musikalische Zeitung – Leipzig, 12. 3.
1800 III/1032]

Bekenntnis zum Unzeitgemäßen – Fugenspiel als
Legitimation

Daß sich mit dem seel. Capellmeister Bach in Leipzig gleichsam
eine neue Epoche des Clavierspielens, sowohl in Ansehung des
Geschmacks, als auch der verbesserten Art zu spielen anfange, ist
bekannt. Diesem großen und berühmten Manne haben wir nicht
allein eine bequemere Applicatur zu danken, sondern er machte
seine Schüler auch mit den größten und tiefsten Geheimnissen der
Harmonie, mit den künstlichsten Verwebungen derselben bekannt. Es ist zu bedauern, daß der Geist des Leichtsinns, der in der
Musik so leicht mit dem glänzenden Außenwerke zufrieden ist, die
heutigen Clavierspieler sich nicht so sehr mehr mit seinen Arbeiten
beschäfftigen läßt, als sie thun sollten. Freylich braucht man einer
schmachtenden Schöne eben keine Bachische Fuge vorzuspielen;
aber der Clavierist studiert ja nicht bloß für andere, sondern auch
für sich; und ganz gewiß wird der eine Menuet am besten spielen,
der auch eine Bachische Fuge oder Suite zu spielen im Stande ist.
[J. A. Hiller, Wöchentliche Nachrichten – Leipzig, 12. 9. 1768
III/749]

Generationsprobleme: Vergleiche zwischen Vater und Sohn

Sein [Carl Philipp Emanuel Bachs] heutiges Spielen bestärkte
meine Meinung, die ich von ihm aus seinen Werken gefaßt hatte,
daß er nemlich nicht nur der grösseste Komponist für Clavierinstrumente ist, der jemals gelebt hat, sondern auch, im Punkte des
Ausdrucks, der beste Spieler. Denn, andre können vielleicht eine
eben so schnelle Fertigkeit haben. Indessen ist er in jedem Style
ein Meister, ob er sich gleich hauptsächlich dem Ausdrucksvollen

widmet. Er ist, glaub ich, gelehrter als selbst sein Vater, (*) so oft er will, und läßt ihn, in Ansehung der Mannigfaltigkeit der Modulation, weit hinter sich zurück. Seine Fugen sind allemal über neue und sinnreiche Subjekte, und er bearbeitet solche mit eben so viel Kunst als Genie. . . .

In den Charakteren des jüngern Scarlatti und Emanuel Bachs sind sich verschiedene Züge sehr ähnlich. Beyde hatten grosse und berühmte Komponisten zu Vätern, welche von allen ihren Zeitgenossen für das Panier der Vollkommenheit gehalten wurden, nur nicht von ihren Söhnen, welche neue Wege zum Ruhme zu entdecken wußten.

[Ch. Burney, Tagebuch seiner Musikalischen Reisen – Hamburg, 1773 III/778]

Über J S Bachs musikalische Schönheiten, kan man wie Lessing in seiner Hamburgischen Dramaturgie, St: LXXIII. über Shakespears sagen: Auf die geringste von seinen Schönheiten ist ein Stempel gedruckt, welcher gleich der ganzen Welt zuruft: ich bin Shakespears! und wehe der fremden Schönheit, die das Herz hat, sich neben ihr zu stellen!

Joh. Seb. Bach, und C. P. E. Bach dessen Sohn. Wenn man diese beide mit einander vergleicht, so scheint C. P. E. mehr Geschmack, und eine Imagination die zur Conception iedes edeln und reizenden Bildes aufgelegt ist, zu haben; J. S. aber weit mehr Genie, und eine lebhafftere und feurigere der erhabensten Ideen fähige Einbildungskrafft. Er hat mehr poetische Begeistrung, seine Ideen sind groß und erhaben, für Weßen einer höhern Ordnung als wir sind. C P E. hat nicht den hohen Schwung, seine Gedanken sind so sehr von uns entfernt, ob sie gleich rein, edel, und ihren Gegenständen höchst angemessen sind. J S. Werke haben einen starken und ausgezeichneten Character, sie sind einzig und allein aus seiner Seele entsprungen, welche so vielen Reichthum und Ueberfluß hatte, daß sie fremder Hülfe nicht bedurfte.

[J. N. Forkel, Handschriftliche Kollektaneen – Göttingen, 1774? III/800 a]

Der Orpheus der Deutschen

Ein patriotisch gesinnter Deutscher wird sich vielleicht hier kaum des Wunsches erwehren können, daß der Verfasser [Charles Avison] außer unserm Händel mit noch mehrern deutschen Componisten möchte bekannt gewesen seyn. Vielleicht hätte er sodann

---

(*) Der Uebersetzer hat es mehr als Einmal aus Herrn Bachs eignem Munde gehört, daß man nicht gelehrter in der Musik seyn könne, als es sein Vater gewesen.

nicht drey, sondern vier Classen gemacht, und in die vierte und vorzüglichste nebst Händeln noch unsern alten Kerl, Kuhnau, und hauptsächlich vor allen andern unsern unnachahmlichen Johann Sebastian Bach aufgenommen ... Wie vielmehr würde er anders klassificirt haben, wenn er die Meisterstücke unsers unsterblichen Joh. Seb. Bachs gekannt hätte, wo die originellste, feineste und edelste Melodie beständig von der reichsten, reinesten und angemessensten Harmonie begleitet wird? Gegen diesen großen Mann sind Corelli, Scarlatti, Caldara und Rameau, so groß auch ihre Verdienste an sich betrachtet seyn mögen, noch wahre Schulknaben, deren fehlervolle und mangelhafte Exercitia seinen meisterhaften Werken nicht an die Seite gesetzt werden können. Wir trauen unserm Verf. zu, daß er vollkommen unserer Meynung gewesen seyn würde, wenn ihm die Arbeiten dieses Mannes bekannt geworden wären. Er scheint uns gerade den Grad von Kunsterfahrung zu besitzen, der dazu erfordert wird, sich von den erhabenen Verdiensten dieses Mannes einen wahren Begriff zu machen.
[J. N. Forkel, Musikalisch-kritische Bibliothek – Gotha, 1778 III/834]

Diesen großen und weltberühmten Manne war in der Music überall nichts verborgen, Kunst und Schönheit, welches aus allen seinen Sachen hervorleuchtet, wuste er auf die unvergleichlichste Art zu verbinden, und aus seinen unendlich vielen herrlichen Sachen, so er verfertiget, ist leicht zu schließen, daß sein Fleiß ununterbrochen gewesen seyn müße.
[Anmerkung im Bibliothekskatalog Anna Amalias von Preußen – Berlin, 1783? III/887]

Ueberhaupt ist Obersachsen das Land, in welchem verhältnißmäßig gegen die übrigen Provinzen Deutschlandes das wenigste Schlechte in der Music herauskömmt ... Es scheint denn doch wirklich, als wenn der Geist eines Sebastian Bachs, und so vieler anderer Meister, die aus dem Schooße dieses Landes hervorgingen, und die Würde der Kunst behaupteten, über demselben auch noch jezt mit wohlthätigem Geiste waltete, und sich in mannigfaltige kleine Bäche und Ableitungen ergösse.
[C. F. Cramer, Magazin der Musik –Hamburg, 7. 12. 1783 III/875]

Sebastian Bach. Unstreitig der Orpheus der Deutschen! Unsterblich durch sich, und unsterblich durch seine großen Söhne. Schwerlich hat die Welt jemals einen Baum gezeugt, der in einer Schnelle so unverwesliche Früchte trug, wie dieser Cedernbaum.

Sebastian Bach war Genie im höchsten Grade. Sein Geist ist so eigenthümlich, so Riesenförmig, daß Jahrhunderte erfordert werden, bis er einmal erreicht wird. Er spielte das Klavier, den Flügel, und das Cymbal mit gleicher Schöpferkraft; und in der Orgel – – wer gleicht ihm? Wer war ihm je zu vergleichen? Seine Faust war gigantisch. Er grif z. B. eine Duodezem mit der linken Hand, und kolorirte mit den mittlern Fingern dazwischen. Er machte Läufe auf dem Pedal mit der äussersten Genauigkeit; zog die Register so unmerklich durch einander, daß der Hörer fast unter dem Wirbel seiner Zaubereyen versank. Seine Faust war unermüdet, und hielt Tage langes Orgelspiel aus. Er spielte das Klavier eben so stark als die Orgel, und umschrieb alle Theile der Tonkunst mit atlantischer Kraft. Der komische Styl war ihm so geläufig wie der ernste. Er war Virtuos wie Komponist in gleichem Grade. Was Newton als Weltweiser war, war Sebastian Bach als Tonkünstler. Er hat sehr viele Stücke gesetzt, sowohl für die Kirche als für die Kammer, aber alles in einem so schweren Style, daß seine Stücke heut zu Tage höchst selten gehört werden. Seine Jahrgänge, die er für die Kirche schrieb, sind höchst selten anzutreffen, ob sie gleich ein unerschöpflicher Schatz für den Musiker sind. Man stößt da auf so kühne Modulazionen, auf eine so große Harmonie, auf so neue melodische Gänge, daß man das Originalgenie eines Bachs nicht verkennen kann. Aber die immer mehr einreissende Kleinheitssucht der Neuern hat an solchen Riesenstücken beynahe gänzlich den Geschmack verloren. Eben dies läßt sich von seinen Orgelstücken behaupten. Schwerlich hat jemals ein Mann für die Orgel mit solchem Tiefsinn, solchem Genie, solcher Kunsteinsicht geschrieben, als dieser. Aber es gehört ein großer Meister dazu, wenn man sie vortragen will; denn sie sind so schwer, daß kaum zwey bis drey Menschen in Deutschland leben, die diese Stücke fehlerfrey vortragen können. Eine Phantasie, eine Sonate, ein Konzert oder figurirter Choral für die Orgel von Bach gesetzt, hat gewöhnlich sechs Zeilen, zwey für das obere Manual, zwey fürs untere, und zwey für das Pedal. Die Register sind meistens bemerkt, die man in der Geschwindigkeit zu ziehen hat. Das Pedal ist ungewöhnlich beschäftigt, und die Ligaturen, die laufenden Sätze, und andere Verzierungen für die Orgel, sind so schwer gesetzt, daß man oft Stundenlang über eine Zeile nachdenken muß. Ueberdies hat oft die linke und rechte Faust Dezem- auch Duodezem-Griffe, die nur ein Gigant herausbringen kann.

Bachs Klavierarbeiten haben zwar die Grazie der heutigen nicht, sie ersetzen aber diesen Mangel durch Stärke. Wie viel könnten unsere heutigen Klavierspieler von diesem unsterblichen Manne lernen, wenn es ihnen nicht mehr um den leichten Beyfall der Modeinsekten, als um den wichtigern großer Kunstverständigen zu thun wäre? Die Bachischen Stücke sind nicht Uebersetzungen aus andern Instrumenten, sondern wahre Klavierstücke; er verstand die Natur des Instruments ganz; seine Sätze stärken die Faust,

und füllen das Ohr. Beyde Hände sind in gleicher Beschäftigung, so daß nicht die Linke erlahmt, wenn die Rechte erstarkt. Auch hat er einen solchen Reichthum von Ideen, woran ihm niemand als sein eigner großer Sohn [Carl Philipp Emanuel] gleich kommt. Mit allen diesen Vorzügen verband Bach noch das seltenste Talent zur Unterweisung. Die größten Orgel- und Flügelspieler durch ganz Deutschland haben sich in seiner Schule gebildet; und wenn Sachsen hierin noch einen merklichen Vorzug bis diese Stunde vor andern Provinzen Deutschlands hat, so hat es diese dem gedachten großen Manne allein zu verdanken.[1]
[C. F. D. Schubart, Ästhetik der Tonkunst – Hohenasperg, 1784/85 III/903]

Musik, nicht für Rüstkammern und fahrende Tonritter

. . . +´+ und andre grose Männer haben gezeigt, daß oft darin der ware Ausdruk lige, was die Bachianer so heilig verbiten und für musicalische Todsünden ausgeben. Daher dann das unerträgliche, steife, selenlose, schulrichtige, gezwungene, und holperichte, widersinnige, schwerfällige, bis auf Mark und Knochen ausgefeilte, tode Wesen, das alle Bachische Sachen so unverdaulich macht, so ser si auch zum Ueberflus mit sogenanter Harmoni im haut gout gewürzt und zubereitet seyn mögen. Nur für schwache Körper dinen Kraftsuppen.
[Zitat nicht genannter Herkunft in Eschstruths Musicalischer Bibliothek – Marburg, 1785 III/892]

Und Dank den Musen, daß Johann Sebastian Bachs Geist nicht mehr unter uns, uns dem Publicum, wandelt! Daß er bey der Menge virtuosirender Stümper es beweine, einst [Louis Marchand,] einen Mann, der wirklich Virtuos war, durch sein Spielen aus Deutschland verjagt zu haben, – geben die Anhänger des Alten zur Ursache seiner Entfernung an; aber das glaube ihnen einer! Nein, die Ursach ist, (und das lassen wir uns nicht ausreden!) – die eigentliche, wahre Ursach ist, daß Johann Sebastians Schatten sein Nichts gegen unsre fahrenden Tonritter zu sehr fühlt, daß er sich des grossen Namens schämt, den er einst im Leben hatte, und daß die wenigen, die noch heut zu Tage seinen Namen nie ohne die tiefste Verehrung nennen, bemitleidet oder als Pedanten verlacht werden.
[C. F. Cramer, Musik – Kopenhagen, 16. 3. 1789 III/935]

---

[1] Vieles in dieser während der Haftzeit aus dem Gedächtnis verfaßten Eloge ist nicht wörtlich zu nehmen.

Um hier keine Kunstwerke als Beyspiele anzuführen, deren Andenken bey den mehresten Tonkünstlern sogar bis auf die Namen ihrer Verfasser verloschen ist, will ich mich blos an die Producte unsers sich zu Ende neigenden Jahrhunderts halten. Der Werth der Werke eines Händels, eines Sebastian Bachs und anderer würdigen Tonsetzer ihrer Zeit, ist von allen Kennern anerkannt. Sind aber diese Werke für unsere jetzige musikalische Modewelt wohl etwas anders, als was in den Rüstkammern die alten Panzer und Helme für die jetzigen Krieger sind? Modern sie nicht unbenutzt, und den mehresten Künstlern unbekannt, der Vergessenheit entgegen?
[H. C. Koch, Journal der Tonkunst – Erfurt, 1795 III/992]

Die Generation der Enkelschüler

Seine [David Traugott Nicolais] große Anlage zur Musik, die sich schon in seinen frühesten Jahren zeigte, machte seinem Vater so viele Freude, daß er sich sehr frühzeitig mit ihm Mühe gab, ihn in den ersten musikalischen Anfangsgründen selbst zu unterrichten; ... Denn in seinem 9ten Jahre spielte er schon die schwersten Stücke von Sebastian Bach mit außerordentlichem Beyfalle, weshalb er auch an viele Orte von Beschützern und Liebhabern der Musik gebeten wurde, damit sie die seltenen Fähigkeiten dieses talentvollen Knaben selbst beobachten und bewundern könnten; so daß auch der große Bach selbst den Wunsch äußerte, ihn bey sich in Leipzig zu sehen und spielen zu hören, aber leider vor der Zeit starb.
[Allgemeine Musikalische Zeitung – Leipzig, 1. 10. 1800 III/1042]

Unter den Organisten in Berlin sind vorzüglich bemerkenswerth: ... Herr Karl Volkmar Bertuch, aus Erfurth, Organist bey St. Petri. Er hat unter dem Herrn Professor Adlung in Erfurth das Clavier- und Orgelspielen vorzüglich studiret. Er besitzt sehr viel Fertigkeit auf der Orgel sowohl als auf dem Clavecin. Die schwersten Orgelstücke des seel. Herrn Johann Sebastian Bach spielt er auf seiner Orgel mit großer Nettigkeit.
[J. A. Hiller, Wöchentliche Nachrichten – Leipzig, 9. 9. 1766 III/730]

In Hamburg solte mein erster Besuch natürlich dem grosen Emanuel Bach gelten: und ein kleines Misverständnis machte zu meiner Beschämung, daß er mir zuvorkam. Ein auswärtiger Kaufmann, der mit Instrumenten, die er in Thüringen bauen lies, nach Petersburg handelte, und in eben dem Gasthofe seine Niederlage

hatte, wo ich wohnte, war so gefällig, mir ein Klavier auf mein Zimmer bringen zu lassen. Ich stund eben davor, und spielte ein Stück aus Sebastian Bachs woltemperirten Klavier, als der Herr Kapellmeister hereintrat. Dies vorzügliche Werk seines grosen Vaters bei mir zu finden, und zu erfahren, daß ich ein Thüringer, und musikalischer Enkel von ihm sei, galt ihm hier mehr, als tausend Empfelungsbriefe.
[J. W. Häßler, Selbstbiographie – Erfurt, Oktober 1786 III/913]

Wir haben hier einen wenig bekannten, aber sehr großen Clavierspieler, der auf dem erhabensten Wege ist, den nur ein Musiker gehen kann: Bernhard, ein noch junger Mann, aus Saalfeld gebürtig. Seit 5 oder 6 Jahren hat er, man könnte sagen, in seine Clause beynahe eingemauert, und unter allen Mühseeligkeiten des Lebens, nichts als die Werke des größten Harmonikers, den nur unsere Welt aufweisen kann, die Werke Sebastian Bachs studirt. Nicht nur sie mit allen ihren außerordentlichen Schwürigkeiten auf dem Clavier und der Orgel herauszubringen, sondern auch den reinen Satz sich ganz eigen zu machen, war er mit unglaublichem Fleiß bemüht.
[Briefauszug in Cramers Magazin der Musik – Göttingen, Januar 1785 III/874]

Man hat, seit des großen Orgelspielers, Johann Sebastian Bachs Tode oft die Klage gehört, daß die Kunst des Orgelspielens nach und nach aussterbe. Weiter kann damit wohl nichts gesagt werden, als daß die Kunst, die Orgel in Bachischer Manier, mit Bachischen Tiefsinn, und mit Anwendung der schwersten harmonischen Kunststücke zu spielen sich anfange zu verliehren. Und auch das möchte wohl nur so scheinen. Seine besten Schüler zwar: Willhelm Friedemann Bach, Homilius, Krebs, Kellner u. a. sind tod; aber es leben noch seine großen, meisterhaften Werke, aus denen sich mancher brave Organist gebildet hat, und künftig bilden kann.
Noch hat die Orgel ihren Albrechtsberger, Nicolai, Kittel, Vogler, Häßler, Vierling, Rembt, die theils durch ihre Geschicklichkeit in der Ausübung, theils auch durch meisterhafte Aufsätze für die Orgel sich berühmt gemacht haben. Und wie mancher andere lebt in einer kleinen Stadt verborgen, oder ist in den Mauern eines Klosters verschlossen, der sich den obgenannten kühn an die Seite stellen dürfte. Diese alle haben dem großen Johann Sebastian Bach, dem würdigsten meiner ehemaligen Vorgänger in meinem jetzigen Amte, unstreitig viel zu danken; obgleich jeder auch viel Eigenes für sich haben kann, und nothwendig haben muß.
[J. A. Hiller, Vorrede zu Oleys Orgelchorälen – Leipzig, 20. 5. 1791 III/959]

apropòs; ich wollte sie gebeten haben, daß wenn sie mir das Rondeau zurück schicken, sie mir auch möchten die 6 Fugen vom Händel, und die Toccaten und Fugen vom Eberlin schicken. – ich gehe alle Sonntage um 12 uhr zum Baron van Suiten – und da wird nichts gespielt als Händl und Bach. –
ich mach mir eben eine Collection von den Bachischen fugen. – so wohl Sebastian als Emanuel und Friedeman Bach. – dan auch von den Händlischen. und da gehen mir nur diese [noch] ab. – und da möchte ich dem Baron die Eberlinischen [au]ch hören lassen. –
[W. A. Mozart an seinen Vater in Salzburg – Wien, 10. 4. 1782 III/859]

Die ursache daß diese Fuge auf die Welt gekommen ist wirklich meine liebe Konstanze. – Baron van Suiten zu dem ich alle Sonntage gehe, hat mir alle Werke des Händls und Sebastian Bach : nachdem ich sie ihm durchgespiellt : nach Hause gegeben. – als die Konstanze die Fugen hörte, ward sie ganz verliebt darein; – sie will nichts als Fugen hören: besonders aber : in diesem Fach : nichts als Händl und Bach; –
... Wenn der Papa die Werke vom Eberlin noch nicht hat abschreiben lassen, so ist es mir sehr lieb – ich habe sie unter der Hand bekommen, und – dann ich konnte mich nicht mehr erinnern, leider gesehen, daß sie – gar zu geringe sind, und wahrhaftig nicht einen Platz zwischen Händl und Bach verdienen. Allen Respect für seinen 4stimmigen Satz. aber seine KlavierFugen sind lauter in die länge gezogene versettl.
[W. A. Mozart an seine Schwester in Salzburg – Wien, 20. 4. 1782 III/860]

Louis van Betthoven, Sohn des obenangeführten Tenoristen, ein Knabe von 11 Jahren, und von vielversprechendem Talent. Er spielt sehr fertig und mit Kraft das Clavier, ließt sehr gut vom Blatt, und um alles in einem zu sagen: Er spielt größtentheils das wohltemperirte Clavier von Sebastian Bach, welches ihm Herr Neefe unter die Hände gegeben. Wer diese Sammlung von Präludien und Fugen durch alle Töne kennt, (welche man fast das non plus ultra nennen könnte,) wird wissen, was das bedeute ... Dieses junge Genie verdiente Unterstützung, daß es reisen könnte. Er würde gewiß ein zweyter Wolfgang Amadeus Mozart werden, wenn er so fortschritte, wie er angefangen.
[C. G. Neefe in Cramers Magazin der Musik – Bonn, 2. 3. 1783 III/874]

Auf Veranstaltung des damaligen Kantors an der Thomasschule in Leipzig, des verstorbenen Doles, überraschte Mozarten das Chor [1789] mit der Aufführung der zweychörigen Motette: Singet dem Herrn ein neues Lied – von dem Altvater deutscher Musik, von Sebastian Bach. Mozart kannte diesen Albrecht Dürer der deutschen Musik mehr vom Hörensagen, als aus seinen selten gewordenen Werken. Kaum hatte das Chor einige Takte gesungen, so stuzte Mozart – noch einige Takte, da rief er: Was ist das? – und nun schien seine ganze Seele in seinen Ohren zu seyn. Als der Gesang geendigt war, rief er voll Freude: Das ist doch einmal etwas, woraus sich was lernen läßt! – Man erzählte ihm, daß diese Schule, an der Sebastian Bach Kantor gewesen war, die vollständige Sammlung seiner Motetten besitze und als eine Art Reliquien aufbewahre. Das ist recht, das ist brav – rief er: zeigen Sie her! – – Man hatte aber keine Partitur dieser Gesänge; er ließ sich also die ausgeschriebenen Stimmen geben – und nun war es für den stillen Beobachter eine Freude zu sehen, wie eifrig sich Mozart setzte, die Stimmen um sich herum, in beide Hände, auf die Kniee, auf die nächsten Stühle vertheilte, und, alles andere vergessend, nicht eher aufstand, bis er alles, was von Sebastian Bach da war, durchgesehen hatte. Er erbat sich eine Kopie, hielt diese sehr hoch, und – wenn ich nicht sehr irre, kann dem Kenner der Bachschen Kompositionen und des Mozartschen Requiem (von diesem in der Folge mehr) besonders etwa der großen Fuge Christe eleison – das Studium, die Werthschätzung, und die volle Auffassung des Geistes jenes alten Kontrapunktisten bey Mozarts zu allem fähigen Geiste, nicht entgehen.

[J. F. Rochlitz, Allgemeine Musikalische Zeitung – Leipzig, 21. 11. 1798 III/1009]

Zwey große Männer hatten angefangen, den Zeitaltern beyder Kinder einen neuen Geist einzuhauchen, und mit – fast drückender Allgewalt die damalige Künstlerwelt zu beherrschen. Erhaben, doch düster, kühn, doch ohne zarten Geschmack, kräftig, doch ohne Delikatesse war der Geist jener Männer und ihrer Werke. Michael Angelo und Sebastian Bach hießen die Helden, zwischen denen sich villeicht nicht nur Aehnlichkeiten finden, sondern fortlaufende Parallelen ziehen ließen. Raphael lernte Angelo's, Mozart Bachs Arbeiten kennen und beyde wurden von ihnen so hingerissen, daß – ersterer seine bisherige Art zu mahlen, lezterer seine bisherige Art zu schreiben, ganz veränderte. Das Düstre, doch sehr Besonnene des Ganges jener beyden großen Lehrer konnte sich aber mit dem schnell auflodernden Feuer der Jugend nicht vereinbaren; beyde junge Künstler versuchten diese Vereinbarung dennoch, wurden aber darüber (besonders Mozart) rauh, abentheuerlich, bizarr, verworren. Beyde unternahmen gar manches in dieser Manier, ohne ihm Vollendung zu geben – ja meistens auch, ohne es nur fertig zu machen. Noch jezt haben sich Werke beyder von dieser Art erhalten, wie z. B. Raphaels Altargemähldе in der heil. Geistkirche zu Siena, und einige Konzerte, auch manches in den Messen Mozarts, noch in Salzburg, oder bald darauf geschrieben.

[J. F. Rochlitz – Allgemeine Musikalische Zeitung – Leipzig, 11. 6. 1800 III/1036]

Ein englischer Organist an der Königl. deutschen Kapelle ([August Friedrich Christoph Kollmann], eben derselbe, welcher jetzt Joh. Seb. Bachs wohltemperirtes Clavier herausgeben will) ließ hierauf ein Blatt in Kupfer stechen, worauf in einer Sonne die ihm bekannten deutschen Komponisten vorgestellt waren. Joh. Seb. Bach steht im Mittelpunkt; zunächst um ihn herum Händel, Graun und Haydn. Die Strahlen der Sonne sind mit andern deutschen Komponisten besetzt, auf folgende Art:

. . . Unser würdiger Haydn soll dies Stück selbst gesehen haben, und man sagt, daß es ihm nicht übel gefallen, er sich auch der

Nachbarschaft Händels und Grauns gar nicht geschämt, noch viel weniger es unrecht gefunden habe, daß Joh. Seb. Bach der Mittelpunkt der Sonne, folglich der Mann sey, von welchem alle wahre musikalische Weisheit ausgehe.
[J. N. Forkel, Allgemeine Musikalische Zeitung – Leipzig, 30. 10. 1799 III/1023]

Die Metropolen Wien und Berlin

Quartetts und Quintetts sind hier vorzüglich, weil sie meistens in Häusern der Kenner und Liebhaber der Musik angetroffen werden. Mit Vergnügen erinnere ich mich an mehrere frohe Abende, die ich in ihrer Anhörung genoß. Sonaten von Albrechtsberger, oder Sebastian Bach, bestehend aus einem Adagio und einer Fuge, waren hier die gewöhnliche Speise. Herr Albrechtsberger selbst spielt mit einer Delikatesse und Präcision Violoncello, die man desto mehr bewundert, da er den Bogen wie der Violinspieler führt.
[Wiener Reisebericht im Journal des Luxus und der Moden – Weimar, Juli 1800 III/1038]

Berlin ist vielleicht der einzige Ort in Deutschland, in welchem Sie noch immer, neben den wärmsten Verehrern der modernen Musik, die eifrigsten Verfechter des ältern Geschmaks finden. Iohann Sebastian Bach und seine berühmten Söhne kämpfen noch immer mit Mozart, Haydn und Clementi um den Vorrang auf den Klavierpulten unserer Musikliebhaber und Liebhaberinnen: freylich aber jezt mit geringem Erfolge.
[Briefauszug in der Allgemeinen Musikalischen Zeitung – Berlin, Frühjahr 1800 III/1033]

Streitobjekt vierstimmige Choräle

Meisterstücke in Harmonik und Stimmführung

Die Besorgung dieser Sammlung wurde mir von dem Herrn Verleger aufgetragen, nachdem schon einige Bogen davon gedruckt waren. Daher ist es geschehen, daß man vier Lieder hat eingerückt, welche nicht aus der Feder meines seeligen Vaters gekommen sind. Man findet diese vier Lieder unter der sechsten, funfzehnten, achtzehnten und ein und dreyßigsten Nummer. Die übrigen Lieder, so wohl in diesem, als den nachfolgenden Theilen sind

alle von meinem seeligen Vater verfertigt, und eigentlich in vier Systemen für vier Singestimmen gesetzt. Man hat sie den Liebhabern der Orgel und des Claviers zu gefallen auf zwey Systeme gebracht, weil sie leichter zu übersehen sind. Wenn man sie vierstimmig absingen will, und einige davon den Umfang gewißer Hälse überschreiten sollten: so kann man sie übersetzen. Bey den Stellen, wo der Baß so tief gegen die übrigen Stimmen einhergehet, daß man ihn ohne Pedal nicht spielen kann, nimmt man die höhere Octav, und dieses tiefere Intervall nimmt man alsdenn, wenn der Baß den Tenor überschreitet. Der seelige Verfaßer hat wegen des letzteren Umstandes auf ein sechzehnfüßiges baßirendes Instrument, welches diese Lieder allezeit mitgespielt hat, gesehen. Den Schwachsichtigen zu gefallen, welchen einige Sätze unrichtig scheinen möchten, hat man da, wo es nöthig ist, die Fortschreitung der Stimmen durch einfache und doppelte schräge Striche deutlich angezeiget. Ich hoffe auch durch diese Sammlung vielen Nutzen und vieles Vergnügen zu stiften, ohne daß ich nöthig habe, zum Lobe der Harmonie dieser Lieder etwas anzuführen. Der seelige Verfaßer hat meiner Empfehlung nicht nöthig. Man ist von ihm gewohnt gewesen, nichts als Meisterstücke zu sehen. Diesen Nahmen werden die Kenner der Setzkunst gegenwärtiger Sammlung ebenfals nicht versagen können, wenn sie die ganz besondre Einrichtung der Harmonie und das natürlich fließende der Mittelstimmen und des Baßes, wodurch sich diese Choralgesänge vorzüglich unterscheiden, mit gehöriger Aufmercksamkeit betrachten. Wie nutzbar kann eine solche Betrachtung den Lehrbegierigen der Setzkunst werden, und wer läugnet wohl heut zu Tage den Vorzug der Unterweisung in der Setzkunst, vermöge welcher man, statt der steifen und pedantischen Contrapuncte, den Anfang mit Chorälen machet? Zum Beschluß kann ich den Liebhabern überhaupt von geistlichen Liedern melden, daß diese Sammlung ein vollständiges Choralbuch ausmachen wird. Es werden diesem Theile noch zween andere folgen, und alle zusammen über dreyhundert Lieder enthalten.   C. P. E. Bach
[Vorrede zu J. S. Bachs vierstimmigen Choralgesängen – Berlin, 1765 III/723]

Wenn wir auch nicht völlig von der Richtigkeit dessen, was die Vorrede sagt: Daß man gewohnt gewesen sey, von dem seligen Verfasser nichts als Meisterstücke zu sehen, überzeugt wären: – Denn nichts als Meisterstücke zu liefern übersteigt alle menschlichen Kräfte; – so halten wir doch diese Sammlung der von dem seligen Bach gesezten vierstimmigen Chorale eines besondern Beyfalls würdig, und sehen der Fortsetzung derselben begierigst entgegen. Es ist unstreitig, daß die Harmonie dem seligen Bach gleichsam zur Natur geworden war: und welche artige und har-

monisch-sinnreiche Führungen derselben finden sich nicht auch in diesen Chorälen? Waren seine Melodien gleich nicht allemal so reitzend und rührend als andere: so sind sie doch unter dem Zwange der immervollen Harmonie, so natürlich und ungezwungen, daß mancher sehr schwitzen würde, wenn er unter diesen Bedingungen ein gleiches verfertigen sollte. Wir glauben daß diese Chorale ausser andern Verdiensten, sonderlich angehenden Orgelspielern, nüzlich seyn können, um sich anfänglich in der fast verlohren gehen wollenden Kunst, das Pedal obligat zu spielen, zu üben. Sie müssen die Oberstimme auf dem einen Claviere, die zwey mittelsten auf dem andern, und den Paß auf dem Pedale spielen. Eine solche Uebung wird sehr zu ihrem weitern Fortgange dienen. Sollten wir uns denn nicht bemühen die Musik in ihrem ganzen Umfange zu treiben? Sollen wir denn keinen Fleiß auf die Orgelspielkunst wenden: welche dem, der sie recht versteht, zwar nicht sonderlich viel Geld, aber destomehr Ruhm bringt, und welche der selige Bach zu so hohem Grade der Vollkommenheit getrieben hat?
[J. F. Agricola, Allgemeine deutsche Bibliothek – Berlin, 1766 III/733]

Die erste Ausgabe dieses in seiner Art einzigen Werks, die vor vielen Jahren in Berlin bey Birnstiel herauskam, war von Druckfehlern und manchen untergeschobenen Chorälen entstellt. Hievon ist diese Ausgabe, die der verstorbene Kirnberger, und nach seinem Tode der Hr. Capellmeister Bach in Hamburg selbst besorgt, völlig gereiniget; so daß wir nun ein Choralbuch erhalten, das nie seines Gleichen gehabt hat, noch haben wird. Man erstaunt über den Reichthum der Harmonie, und den natürlich fließenden Gesang, der im Baß und in den Mittelstimmen zugleich damit verbunden ist. Doch es wäre Verwegenheit, loben zu wollen, was so sehr über alles Lob erhaben ist. Nur Deutschland hat ein solches Werk aufzuweisen. Für jeden Lehrbegierigen der wahren und gründlichen Setzkunst (denn was ist Musik ohne richtige Harmonie?) wird dieses Choralbuch ein beständiges Handbuch der praktischen Harmonie seyn und bleiben, aus dem er, je mehr er darin studirt, immer neue Vortheile schöpfen wird. Dieser erste Theil enthält 96 Chorale: ihm werden noch drey andre folgen, die zusammen über 300 geistliche Lieder enthalten, und ein vollständiges Choralbuch ausmachen werden.
[J. A. P. Schulz, Allgemeine deutsche Bibliothek – Berlin, 1785 III/906]

Nichts kann übrigens feyerlicher und andächtiger klingen, als ein Choral, der in den alten Kirchentonarten rein vierstimmig auf eine

fließende Art gesezt ist, und von einem starken Chore gut gesungen wird. Die schönsten Muster hierin hat man vom sel. Joh. Seb. Bach.
[J. N. Forkel, Allgemeine Geschichte der Musik – Leipzig, 1788 III/922]

Unbrauchbar für die Kirche

Diese und andere hieher gehörige Umstände haben, wie gesagt, bey vielen den Wunsch veranlaßt, daß ein Meister in der Tonkunst uns ein gutes Choral-Buch liefern möchte. Gleichwie dann auch, durch die Herausgabe der vierstimmigen Choralgesänge des seligen Herrn Johann Sebastian Bach, den Liebhabern des Kirchengesanges würkliche Meisterstücke geliefert worden, welche Kennern gewiß vieles Vergnügen verschaffen müssen, indem sie Muster der Composition sind: aber wie viele finden sich unter denen, die der Kirche im Singen und Spielen dienen, oder als Liebhaber zu ihrem Vergnügen auf dem Flügel oder Klavier ein Lied spielen wollen, deren Fähigkeit sich so weit erstrecket, daß sie den gehörigen Gebrauch davon machen könnten?
[J. C. Kühnau, Vierstimmige alte und neue Choralgesänge – Berlin, 1786 III/898]

Ein Freund aus Halle schrieb mir erst neuerlich: Herr Türk zieht das Kühnausche Choralbuch dem Seb. Bachischen vor, weil in jedem Liede der rechte eigentliche Caracter des Liedes herrscht, und in der Rücksicht für einen Organisten beßer ist als jenes das Seb. Bachische, wo allenthalben die größte Kunst angebracht ist (und in der Kirche fast nicht zu brauchen ist) etc. quod nego, es ist doch warlich in den Bachischen Chorälen keine Hexerey, . . .
[Zopf an J. C. Kühnau in Berlin – Primkenau, 7. 2. 1789 III/933a]

Es ist längst entschieden, daß Seb. Bachs Choralgesänge in Absicht auf Kunst und Mannichfaltigkeit der Harmonie und Modulation die einzigen Muster in ihrer Art sind. Man muß in der That über den Fleiß und über die dabey verschwendete Kunst erstaunen. Jeder Choral zeugt von den fast unerreichbaren Kenntnissen des großen Mannes. Indeß würden wir doch diese Choralgesänge nur zum Studiren und Bewundern, aber keinesweges zur Begleitung der Gemeine, eben so wenig zum Singen der Chöre oder zum Abblasen auf Thürmen und dergl. empfehlen, denn ganz gewiß thun sie in den genannten Fällen nicht die beste Wirkung. Viele Melodien sind durch Bachs etwas steife und zuweilen ziemlich harte Behandlung so verdunkelt worden, daß man sie nur mit

Mühe bemerken wird. Wir ersuchen unsre Leser, die sich davon nicht überzeugen können, nur etwa zehn Choräle zu hören, und gewiß werden sie unsre Behauptung bey sechsen davon bestätigt finden. Andere Melodien sind, aus uns unbekannten Ursachen, viel zu hoch gesetzt, ...
[F. G. Lüdke, Allgemeine deutsche Bibliothek – Berlin, 1791 III/966]

Der sel. Sebastian Bach machte sich ein Choralbuch für seinen eigenen Gebrauch, welches sein Sohn C. P. E. Bach, nach dessen Tode drucken ließ und das für Kenner der Harmonie einen großen Werth hat. Da aber nur wenige Organisten im Stande sind, von diesen herrlichen Chorälen öffentlichen Gebrauch zu machen; so hat es immer geheißen: sie wären zu gelehrt, die Gemeinden könnten sie nicht mitsingen – und kurz, die Gemeinden wurden vorgeschoben, um die Untüchtigkeit der Organisten zu decken. Wir sind nun aus mannichfaltigen Erfahrungen überzeugt, daß die gelehrte Bearbeitung der Bachischen Choräle mit dem andächtigen Gebrauch derselben wohl bestehn könne, wenn sie nur gut gespielt werden. Da aber die Organisten daran Schuld sind, wenn dieser Zweck nicht erreicht wird ...
[Allgemeine Literatur-Zeitung – Jena, 14. 1. 1792 III/970]

Kollidierend mit Abt Voglers Harmonielehre

Es fiel noch keinem ein, dem verehrungswürdigen alten Sebastian Bach die Verdienste eines grosen Organisten strittig zu machen. Daß aber Herr Kirnberger ihn zum Muster der Behandlung der Choraltonarten hersezt, darin glauben nicht wir, daß er wohl gewählt habe.
[G. J. Vogler, Betrachtungen der Mannheimer Tonschule – Mannheim, 15. 12. 1780 III/844a]

Joh. Seb. Bach, dessen Choralbegleitungen sein Sohn C. Ph. E. Bach in Hamburg herausgegeben und mit einem Vorwort begleitet hat, um uns zu versichern, daß dieser Meister nichts anderes als Meisterstücke machen konnte, hat vier verschiedene Begleitungen zu dem gleichen Choral gesetzt, die keine Veränderungen sind, sondern Abweichungen von der Natur und der Wahrheit. Ich betrachte es also als eine Schuldigkeit, alle Organisten vor einer so irreführenden Autorität zu warnen und bekannt zu machen, daß, hauptsächlich in Seb. Bachs Choralbegleitungen (die die allergelehrtesten sein sollen: da er der erste Harmonist in seiner Zeit und aller Zeiten genannt worden ist) nicht die geringste Einsicht und

Wahl der zum Choral passenden Harmonie zu finden ist, wohl aber harte Tonfolgen, ebenso sonderbare, entlegene wie für das Ohr beleidigende Umkehrungen, unharmonische Querstände und auch Dissonanzen, die einem ohne die geringste Vorbereitung aufgezwungen werden etc.

[G. J. Vogler, Organist-Schola – Stockholm 1798   III/1013 Original schwedisch]

Sebastian Bachs Fertigkeit auf der Orgel und dem Klaviere, die Festigkeit, womit er auf der Orgel vierstimmig und durch den Beitrit eines vom Manualbaß wesentlich verschiedenen Pedals fünfstimmig spielte, ist und bleibt sein ausgezeichnetes Verdienst. Keine Nazion kann einen solchen Orgelspieler aufweisen, und wir Deutsche haben Ursach, auf ihn stolz zu sein. Daß er eine vielumfassende praktische Geläufigkeit besaß, die fremdsten Harmonien, ganz ungewöhnliche, unerhörte Tonfolgen einzuführen, ist auch wahr. Aber Alles dieses beweist nicht, daß er 1) Theorie, 2) Gesang, 3) Geschmak und Auswahl hatte; denn, wenn 1) die Eigenschaft der uralten Melodie und ihre strenge Beibehaltung, statt Neuerungen, eine genaue historische Kenntniß der 12 Griechischen Tonarten voraussezt; wenn 2) auffallende Gänge, rasche Ausweichungen, gewagte Sprünge, profane Schnörkel, willkürliche Einzwingungen von Kreuz und b, unharmonische Querstände u.s.w. der ursprünglichen hohen Einfalt des Chorals schaden; wenn 3) die Begleitung eine kluge Auswahl der wenigen dazu passenden Harmonien fodert: so müssen die Vorurtheile den Beweisen, und die Autorität der Wahrheit Plaz machen.

[G. J. Vogler, Choral-System – Kopenhagen, 1800   III/1039]

Verlegerisches Risiko in der Folgezeit

Eine mißglückte Choralausgabe

Nachricht für das Publicum. Es hat der Herr Birnstiel in Berlin kürzlich mit eben so vieler Dreistigkeit als Unwissenheit in der Musik den zweyten Theil von Johann Sebastian Bachs vierstimmigen Choralgesängen, wovon ich der eigentliche Sammler bin, ohne mir das geringste davon wissen zu lassen, herausgegeben. Ich habe etwas davon angesehen, und eine große Menge von Fehlern von allerley Art darinnen gefunden. Der Verdruß und Eckel hielte mich ab, alles durchzugehen, weil ich zuletzt sogar Fehler fand, dergleichen ein Anfänger in der Composition nicht leicht machen wird. Ich bin im Stande, jedem, der es verlangt, die Fehler zu zei-

gen, und ihm mein Original dagegen zu halten. Da nun durch diese Ausgabe die Ehre des seligen großen Mannes, und meine eigene, als Sammler, aufs empfindlichste angegriffen worden ist: so erkläre ich hiemit öffentlich dem Publico meine Unschuld, und warne es aufs treueste, sich durch Anschaffung dieses zweyten Theiles nicht hintergehen zu lassen; alle Freunde meines seligen Vaters bitte ich besonders, die Bekanntmachung dieser ihm nach seinem Tode zur Schande gereichenden verstümmelten Arbeiten auf alle mögliche Art zu hindern, um so viel mehr, da diese Sammlung nunmehro ungleich mehr Schaden als Nutzen stiften muß, anstatt daß sie nach meiner ersten Absicht, als sein praktisches Lehrbuch von den vortrefflichsten Mustern, denen Studirenden in der Setzkunst von ungemeinem Nutzen hätte seyn können. Doch – wie reich sind wir nicht jetzo an Lehrbüchern ohne richtige Grundsätze und Muster! C. P. E. Bach.
[Hamburgischer Correspondent – Hamburg, 29. 5. 1769 III/753]

Bemühungen um eine korrekte Neuausgabe

Wegen der Bachschen Choräle deren anjetzo über 400 sind, welche der Hamburger Herr [Carl Philipp Emanuel] Bach gesammelt, und meistens Selbst geschrieben hat, die ich jetzt besitze, so liegt es mir gar sehr am Hertzen, daß für die musicalische Nachwelt die Choräle erhalten werden. Der Gedanke wird weit von mir entfernt seyn, durch einen Buchhändler oder Verleger einigen Profit in der Welt zu hoffen, daher, denke ich auch gar nicht daran, sie zu verkaufen, blos aus Liebe für die Wissenschaft und großen Nutzen für studierte junge Leute, will ich sie Ihnen alle umsonst geben, nur daß sie in schönem Druck ans Licht kämen. aller Nutzen der daraus entstehen kann, soll Ihr eigener und nicht meiner seyn, dagegen bitte ich mir nur einige Exemplaria zum Present aus, auch ein par Exemplare für den H. Bach, welcher sie Sich von mir ausgebethen hat, wenn die Choräle durch mich in Druck erscheinen, ob ich Ihm gleich 12 Frieder. d'or baar dafür überschickt habe, welche ich von meiner Gnädigsten Prinzessin dazu geschenkt bekommen habe.
[J. Ph. Kirnberger an J. G. I. Breitkopf in Leipzig – Berlin, 7. 6. 1777 III/822]

Jetzt aber, da mir viel daran gelegen ist, zum allgemeinen Nutzen aller studierenden Jugend wegen des vortreflichen Satzes sie im Druck zu sehen, und weil ich doch einmal in der Welt dazu bestimmt bin, daß ich von meiner Sorge und Mühe keinen Nutzen haben soll, so will ich Ihnen, so wie Sie sie bekommen ohne den geringsten Profit abtreten, und sie nur im Drucke zum ewigen An-

denken des J. Seb. Baches zu sehen. es versteht sich aber, daß die sämtlichen von Birnstiel herausgekommenen mit gedruckt werden müssen, wodurch die Anzahl über 400 Stück werden. Wollen Sie mir aus freyen Willen eine Erkenntlichkeit dafür erzeigen, so will ich es mit vielem Danck annehmen, wo nicht, so habe ich eben die Verbindlichkeit gegen Ihnen, sie im Druck zu sehen, als hätten Sie mir noch so viel dafür gegeben.
[J. Ph. Kirnberger an J. G. I. Breitkopf in Leipzig – Berlin, 19. 6. 1777 III/823]

Herr Joh. Phil. Kirnberger in Berlin, welcher die schöne Sammlung von J. Seb. Bachs vierstimmigen Chorälen besitzt, und gern wünschte, daß sie durch den Druck auf die Nachwelt kommen möchten, weil sie die einzigen Muster des reinen Satzes und eine nie versiegende Quelle für angehende Componisten sind, will mir Endesbenannten dieselben, mit der Bedingung sie zu drucken, gänzlich überlassen. Ich habe mich diese Bedingung zu erfüllen gern entschlossen, wenn Seb. Bach, dieser Vater der Kunst, so viel Freunde in Deutschland haben sollte, daß durch deren Subscription oder Pränumeration die aufzuwendenden Kosten einigermaßen gesichert wären. Sie werden in einem bequemen Formate auf stark Schreibpapier in vier Theilen heraus kommen. Der Pränumerations-Preis ist auf jeden Theil 1 Thlr. und bey Abholung eines jeden Theils wird auf den darauf folgenden pränumerirt. In allen angesehenen Buchhandlungen Deutschlands kann man bis Ostern 1782 pränumeriren. Ist diese Zeit fruchtlos verlaufen, so unterbleibt die ganze Unternehmung. Wer auf 5 und mehrere Exemplare pränumerirt, erhält für seine Bemühung zehen Procent. Leipzig, im Julii 1781.[1]   J. G. J. Breitkopf.
[Leipziger Zeitungen – Leipzig, 20. 8. 1781 III/849]

Herr Kirnberger, der vor einigen Jahren durch die Herausgabe der fugenweise komponirten vierstimmigen Psalmen und christlichen Gesängen von Hans Leo Haßler, sich um die Tonkunst von einer neuen Seite wieder so verdient machte, will izt ein noch wichtigeres Werk im Breitkopfschen Verlage in Leipzig herausgeben. Es sind die Choräle von Johann Sebastian Bach. Sie sollen nach und nach in 4 Theilen herauskommen, auf jeden Theil wird Ein Thaler bey Breitkopf pränummerirt. Der Herausgeber dieses Kunstmagazins erbietet sich auch zur Annahme der Pränummeration. Hat je ein Werk die ernstlichste Unterstützung deutscher Kunstfreunde verdient, so ist es dieses; der Inhalt: Choräle; höchstes Werk deutscher Kunst; der harmonische Bearbeiter: Johann Sebastian Bach,

---

[1] Die Ausgabe erschien erst 1784–1787 in vier Bänden.

größter Harmoniker aller Zeiten und Völker; Herausgeber: Johann Philipp Kirnberger, scharfsinnigster Kunstrichter unsrer Zeiten. [J. F. Reichardt, Musikalisches Kunstmagazin – Berlin, Herbst 1781 III/853]

Im Wettstreit um die Erstausgabe des Wohltemperierten Klaviers

Gewinn hoffe ich davon nicht; ich will zufrieden seyn wenn ich meine Auslagen wieder erhalte, und auf selbige auch nur bey der Ankündigung des wichtigen Werks

    Joh. Seb. Bachs, zweymal 24 Vorspiele und Fugen aus allen
    Tonarten

Rücksicht nehmen. Diese Werke, das Erste und Bleibendste was die deutsche Nation als Musickunstwerk aufzuzeigen hat, gehn in fehlerhaften Copien, die wenn der Copist nur irgend Salz und Brod dabey haben will, nicht unter 12 Thaler verkauft werden können, unter den Clavier- und Orgelspielern umher. Jemehr Abschriften, jemehr Fehler schleichen sich ein, man wagt sich nicht manches wirklich falsche zu corrigiren, weil Bachs durchgehende und Wechselnoten selbst Kennern die gewisse Entscheidung der Richtigkeit schwer machen.

Wäre es nun nicht des Wunsches werth diese Werke richtig gedruckt und zum halben Preise gegen die jezt in Abschrift herumgehende erhalten zu können?

So wohl den wohlfeilen Preiß als die Richtigkeit kann ich versprechen und halten, wenn eine hinlängliche Prenumeration nur wenigstens die nothwendigsten Auslagen deckt.

Für die Richtigkeit gebe ich folgende Aussichten: Herr Cammermusicus Fasch besitzt ein Exemplar von ihm selbst nach Joh. Seb. Bach Original copirt und corrigirt; Dies ist er erstlich so gütig mir zum Druck anzuvertrauen, und zweytens übernimmt er auch die Drukcorrecturen mit noch mehrern unsrer ersten Tonkünstler hiesiger Stadt.

Für die Wohlfeilheit melde ich. Das ich das Werk Heftweise herausgeben werde, um die Anschaffung zu erleichtern. Acht Fugen und acht Preludien machen ein Heft aus, und auf diese wird 1 Rthlr. vorausbezahlt. Mit 6 Heften ist das ganze Werk geendigt, und kostet alsdenn, den Prenumeranten 2 Ducaten. Um ein Drittheil wird alsdenn der Preiß unerläßlich erhöht.

Was nun die Güte des Drucks betrift so glaube ich von der Seite schon einigen Credit im Publikum zu haben, aber doch soll dieser ganz vorzüglich ausfallen, da ich jezt neue Typen zum Notendruck gießen lasse, wo alles was Herr Capellmeister Schulz in der allgemeinen deutschen Bibliothek noch zur Verbesserung meines Notendrucks gewünschet, befolget worden ist. Pappier und Format werden wie C. P. E. Bachs Werke.

Jezt nun erwarte ich was unsre deutsche Künstler thun werden, um die Erscheinung dieses Werks zu begünstigen. Sobald ich Aussichten zur Realisirung meines Plans habe, fange ich mit dem Druck an; ich bitte mir also baldigst möglich postfreye Nachricht, und allenfalls vor der Hand nur sichere Subscription aus.[1]
[J. C. F. Rellstab, Vorrede zu C. Ph. E. Bachs Orgelsonaten – Berlin, September 1790 III/955]

Ich wünsche mir J. Sebastian Bachs sämtliche Orgel- und Klavierwerke anzuschaffen; dessen Kunst der Fuge und Klavierübung I. Teil besitze ich schon, es gibt ihrer aber, wie Ihnen bekannt sein wird, eine große Menge, und ich würde gern etwas namhaftes verwenden um sie komplet zu besitzen. In Leipzig sind sie ohne Zweifel alle zu finden, und daher ersuche ich Sie freundschaftlich, mir dieselben sobald als möglich zu liefern. Vorzüglich möchte ich bald dessen Zweimal 24 Vorspiele und Fugen durch alle Tonarten haben; sie sind im Rellstabschen Katalog geschriebener Musikalien zu 13 Reichstaler angeführt, dies würde ich gern dafür bezahlen. Könnte der Besitzer dieses Werkes und anderer von dem genannten Autor sich entschließen, mir dieselben sogleich durch nächsten Postwagen zur Abschrift mitzuteilen, so würde ich ihm gern etwas, und zwar keine Kleinigkeit, bezahlen und die Werke in wenigen Wochen franko zurückschicken. Und könnten Sie dies bewirken, so täten Sie mir den größten Gefallen von der Welt, weil ich jetzt zum tieferen Studium der Harmonie besonders Zeit und Lust habe.[2]
[H. G. Nägeli an Breitkopf in Leipzig – Zürich, Mai 1798 III/1007]

Unter den ausländischen Tonkünstlern scheinen jezt die Deutschen in England einen entschiedenen Vorzug zu genießen . . . Selbst die höhern Fächer deutscher Kunst, die wir beynahe selbst nicht mehr kennen, sind ihnen bekannt, so daß es jezt ein englischer Organist wagen kann, Joh. Seb. Bachs wohltemperirtes Klavier mit Erläuterungen in Kupferstich herauszugeben, ein Unternehmen, welches zwey Musikhandlungen im Vaterlande dieses großen Komponisten noch vor wenig Jahren vergeblich versuchten.[3]
[J. N. Forkel in der Allgemeinen Musikalischen Zeitung – Leipzig, 2. 10. 1799 III/1022]

[1] Das Vorhaben blieb unausgeführt, da nur 20 Subskribenten zusammenkamen.
[2] Nägeli ging es in Wirklichkeit um die Veröffentlichung ›Musikalischer Kunstwerke im Strengen Style‹; das Wohltemperierte Klavier erschien in dieser Reihe 1801.
[3] A. F. C. Kollmanns Plan blieb im Hinblick auf die starke Konkurrenz anderer Verlage unausgeführt.

Vollkommen überzeugt, daß ich den Wünschen bey weitem des größten Theils unsrer jezt lebenden Tonkünstler entspreche, und einem großen Bedürfnisse der Studierenden abhelfe, habe ich mir vorgenommen, Iohann Sebastian Bachs 48 Präludien und Fugen für's Klavier, durch alle Töne und Semitonien herauszugeben.

Überflüssig wär' es von diesem deutschen Meisterwerk der Kunst etwas weiter zu sagen, über dessen bleibenden Werth alle Nationen längst einstimmig entschieden haben.

Da mein Exemplar vom sel. Neefe ganz berichtigt worden, und da ich für richtige Korrektur auf's eifrigste sorgen werde, so wird die größte Korrektheit statt haben.[1]

[N. Simrock in der Allgemeinen Musikalischen Zeitung – Bonn, Dezember 1800 III/1045]

Nekrolog, Paralipomena und Parerga

Der Nekrolog

Der dritte und letzte ist der im Orgelspielen Weltberühmte Hoch-Edle Herr Johann Sebastian Bach, Königlich-Pohlnischer und Churfürstlich Sächsischer Hofcompositeur, und Musikdirector in Leipzig.

Johann Sebastian Bach, gehöret zu einem Geschlechte, welchem Liebe und Geschicklichkeit zur Musick, gleichsam als ein allgemeines Geschenck, für alle seine Mitglieder, von der Natur mitgetheilet zu seyn scheinen. So viel ist gewiß, daß von Veit Bachen, dem Stammvater dieses Geschlechts, an, alle seine Nachkommen, nun schon bis ins siebende Glied, der Musik ergeben gewesen, auch alle, nur etwan ein Paar davon ausgenommen, Profession davon gemacht haben. Dieser Veit, war im sechzehnten Jahrhunderte, wegen der Religion aus Ungarn vertrieben worden, und hatte sich nachher in Thüringen niedergelassen. Viele seiner Nachkommen haben auch in dieser Provinz, ihren Aufenthalt gefunden. Unter vielen vom Bachischen Geschlechte, welche sich in der praktischen Musik, auch in Verfertigung neuer musikalischer Instrumente hervor gethan haben, sind außer unserm Johann Sebastian, sonderlich folgende, wegen ihrer Composition merkwürdig: 1) Heinrich Bach, ein im Jahr 1692 verstorbener Organist in Arnstadt: 2) und 3) dessen beyde Söhne: Johann Christoph, Hof- und Stadtorganist in Eisenach, welcher 1703 verstorben, und Johann Michael, Organist und Stadtschreiber im Amte Gehren, Johann Sebastians erster Schwiegervater: 4) Johann Ludewig Bach, Herzoglicher Meynun-

---

[1] Die Ausgabe erschien wahrscheinlich noch 1801; der ungenannte Herausgeber ist C. F. G. Schwencke.

gischer Capellmeister: 5) Johann Bernhard Bach, Kammermusikus und Organist in Eisenach, welcher 1749 in die Ewigkeit gegangen ist. Von allen diesen hat man noch Arbeiten in Händen, welche von der Stärke ihrer Verfasser, so wohl in der Vocal- als Instrumentalcomposition hinlänglich zeugen. Besonders ist obiger Johann Christoph in Erfindung schöner Gedanken sowohl, als im Ausdrucke der Worte, stark gewesen. Er setzte, so viel es nämlich der damalige Geschmack erlaubte, sowohl galant und singend, als auch ungemein vollstimmig. Wegen des erstern Puncts kann eine, vor siebenzig und etlichen Jahren von ihm gesetzte Motete, in welcher er, ausser andern artigen Einfällen, schon das Herz gehabt hat, die übermäßige Sexte zu gebrauchen, ein Zeugniß abgeben: wegen des zweyten Puncts aber, ist ein von ihm mit 22 obligaten Stimmen, ohne jedoch der reinsten Harmonie einigen Eintrag zu thun, gesetzetes Kirchenstück eben so merkwürdig, als dieses, daß er, auf der Orgel, und dem Claviere, niemahls mit weniger als fünf nothwendigen Stimmen gespielet hat. Johann Bernhard hat viel schöne, nach dem Telemannischen Geschmacke eingerichtete Ouverturen gesetzet. Es würde zu verwundern seyn, daß so brafe Männer, ausser ihrem Vaterlande so wenig bekannt worden; wenn man nicht bedächte, daß diese ehrlichen Thüringer mit ihrem Vaterlande, und ihrem Stande so zufrieden waren, daß sie sich nicht einmal wagen wolten, weit ausser demselben ihrem Glücke nachzugehen. Sie zogen den Beyfall der Herren, in deren Gebiete sie gebohren waren, und einer Menge treuherziger Landsleute, die sie gegenwärtig hatten, andern noch ungewissen, mit Mühe und Kosten zu suchenden Lobeserhebungen, weniger, und noch dazu vielleicht neidischer Ausländer, mit Vergnügen, vor. Indessen wird die Pflicht, die uns obliegt, das Andenken verdienter Männer zu erneuern, und zu befestigen, uns bey denen, welchen diese kleine Ausschweifung in die musikalische Geschichte des Bachischen Geschlechts, etwan zu weitläuftig scheinen möchte, hinlänglich entschuldigen können. Wir kehren zu unserm Johann Sebastian zurück.

Er wurde im Jahre 1685 am 21. März, in Eisenach gebohren. Seine Eltern waren: Johann Ambrosius Bach, Hof- und Stadtmusikus daselbst; und Elisabeth, gebohrne Lemmerhirtin, eines Rathsverwandten in Erfurth Tochter. Sein Vater hatte einen Zwillingsbruder mit Nahmen Johann Christoph, welcher Hof- und Stadtmusikus in Arnstadt war. Diese beyden Brüder, waren einander in allem, auch so gar was den Gesundheitszustand, und die Wissenschaft in der Musik betrift, so ähnlich, daß man sie, wenn sie beysammen waren, blos durch die Kleidung unterscheiden mußte.

Johann Sebastian war noch nicht zehen Jahr alt, als er sich, seiner Eltern durch den Tod beraubet sahe. Er begab sich nach Ohrdruff zu seinem ältesten Bruder Johann Christoph, Organisten daselbst, und legte unter desselben Anführung den Grund zum Clavierspielen. Die Lust unsers kleinen Johann Sebastians zur Musik, war schon in diesem zarten Alter ungemein. In kurtzer Zeit hatte er alle Stücke, die ihm sein Bruder freywillig zum Lernen aufgegeben hatte, völlig in die Faust gebracht. Ein Buch voll Clavierstücke, von den damaligen berühmtesten Meistern, Frobergern, Kerlen, Pachelbeln aber, welches sein Bruder besaß, wurde ihm, alles Bittens ohngeachtet, wer weis aus was für Ursachen, versaget. Sein Fifer immer weiter zu kommen, gab ihm also folgenden unschuldigen Betrug ein. Das Buch lag in einem blos mit Gitterthüren verschlossenen Schrancke. Er holte es also, weil er mit seinen kleinen Händen durch das Gitter langen, und das nur in Pappier geheftete Buch im Schranke zusammen rollen konnte, auf diese Art, des Nachts, wenn iedermann zu Bette war, heraus, und schrieb es, weil er auch nicht einmal eines Lichtes mächtig war, bey Mondenschein ab. Nach sechs Monaten, war diese musicalische Beute glücklich in seinen Händen. Er suchte sie sich, insgeheim mit ausnehmender Begierde, zu Nutzen zu machen, als, zu seinem größten Herzeleide, sein Bruder dessen inne wurde, und ihm seine mit so vieler Mühe verfertigte Abschrift, ohne Barmherzigkeit, wegnahm. Ein Geiziger dem ein Schiff, auf dem Wege nach Peru, mit hundert tausend Thalern untergegangen ist, mag uns einen lebhaften Begriff, von unsers kleinen Johann Sebastians Betrübniß, über diesen seinen Verlust, geben. Er bekam das Buch nicht eher als nach seines Bruders Absterben, wieder. Aber hat nicht eben diese Begierde in der Musik weiter zu kommen, und eben der, an das gedachte Buch, gewandte Fleiß, zufälliger Weise vielleicht den ersten Grund zu der Ursache seines eigenen Todes geben müssen? wie wir unten hören werden.

Johann Sebastian begab sich, nachdem sein Bruder gestorben war, in Gesellschaft eines seiner Schulcameraden, Namens Erdman, welcher nunmehr, vor nicht gar langen Jahren, als Baron und Rußisch-Kayserlicher Resident in Danzig, das zeitliche gesegnet hat, nach Lüneburg, auf das dasige Michaels-Gymnasium.

In Lüneburg wurde unser Bach, wegen seiner ungemein schönen Sopranstimme, wohl aufgenommen. Einige Zeit hernach ließ sich einsmals, als er im Chore sang, wider sein Wissen und Willen, bey den Soprantönen, die er auszuführen hatte, auch zu gleicher Zeit die Octave tiefer mit hören. Diese ganz neue Art von einer Stimme behielt er acht Tage lang: binnen welcher Zeit er nicht anders als in Octaven singen und reden konnte. Hierauf verlohr er die Töne des Soprans, und zugleich seine schöne Stimme.

Von Lüneburg aus reisete er zuweilen nach Hamburg, um den damals berühmten Organisten an der Catharinenkirche Johann Adam Reinken zu hören. Auch hatte er von hier aus Gelegenheit, sich durch öftere Anhörung einer damals berühmten Capelle, welche der Hertzog von Zelle unterhielt, und die mehrentheils aus

Frantzosen bestand, im Frantzösischen Geschmacke, welcher, in dasigen Landen, zu der Zeit was ganz Neues war, fest zu setzen.

Im Jahre 1703 kam er nach Weymar, und wurde daselbst Hofmusikus. Das Jahr drauf erhielt er den Organistendienst an der neuen Kirche in Arnstadt. Hier zeigte er eigentlich die ersten Früchte seines Fleisses in der Kunst des Orgelspielens, und in der Composition, welche er größtentheils nur durch das Betrachten der Wercke der damaligen berühmten und gründlichen Componisten und angewandtes eigenes Nachsinnen erlernet hatte. In der Orgelkunst nahm er sich Bruhnsens, Reinkens, Buxtehudens und einiger guter französischer Organisten ihre Werke zu Mustern. Hier in Arnstadt bewog ihn einsmals ein besonderer starker Trieb, den er hatte, so viel von guten Organisten, als ihm möglich war, zu hören, daß er, und zwar zu Fusse, eine Reise nach Lübek antrat, um den dasigen berühmten Organisten an der Marienkirche Diedrich Buxtehuden, zu behorchen. Er hielt sich daselbst nicht ohne Nutzen, fast ein vierteljahr auf, und kehrete alsdenn wieder nach Arnstadt zurück.

Im Jahre 1707. wurde er zum Organisten an der S. Blasiuskirche in Mühlhausen berufen. Allein, diese Stadt konnte das Vergnügen nicht haben, ihn lange zu behalten. Denn eine im folgenden 1708 Jahre nach Weymar gethane Reise, und die daselbst gehabte Gelegenheit, sich vor dem damaligen Herzoge hören zu lassen, machte, daß man ihm die Kammer- und Hoforganistenstelle in Weymar antrug, von welcher er auch so gleich Besitz nahm. Das Wohlgefallen seiner gnädigen Herrschaft an seinem Spielen, feuerte ihn an, alles mögliche in der Kunst die Orgel zu handhaben, zu versuchen. Hier hat er auch die meisten seiner Orgelstücke gesetzet. Im Jahre 1714. wurde er an eben dem Hofe zum Concertmeister erkläret. Die mit dieser Stelle verbundenen Verrichtungen aber, bestunden damals hauptsächlich darinn, daß er Kirchenstücke componiren, und sie aufführen mußte. In Weymar hat er nicht weniger verschiedene brafe Organisten gezogen; unter welchen Johann Caspar Vogler, sein zweyter Nachfolger daselbst, vorzüglich bemerket zu werden verdienet.

Nach Zachaus, Musikdirectors und Organistens an der Marcktkirche in Halle, Tode, erhielt unser Bach einen Beruf zu desselben Amte. Er reisete auch wircklich nach Halle, und führete daselbst sein Probestück auf. Allein, er fand Ursachen, diese Stelle auszuschlagen, welche darauf Kirchhof erhielt.

Das 1717. Jahr gab unserm schon so berühmten Bach eine neue Gelegenheit noch mehr Ehre einzulegen. Der in Franckreich berühmte Clavierspieler und Organist Marchand war nach Dreßden gekommen, hatte sich vor dem Könige mit besondern Beyfalle hören lassen, und war so glücklich, daß ihm Königliche Dienste mit einer starken Besoldung angeboten wurden. Der damahlige Concertmeister in Dreßden, Volumier, schrieb an Bachen, dessen

Verdienste ihm nicht unbekannt waren, nach Weymar, und lud ihn ein, ohne Verzug nach Dreßden zu kommen, um mit dem hochmüthigen Marchand einen musikalischen Wettstreit, um den Vorzug, zu wagen. Bach nahm diese Einladung willig an, und reisete nach Dreßden. Volumier empfing ihn mit Freuden, und verschaffete ihm Gelegenheit seinen Gegner erst verborgen zu hören. Bach lud hierauf den Marchand durch ein höfliches Handschreiben, in welchem er sich erbot, alles was ihm Marchand musikalisches aufgeben würde, aus dem Stegreife auszuführen, und sich von ihm wieder gleiche Bereitwilligkeit versprach, zum Wettstreite ein. Gewiß, eine grosse Verwegenheit! Marchand bezeigte sich dazu sehr willig. Tag und Ort, wurde, nicht ohne Vorwissen des Königes, angesetzt. Bach fand sich zu bestimmter Zeit auf dem Kampfplatze in dem Hause eines vornehmen Ministers [Jakob Heinrich Graf von Flemming] ein, wo eine grosse Gesellschaft von Personen vom hohen Range, beyderley Geschlechts, versammelt war. Marchand ließ lange auf sich warten. Endlich schickte der Herr des Hauses in Marchands Quartier, um ihn, im Fall er es etwan vergessen haben möchte, erinnern zu lassen, daß es nun Zeit sey, sich als einen Mann zu erweisen. Man erfuhr aber, zur größten Verwunderung, daß Monsieur Marchand an eben demselben Tage, in aller Frühe, mit Extrapost aus Dreßden abgereiset sey. Bach der also nunmehr allein Meister des Kampfplatzes war, hatte folglich Gelegenheit genug, die Stärcke, mit welcher er wider seinen Gegner bewafnet war, zu zeigen. Er that es auch, zur Verwunderung aller Anwesenden. Der König hatte ihm dafür ein Geschenk von 500 Thalern bestimmt: allein durch die Untreue eines gewissen Bedienten, der dieses Geschenk besser brauchen zu können glaubte, wurde er drum gebracht, und mußte die erworbene Ehre, als die einzige Belohnung seiner Bemühungen mit sich nach Hause nehmen. Sonderbahres Schiksal! Ein Franzose läßt eine ihm angebothene dauerhafte Besoldung, von mehr als einem Tausend Thaler freywillig im Stiche, und der Deutsche, dem jener doch durch seine Flucht, augenscheinlich den Vorzug einräumet, kann nicht einmal eines ihm von der Gnade des Königs ein für allemahl zugedachten Geschencks theilhaftig werden. Uebrigens gestund unser Bach dem Marchand den Ruhm einer schönen und sehr netten Ausführung gerne zu. Ob aber Marchands Müsetten für die Christnacht, deren Erfindung und Ausführung ihm in Paris den meisten Ruhm zu Wege gebracht haben soll, gegen Bachs vielfache Fugen vor Kennern würden haben Stand halten können; das mögen diejenigen, welche beyde in ihrer Stärcke gehöret haben, entscheiden.

Nachdem unser Bach wieder nach Weymar zurück gekommen war, berief ihn, noch in eben diesem Jahre, der damalige Fürst Leopold von Anhalt Cöthen, ein grosser Kenner und Liebhaber der Musik, zu seinem Capellmeister. Er trat dieses Amt unverzüglich an, und verwaltete es fast 6 Jahre, zum größten Vergnügen seines gnädigen Fürsten. Während dieser Zeit, ungefehr im Jahre 1722 [1720], that er eine Reise nach Hamburg, und ließ sich daselbst, vor dem Magistrate, und vielen andern Vornehmen der Stadt, auf der schönen Catharinenkirchen Orgel, mit allgemeiner Verwunderung mehr als 2 Stunden lang, hören. Der alte Organist an dieser Kirche, Johann Adam Reinken, der damals bey nahe hundert Jahre alt war, hörete ihm mit besondern Vergnügen zu, und machte ihm, absonderlich über den Choral: An Wasserflüssen Babylon, welchen unser Bach, auf Verlangen der Anwesenden, aus dem Stegreife, sehr weitläuftig, fast eine halbe Stunde lang, auf verschiedene Art, so wie es ehedem die braven unter den Hamburgischen Organisten in den Sonnabends Vespern gewohnt gewesen waren, ausführete, folgendes Compliment: Ich dachte, diese Kunst wäre gestorben, ich sehe aber, daß sie in Ihnen noch lebet. Es war dieser Ausspruch von Reinken desto unerwarteter, weil er vor langen Jahren diesen Choral selbst, auf die obengemeldete Weise gesetzet hatte: welches, und daß er sonst immer etwas neidisch gewesen, unserm Bach nicht unbekannt war. Reinken nöthigte ihn hierauf zu sich, und erwies ihm viel Höflichkeit. Die Stadt Leipzig erwählte unsern Bach im Jahre 1723, zu ihren Musikdirector und Cantor an der Thomasschule. Er folgte diesem Rufe; ob er gleich seinen gnädigen Fürsten ungern verließ. Die Vorsehung schien ihn noch vor dem bald darauf, wider alles Vermuthen erfolgten Tode des Fürsten, von Cöthen entfernen zu wollen, damit er zum wenigsten bey diesem betrübten Falle nicht mehr gegenwärtig seyn durfte. Er hatte noch das traurige Vergnügen, seinem so innig geliebten Fürsten, die Leichenmusic von Leipzig aus, zu verfertigen, und sie in Person in Cöthen aufzuführen.

Nicht lange darauf erklärete ihn der Herzog von Weissenfels zu seinem Capellmeister; und im Jahr 1736, wurde er zum Königlichen Polnischen, und Churfürstlichen Sächsischen Hofcompositeur ernennet: nachdem er sich einigemal vorher, in Dresden, öffentlich, vor dem Hofe, und den dasigen Musikverständigen, mit grossem Beyfalle, auf der Orgel hatte hören lassen.

Im Jahre 1747. that er eine Reise nach Berlin, und hatte bey dieser Gelegenheit die Gnade, sich vor seiner Majestät dem Könige in Preusen, in Potsdam hören zu lassen. Seine Majestät spielten ihm selbst ein Thema zu einer Fuge vor, welches er so gleich, zu Höchstderoselben besondern Vergnügen, auf dem Pianoforte ausführete. Hierauf verlangten Seine Majestät eine Fuge mit sechs obligaten Stimmen zu hören, welchen Befehl er auch, so gleich, über ein selbst erwähltes Thema, zur Verwunderung des Königs, und der anwesenden Tonkünstler, erfüllte. Nach seiner Zurückkunft nach Leipzig, brachte er ein dreystimmiges und ein sechsstimmiges so genanntes Ricercar, nebst noch einigen andern Kunststücken über eben das von Seiner Majestät ihm aufgegebene Thema, zu Pappiere, und widmete es, im Kupfer gestochen, dem Könige.

Sein von Natur etwas blödes Gesicht, welches durch seinen unerhörten Eifer in seinem Studiren, wobey er, sonderlich in seiner Jugend, ganze Nächte hindurch saß, noch mehr geschwächet worden, brachte ihm, in seinen letzten Jahren, eine Augenkrankheit zu Wege. Er wolte dieselbe, theils aus Begierde, Gott und seinem Nächsten, mit seinen übrigen noch sehr muntern Seelen- und Leibeskräften, ferner zu dienen, theils auf Anrathen einiger seiner Freunde, welche auf einen damals in Leipzig angelangten Augen Arzt [John Taylor], viel Vertrauen setzeten, durch eine Operation heben lassen. Doch diese, ungeachtet sie noch einmal wiederholet werden mußte, lief sehr schlecht ab. Er konnte nicht nur sein Gesicht nicht wieder brauchen: sondern sein, im übrigen überaus gesunder Cörper, wurde auch zugleich dadurch, und durch hinzugefügte schädliche Medicamente, und Nebendinge, gäntzlich über den Haufen geworfen: so daß er darauf ein völliges halbes Jahr lang, fast immer kränklich war. Zehn Tage vor seinem Tode schien es sich gähling mit seinen Augen zu bessern; so daß er einsmals des Morgens ganz gut wieder sehen, und auch das Licht wieder vertragen konnte. Allein wenige Stunden darauf, wurde er von einem Schlagflusse überfallen; auf diesen erfolgte ein hitziges Fieber, an welchem er, ungeachtet aller möglichen Sorgfalt zweyer der geschicktesten Leipziger Aerzte, am 28. Julius 1750, des Abends nach einem Viertel auf 9 Uhr, im sechs und sechzigsten Jahre seines Alters, auf das Verdienst seines Erlösers sanft und seelig verschied.

Die Wercke, die man diesem grossen Tonkünstler zu danken hat, sind erstlich folgende, welche, durch den Kupferstich, gemeinnützig gemacht worden:

1) Erster Theil der Clavier Uebungen, bestehend in sechs Suiten.
2) Zweyter Theil der Clavier Uebungen, bestehend in einem Concert und einer Ouvertüre für einen Clavicymbal mit 2. Manualen.
3) Dritter Theil der Clavier Uebungen, bestehend in unterschiedenen Vorspielen, über einige Kirchengesänge, für die Orgel.
4) Eine Arie mit 30 Variationen, für 2 Claviere.
5) Sechs dreystimmige Vorspiele, vor eben so viel Gesänge, für die Orgel.
6) Einige canonische Veränderungen über den Gesang: Vom Himmel hoch da komm ich her.
7) Zwo Fugen, ein Trio, und etliche Canones, über das obengemeldete von Seiner Majestät dem Könige in Preussen, aufgegebene Thema; unter dem Titel: musicalisches Opfer.
8) Die Kunst der Fuge. Diese ist das letzte Werk des Verfassers, welches alle Arten der Contrapuncte und Canonen, über einen eintzigen Hauptsatz enthält. Seine letzte Kranckheit, hat ihn

verhindert, seinem Entwurfe nach, die vorletzte Fuge völlig zu
Ende zu bringen, und die letzte, welche 4 Themata enthalten,
und nachgehends in allen 4 Stimmen Note für Note umgekeh-
ret werden sollte, auszuarbeiten. Dieses Werk ist erst nach des
seeligen Verfassers Tode ans Licht getreten.

Die ungedruckten Werke des seligen Bachs sind ungefehr folgende:

1) Fünf Jahrgänge von Kirchenstücken, auf alle Sonn- und Festtage.
2) Viele Oratorien, Messen, Magnificat, einzelne Sanctus, Dra-
mata, Serenaden, Geburts- Namenstags- und Trauermusiken,
Brautmessen, auch einige komische Singstücke.
3) Fünf Paßionen, worunter eine zweychörige befindlich ist.
4) Einige zweychörige Moteten.
5) Eine Menge von freyen Vorspielen, Fugen, und dergleichen
Stücken für die Orgel, mit dem obligaten Pedale.
6) Sechs Trio für die Orgel mit dem obligaten Pedale.
7) Viele Vorspiele vor Chorale, für die Orgel.
8) Ein Buch voll kurtzer Vorspiele vor die meisten Kirchenlieder,
für die Orgel.
9) Zweymahl vier und zwanzig Vorspiele und Fugen, durch alle
Tonarten, fürs Clavier.
10) Sechs Toccaten fürs Clavier.
11) Sechs dergleichen Suiten.
12) Noch sechs dergleichen etwas kürzere.
13) Sechs Sonaten für die Violine, ohne Baß.
14) Sechs dergleichen für den Violoncell.
15) Verschiedene Concerte für 1. 2. 3. und 4. Clavicymbale.
16) Endlich eine Menge anderer Instrumentalsachen, von allerley
Art, und für allerley Instrumente.

Zweymal hat sich unser Bach verheyrathet. Das erste mal mit
Jungfer Maria Barbara, der jüngsten Tochter des obengedachten
Joh. Michael Bachs, eines brafen Componisten. Mit dieser hat er
7. Kinder, nämlich 5 Söhne und 2 Töchter, unter welchen sich ein
paar Zwillinge befunden haben, gezeuget. Drey davon sind noch
am Leben, nämlich: Die älteste unverheyrathete Tochter, Catharina Dorothea, gebohren 1708; Wilhelm Friedeman, gebohren
1710. itziger Musikdirector und Organist an der Marktkirche in
Halle; und Carl Philipp Emanuel, gebohren 1714, Königlicher
Preußischer Kammermusikus. Nachdem er mit dieser seiner ersten
Ehegattin 13. Jahre eine vergnügte Ehe geführet hatte, wiederfuhr
ihm in Cöthen, im Jahre 1720. der empfindliche Schmerz, dieselbe,
bey seiner Rückkunft von einer Reise, mit seinem Fürsten nach
dem Carlsbade, todt und begraben zu finden; ohngeachtet er sie
bey der Abreise gesund und frisch verlassen hatte. Die erste Nachricht, daß sie krank gewesen und gestorben wäre, erhielt er beym
Eintritte in sein Hauß.

Zum zweytenmahle verheyrathete er sich in Cöthen, im Jahre 1721, mit Jungfer Anna Magdalena, Herrn Johann Casper Wülkens, Herzoglichen Weissenfelsischen Hoftrompeters, jüngsten Tochter. Von 13. Kindern, nämlich 6. Söhnen und 7 Töchtern, welche ihm diese gebohren hat, leben folgende sechs noch: 1) Gottfried Heinrich, gebohren 1724. 2) Elisabeth Juliane Fridrike, gebohren 1726, welche an den Naumburgischen Organisten zu S. Wenceslai, Herrn Altnikol, einen geschikten Componisten, verheyratet ist. 3) Johann Christoph Friedrich, gebohren 1732, itzo Hochreichsgräflicher Schaumburg-Lippischer Kammermusikus. 4) Johann Christian, gebohren 1735. 5) Johanna Carolina, gebohren 1737. 6) Regina Susanna, gebohren 1742. Die Witwe ist auch noch am Leben.

Dieß ist die kurtze Beschreibung des Lebens eines Mannes, der der Musik, seinem Vaterlande, und seinem Geschlechte, zu gantz ausnehmender Ehre gereichet.

Hat jemals ein Componist die Vollstimmigkeit in ihrer größten Stärke gezeiget; so war es gewiß unser seeliger Bach. Hat jemals ein Tonkünstler die verstecktesten Geheimnisse der Harmonie in die künstlichste Ausübung gebracht; so war es gewiß unser Bach. Keiner hat bey diesen sonst trocken scheinenden Kunststücken so viele Erfindungsvolle und fremde Gedanken angebracht, als eben er. Er durfte nur irgend einen Hauptsatz gehöret haben, um fast alles, was nur künstliches darüber hervor gebracht werden konnte, gleichsam im Augenblicke gegenwärtig zu haben. Seine Melodien waren zwar sonderbar; doch immer verschieden, Erfindungsreich, und keinem andern Componisten ähnlich. Sein ernsthaftes Temperament zog ihn zwar vornehmlich zur arbeitsamen, ernsthaften, und tiefsinnigen Musik; doch konnte er auch, wenn es nöthig schien, sich, besonders im Spielen, zu einer leichten und schertzhaften Denkart bequemen. Die beständige Uebung in Ausarbeitung vollstimmiger Stücke, hatte seinen Augen eine solche Fertigkeit zu Wege gebracht, daß er in die stärksten Partituren, alle zugleich lautende Stimmen, mit einem Blicke, übersehen konnte. Sein Gehör war so fein, daß er bey den vollstimmigsten Musiken, auch den geringsten Fehler zu entdecken vermögend war. Nur Schade, daß er selten das Glück gehabt, lauter solche Ausführer seiner Arbeit zu finden, die ihm diese verdrießlichen Bemerkungen ersparet hätten. Im Dirigiren war er sehr accurat, und im Zeitmaaße, welches er gemeiniglich sehr lebhaft nahm, überaus sicher.

So lange als man uns nichts als die bloße Möglichkeit des Daseyns noch besserer Organisten und Clavieristen entgegen setzen kann; wird man uns nicht verdenken können, wenn wir kühn genug sind, immer noch zu behaupten, daß unser Bach der stärkste Orgel- und Clavierspieler gewesen sey, den man jemals gehabt hat. Es kann seyn, daß mancher berühmter Mann in der Vollstimmigkeit auf diesen Instrumenten sehr viel geleistet hat: ist er deswegen eben so fertig, und zwar in Händen und Füssen zugleich, so fertig als Bach gewesen. Wer das Vergnügen gehabt hat, ihn und andere zu hören, und sonst nicht von Vorurtheilen eingenommen ist, wird diesen Zweifel nicht für ungegründet halten. Und wer Bachens Orgel und Clavierstücke, die er, wie überall bekannt ist, in der grösten Vollkommenheit selbst ausführte, ansieht, wird ebenfalls nicht viel wider den obigen Satz einzuwenden haben. Wie fremd, wie neu, wie ausdrückend, wie schön waren nicht seine Einfälle im Phantasiren; wie vollkommen brachte er sie nicht heraus! Alle Finger waren bey ihm gleich geübt; Alle waren zu der feinsten Reinigkeit in der Ausführung gleich geschickt. Er hatte sich so eine bequeme Fingersetzung ausgesonnen, daß es ihm nicht schwer fiel, die größten Schwierigkeiten mit der fließendesten Leichtigkeit vorzutragen. Vor ihm hatten die berühmtesten Clavieristen in Deutschland und andern Ländern, dem Daumen wenig zu schaffen gemacht. Desto besser wußte er ihn zu gebrauchen. Mit seinen zweenen Füssen konnte er auf dem Pedale solche Sätze ausführen, die manchem nicht ungeschikten Clavieristen mit fünf Fingern zu machen sauer genug werden würden. Er verstund nicht nur die Art die Orgeln zu handhaben, die Stimmen derselben auf das geschickteste mit einander zu vereinigen, und jede Stimme, nach ihrer Eigenschaft hören zu lassen, in der größten Vollkommenheit; sondern er kannte auch den Bau der Orgeln aus dem Grunde. Das letztere bewies er sonderlich, unter andern, einmal bey der Untersuchung einer neuen Orgel, in der [Johannis-]Kirche, ohnweit welcher seine Gebeine nunmehr ruhen. Der Verfertiger dieses Werks [Johann Scheibe] war ein Mann, der in den letzten Jahren seines hohen Alters stund. Die Untersuchung war vielleicht eine der schärfsten, die jemals angestellet worden. Folglich gereichte der vollkommene Beyfall, den unser Bach über das Werck öffentlich ertheilete, so wohl dem Orgelbauer, als auch wegen gewisser Umstände, Bachen selbst, zu nicht geringer Ehre.

Niemand konnte besser, als er, Dispositionen zu neuen Orgeln angeben, und beurtheilen. Aller dieser Orgelwissenschaft ungeachtet, hat es ihm, wie er oftmals zu bedauren pflegte, doch nie so gut werden können, eine recht grosse und recht schöne Orgel zu seinem beständigen Gebrauche gegenwärtig zu haben. Dieses beraubet uns noch vieler schönen und nie gehörten Erfindungen im Orgelspielen, die er sonst zu Papiere gebracht, und gezeiget haben würde, so wie er sie im Kopfe hatte. Die Clavicymbale wußte er, in der Stimmung, so rein und richtig zu temperiren, daß alle Tonarten schön und gefällig klangen. Er wußte, von keinen Tonarten, die man, wegen unreiner Stimmung, hätte vermeiden müssen. Andere Vorzüge, die ihm eigen waren, zu geschweigen.

Von seinen moralischen Character, mögen diejenigen reden, die seines Umgangs und seiner Freundschaft genossen haben, und

Zeugen seiner Redlichkeit gegen Gott und den Nächsten gewesen sind. [Zusatz Lorenz Mizlers:] In die Societät der musikalischen Wissenschafften ist er im Jahr 1747 im Monat Junius auf Veranlassung des Hofraths Mizlers, dessen guter Freund er war, und welchem er Anleitung im Clavierspielen und in der Composition als einem noch in Leipzig Studirenden gegeben, getreten. Unser seel. Bach ließ sich zwar nicht in tiefe theoretische Betrachtungen der Musik ein, war aber desto stärcker in der Ausübung. Zur Societät hat er den Choral geliefert: Vom Himmel hoch da komm' ich her, vollständig ausgearbeitet, der hernach in Kupfer gestochen worden. Er hat auch den Tab. IV. f. 16. abgestochenen Canon[1], solcher gleichfalls vorgeleget, und würde ohnfehlbar noch viel mehr gethan haben, wenn ihn nicht die kurze Zeit, indem er nur drey Jahre in solcher gewesen, davon abgehalten hätte.
[C. Ph. E. Bach/J. F. Agricola in L. Mizlers Musikalischer Bibliothek – Leipzig, 1754 III/666]

Carl Philipp Emanuel Bachs Ergänzungen und Berichtigungen

Meines seeligen Vaters Lebenslauf im Mizler ist durch meine Hülfe der vollkommenste. Unter den darin angeführten geschriebenen Claviersachen sind ausgelaßen: 15 Zweystimmige Inventiones u. 15 dreystimmige Sinfonien; ingleichen 6 kurze Vorspiele. Bey des seeligen Kirchensachen kan angeführt werden, daß er devot u. dem Inhalte gemäß gearbeitet habe, ohne comische Verwerfung der Worte, ohne einzelne Worte auszudrücken, mit Hinterlaßung des Ausdruckes des ganzen Verstandes, wodurch oft lächerliche Gedancken zum Vorschein kommen, welche zuweilen verständig seyn wollende und unverständige zur Bewunderung hinreißen. Noch nie hat jemand so scharf u. doch dabey aufrichtig Orgelproben übernommen. Den ganzen Orgelbau verstand er im höchsten Grade. Hatte ein Orgelbauer rechtschaffen gearbeitet, und Schaden bey seinem Bau, so bewegte er die Patronen zum Nachschuß. Das Registriren bey den Orgeln wuste niemand so gut, wie er. Oft erschracken die Organisten, wenn er auf ihren Orgeln spielen wollte, u. nach seiner Art die Register anzog, indem sie glaubten es könnte unmöglich so, wie er wollte, gut klingen, hörten hernach aber hernach einen Effect, worüber sie erstaunten. Diese Wißenschaften sind mit ihm abgestorben. Das erste, was er bey einer Orgelprobe that, war dieses: Er sagte zum Spaß, vor allen Dingen muß ich wißen, ob die Orgel eine gute Lunge hat, um dieses zu erforschen, zog er alles Klingende an, u. spielte so vollstimmig, als möglich. Hier wurden die Orgelbauer oft für Schrecken ganz blaß. Das reine stimmen seiner Instrumente so wohl, als des gan-

---

[1] BWV 1076; auch auf dem Ölportrait E. G. Haußmanns wiedergegeben.

zen Orchestres war sein vornehmstes Augenmerck. Niemand konnte ihm seine Instrumente zu Dancke stimmen u. bekielen. Er that alles selbst. Die Rangirung eines Orchestres verstand er ganz vollkommen. Jeden Plaz wuste er zu nutzen. Jede Ausnahme, was den Ort anlangte, wuste er beym ersten Anblick. Ein merckwürdiges Exempel hievon ist folgendes: Er kam nach Berlin, mich zu besuchen, ich wieß ihm das neue Opernhauß. Gleich fand er das gute und fehlerhafte (was nehmlich die Ausnahme der Musik betrifft) Ich wieß ihm den großen Speisesal darin; wir giengen auf die Gallerie, welche in diesem Saale oben herum gehet; er besahe die Decke, u. ohne weiter nachzuforschen sagte er zum voraus: daß der Baumeister hier ein Kunststück angebracht habe, ohne die Absicht gehabt zu haben u. ohne, daß es Jemand wuste, nehmlich: Wenn jemand an der einen Ecke des länglichten viereckigten Saales oben ganz leise in die Wand einige Worte flisperte, so hörte es der andere, welcher übers Creuz an der andern Ecke mit dem Gesichte gegen die Wand stand, ganz deutlich, und sonst in der Mitte oder an den übrigen Orten hörte von den anderen Personen keiner nicht das geringste. Ein vor diesem sehr rares und bewundertes Kunststück der Baukunst! Es machten diesen Effect die angebrachten Bogen in der gewölbten Decke, die er gleich sahe. Er hörte die geringste falsche Note bey der stärcksten Besetzung. Als der größte Kenner u. Beurtheiler der Harmonie spielte er am liebsten die Bratsche mit angepaßter Stärcke u. Schwäche. In seiner Jugend bis zum ziemlich herannahenden Alter spielte er die Violine rein u. durchdringend u. hielt dadurch das Orchester in einer größeren Ordnung, als er mit dem Flügel hätte ausrichten können. Er verstand die Möglichkeiten aller Geigeninstrumente vollkommen. Dies zeugen seine Soli für die Violine und für das Violoncell ohne Baß. Einer der größten Geiger sagte mir einmahl, daß er nichts vollkommneres, um ein guter Geiger zu werden, gesehen hätte u. nichts beßeres den Lehrbegierigen anrathen könnte, als obengenannte Violinsoli ohne Baß. Vermöge seiner Größe in der Harmonie, hat er mehr als einmahl Trios accompagnirt, und, weil er aufgeräumt war, u. wuste, daß der Componist dieser Trios es nicht übel nehmen würde, aus dem Stegereif u. aus einer elend bezifferten ihm vorgelegten Baßstimme ein vollkommenes Quatuor daraus gemacht, worüber der Componist dieser Trios erstaunte. Bey Anhörung einer starck besetzten u. vielstimmigen Fuge, wuste er bald, nach den ersten Eintritten der Thematum, vorherzusagen, was für contrapunctische Künste möglich anzubringen wären u. was der Componist auch von Rechtswegen anbringen müste, u. bey solcher Gelegenheit, wenn ich bey ihm stand, u. seine Vermuthungen gegen mich geäußert hatte, freute er sich u. stieß mich an, als seine Erwartungen eintrafen. Er hatte eine gute durchdringende Stimme von großer Weite, u. gute Singart. Niemand hat in Contrapunckten u. Fugen alle Arten des Geschmacks, der Figuren und der Verschiedenheit der Gedancken überhaupt so glücklich angebracht, als er.

Man hat viele abentheuerliche Traditionen von ihm. Wenige davon mögen wahr seyn u. gehören unter seine jugendliche Fechterstreiche. Der seelige hat nie davon etwas wißen wollen, u. also laßen Sie diese comischen Dinge weg. ... Obige Specialia Patris habe ich ohne Zierlichkeit, so, wie sie mir eingefallen sind, hingeschmiert. Brauchen Sie sie, wie Ihnen beliebt u. bringen sie in eine beßere Ordnung.

[An J. N. Forkel in Göttingen – Hamburg, Ende 1774 III/801]

Meines seeligen Vaters Lebenslauf im Mitzler, liebster Freund, ist vom seeligen Agricola u. mir in Berlin zusamgestoppelt worden[1], u. Mitzler hat blos das, was von den Worten: In die Societät angehet, bis ans Ende, dazu gesetzt. Es ist nicht viel wehrt. Der seelige war, wie ich u. alle eigentlichen Musici, kein Liebhaber, von trocknem mathematischen Zeuge.

ad 1mum: Des seeligen Unterricht in Ohrdruf mag wohl einen Organisten zum Vorwurf gehabt haben u. weiter nichts.

ad 2dum: außer Frobergern, Kerl u. Pachhelbel hat er die Wercke von Frescobaldi, dem Badenschen Capellmeister Fischer, Strunck, einigen alten guten französischen, Buxdehude, Reincken, Bruhnsen u. dem Lüneburgischen Organisten Böhmen geliebt u. studirt.

ad 3um: nescio, wodurch er von Lüneburg nach Weimar gekommen.

ad 4tum: Der seelige hat durch eigene Zusätze seinen Geschmack gebildet.

ad 5tum: Blos eigenes Nachsinnen hat ihn schon in seiner Jugend zum reinen u. starcken Fugisten gemacht. Obige Favoriten waren alle starcke Fugisten.

ad 6tum: Durch die Aufführung sehr vieler starcken Musiken in Kirchen, am Hofe u. oft unter dem freyen Himmel, bey wunderlichen u. unbequemen Plätzen, ohne systemathisches Studiren der Phonurgie hat er das arrangement des Orchesters kennen gelernt. Diese Erfahrung, nebst einer natürlichen guten Kenntniß der Bauart, in wie ferne sie dem Klange nützlich ist, wozu seine besonderen Einsichten in die guten Anlagen einer Orgel, Eintheilung der Register und Placirung derselben ebenfals das Ihrige beygetragen haben, hat er gut zu nutzen gewußt.

ad 7mum: Wenn ich einige, Notabene nicht alle, Clavierarbeiten ausnehme, zumahl, wenn er den Stoff dazu aus dem Fantasiren auf dem Claviere hernahm, so hat er das übrige alles ohne Instrument componirt, jedoch nachher auf selbigem probirt.

ad 8um: Fürst Leopold in Cöthen, Herzog Ernst August in Weimar, Herzog Christian in Weißenfels haben ihn besonders geliebt

[1] Wahrscheinlich Ende 1750, spätestens Anfang 1751.

u. auch nach proportion beschenckt. Außerdem ist er in Berlin u. Dreßden besonders geehrt worden. Ueberhaupt aber hatte er nicht das brillanteste Glück, weil er nicht dasjenige that, welches dazu nöthig ist, nehmlich die Welt durchzustreifen. Indeßen war er von Kennern u. Liebhabern genug geehrt.

ad 9um: Da er selbst die lehrreichsten Claviersachen gemacht hat, so führte er seine Schüler dazu an. In der Composition gieng er gleich an das Nützliche mit seinen Scholaren, mit Hinweglaßung aller der trockenen Arten von Contrapuncten, wie sie in Fuxen u. andern stehen. Den Anfang musten seine Schüler mit der Erlernung des reinen 4stimmigen Generalbaßes machen. Hernach gieng er mit ihnen an die Choräle; setzte erstlich selbst den Baß dazu, u. den Alt u. den Tenor musten sie selbst erfinden. Alsdenn lehrte er sie selbst Bäße machen. Besonders drang er sehr starck auf das Aussetzen der Stimmen im General-Baße. Bey der Lehrart in Fugen fieng er mit ihnen die zweystimmigen an, u. s. w. Das Aussetzen des Generalbaßes u. die Anführung zu den Chorälen ist ohne Streit die beste Methode zur Erlernung der Composition, quoad Harmoniam. Was die Erfindung der Gedancken betrifft, so forderte er gleich anfangs die Fähigkeit darzu, u. wer sie nicht hatte, dem riethe er, gar von der Composition wegzubleiben. Mit seinen Kindern u. auch anderen Schülern fieng er das Compositionsstudium nicht eher an, als bis er vorher Arbeiten von ihnen gesehen hatte, woraus er ein Genie entdeckte.

ad 10mum Außer seinen Söhnen fallen mir folgende Schüler bey: Organist Schubert, Org. Vogler, Goldberg beym Grafen Brühl, Org. Altnicol mein seeliger Schwager, Org. Krebs, Agricola, Kirnberger, Müthel in Riga, Voigt in Anspach,

ad 11mum: in der lezten Zeit schätzte er hoch: Fux, Caldara, Händeln, Kaysern, Haßen, beyde Graun, Telemann, Zelenka, Benda u. überhaupt alles, was in Berlin u. Dreßden besonders zu schätzen war. Die erstgenannten 4 ausgenommen, kannte er die übrigen persöhnlich. In seinen jungen Jahren war er oft mit Telemannen zusammen, welcher auch mich aus der Taufe gehoben hat. In Beurtheilung der Arbeiten war er, quoad Harmoniam, sehr streng, jedoch schätzte er außerdem alles würcklich gute u. gab ihm seinen Beyfall, wenn auch Menschlichkeiten mit darunter zu finden waren. Bey seinen vielen Beschäftigungen hatte er kaum zu der nöthigsten Correspondenz Zeit, folglich weitläuftige schriftliche Unterhaltungen konnte er nicht abwarten. Desto mehr hatte er Gelegenheit mit braven Leuten sich mündlich zu unterhalten, weil sein Haus einem Taubenhause u. deßen Lebhaftigkeit vollkommen gliche. Der Umgang mit ihm war jederman angenehm, u. oft sehr erbaulich. Weil er nie selbst von seinem Leben etwas aufgesetzt hat, so sind die Lücken darin unvermeidlich. Ich kann nicht mehr schreiben, leben Sie wohl u. lieben Sie ferner Ihren wahren Freund Bach.

Was wollen Sie für ein Portrait vorsetzen. Das was Sie haben,
ist fehlerhaft. Ich habe ein schönes ähnliches Original in Pastell[1].
[An J. N. Forkel in Göttingen – Hamburg, 13. 1. 1775 III/803]

[1] Das Pastellbildnis ist verschollen. Die von Forkel für eine (nicht zustande gekommene) Bach-Biographie erbetenen Nachrichten wurden größtenteils in der Programmschrift ›Ueber Johann Sebastian Bachs Leben, Kunst und Kunstwerke‹ (Leipzig 1802) verwertet.

Namenregister

Abel, Carl Friedrich (1723–1787) 82f.
Adlung, Jacob (1699–1762) 87f., 93f., 106, 137f., 149, 170
Agricola, Johann Friedrich (1720–1774) 74, 75, 83, 87f., 93f., 107, 110, 112, 117, 160f., 176f., 195, 197, 198
Ahle, Johann Georg (1651–1706) 76
Albinoni, Tommaso (1671–1750) 114
Albrechtsberger, Johann Georg (1736 bis 1809) 171, 175
Alessandro s. Scarlatti, Alessandro
Altmann, Catharina Dorothea (1676 bis 1758) 16
Altmann, Christian Friedrich (1678–1734) 16
Altnickol, Elisabeth Juliana Friderica geb. Bach (1726–1781) 13, 24, 193
Altnickol, Johann Christoph (1719–1759) 24, 110, 112, 118f., 126, 164, 193, 198
Anna Amalia, Prinzessin von Preußen (1723–1787) 81, 167, 181
Avison, Charles (1709–1770) 166f.

Bach, Anna geb. Schmied (?–1635) 14
Bach, Anna Magdalena geb. Wilcke (1701 bis 1760) 13, 16f., 21, 22f., 24–26, 126f., 193
Bach, Anna Margaretha geb. Brandt (?–1741) 21
Bach, Anna Maria geb. Hüller (um 1748) 24
Bach, Barbara Catharina (1679–?) 42f.
Bach, Carl Philipp Emanuel (1714–1788) 12f., 16, 17, 20, 21, 23, 26–28, 29, 73, 74, 80, 84f., 107, 119f., 123, 126, 127, 128–131, 132f., 136, 142, 143, 148, 165f., 169, 170f., 172, 175f., 177, 179, 180f., 183f., 192, 195–199
Bach, Catharina Dorothea (1708–1774) 13, 192
Bach, Christoph (1613–1661) 14
Bach, Elisabeth geb. Lämmerhirt (1644 bis 1694) 14, 186
Bach, Elisabeth Juliana Friderica s. Altnickol
Bach, Gottfried Heinrich (1724–1762) 13, 193
Bach, Heinrich (1615–1692) 185
Bach, Ingeborg Magdalena geb. Norell (um 1722) 17
Bach, Johann Ambrosius (1645–1695) 14f., 121, 186
Bach, Johann Bernhard (1676–1749) 186
Bach, Johann Christian (1735–1782) 20, 21, 26–28, 29, 193

Bach, Johann Christoph (1642–1703) 185f.
Bach, Johann Christoph (1645–1693) 186
Bach, Johann Christoph (1671–1721) 121, 186f.
Bach, Johann Christoph Friedrich (1732 bis 1795) 20, 26, 27, 29, 193
Bach, Johann Elias (1705–1755) 21–24, 68f., 122, 123, 125, 145, 155
Bach, Johann Ernst (1722–1777) 106
Bach, Johann Gottfried Bernhard (1715 bis 1739) 12f., 17–20, 21
Bach, Johann Jacob (1682–1722) 14, 17, 59
Bach, Johann Ludwig (1677–1731) 185
Bach, Johann Michael (1648–1694) 15, 142, 185
Bach, Johanna Carolina (1737–1781) 26, 193
Bach, Johannes (?–1626) 14
Bach, Maria Barbara (1684–1720) 13, 15, 16, 142, 192
Bach, Maria Magdalena geb. Grabler (1616–1661) 14
Bach, Marie Salome s. Wiegand
Bach, Regina Johanna (1728–1733) 13
Bach, Regina Susanna (1742–1809) 26, 29f., 193
Bach, Veit (vor 1577) 13f., 185
Bach, Wilhelm Friedemann (1710–1784) 12f., 16, 20, 21, 26–28, 29, 74, 95f., 111, 123, 126, 129, 130, 132, 135f., 145, 171, 172, 175, 192
Bach, Wilhelm Friedrich Ernst (1759 bis 1845) 29
Bähre, Johann Daniel (um 1727) 96
Bauer, Johann David (1716–?) 106
Becker, August (1668–1750) 31
Becker, Nicolaus (um 1732) 97
Beckhoff, Walther (1648–1723) 32f.
Beethoven, Ludwig van (1770–1827) 172
Bellermann, Constantin (1696–1758) 97f.
Benda, Familie 143
Benda, Franz (1709–1786) 75, 144, 198
Berger, Johann Gottfried (1713–?) 106
Bernhard, Wilhelm Christoph (1760 bis 1787) 171
Bertuch, Karl Volkmar (?–1779) 170
Beyer, Heinrich Christian (?–1748) 103, 111
Biedermann, Johann Gottlieb (1705–1772) 158–160
Bienengräber, Andreas Gottlieb (?–1779) 58
Birnbaum, Johann Abraham (1702–1748) 24, 151–158

201

203

Musik verstehen

Walter Blankenburg:
Einführung in Bachs
h-moll-Messe

dtv/Bärenreiter

**Wilibald Gurlitt:
Johann
Sebastian Bach**
Der Meister und sein Werk

dtv/Bärenreiter
Biographie

Carl Dahlhaus:
Die Idee
der absoluten Musik

Bärenreiter

Walter Blankenburg:
Einführung in Bachs
h-moll-Messe
BWV 232
Bärenreiter 28 439 40
dtv 4394

Walter Blankenburg:
Das Weihnachts-
Oratorium von
J. S. Bach
Originalausgabe
Bärenreiter 28 440 60
dtv 4406

Wilibald Gurlitt:
Johann
Sebastian Bach
Der Meister und sein
Werk
Bärenreiter 28 153 40
dtv 1534

Hermann Keller:
Das Wohltemperierte
Klavier von J. S. Bach
Werk und
Wiedergabe
Bärenreiter 28 437 30
dtv 4373

Clemens Kühn:
Gehörbildung im
Selbststudium
Originalausgabe
Bärenreiter 28 693
dtv 10073

Carl Dahlhaus:
Die Idee der
absoluten Musik
Originalausgabe
Bärenreiter 28 599
dtv 4310

Alfred Dürr:
Die Kantaten
von J. S. Bach
Originalausgabe
Bärenreiter 28 408 02
dtv 4080